高等学校经济与工商管理系列教材

财务管理

（第 2 版）

主　编　吴爱华　姜　娟

副主编　王　岩　辛　荣
　　　　王一涵　丁银高

清华大学出版社
北京交通大学出版社
·北京·

内 容 简 介

本书共 11 章，内容包括：总论、财务管理的价值观念、长期筹资方式、长期筹资决策、固定资产投资、证券投资、流动资产管理、流动负债管理、收益分配管理、财务分析、财务预测与预算。本书在编写的过程中以读者能力的培养为主旨，内容上深入浅出、通俗易懂，便于读者理解与掌握，有助于自学。

本书适用于高等院校经济学类、管理学类本科生的教学，还可以作为报考注册会计师、资产评估师、证券从业人员资格考试及广大实际工作者职称考试的参考教材，以及从事公司理财、证券投资、资产评估、资本运营管理等相关工作人员的自学参考书。

图书在版编目（CIP）数据

财务管理 / 吴爱华，姜娟主编；王岩等副主编. —2 版. —北京：北京交通大学出版社：清华大学出版社，2023.2

高等学校经济与工商管理系列教材

ISBN 978-7-5121-4835-2

Ⅰ. ① 财… Ⅱ. ① 吴… ② 姜… ③ 王… Ⅲ. ① 财务管理–高等学校–教材 Ⅳ. ① F275

中国版本图书馆 CIP 数据核字（2022）第 211971 号

财务管理

CAIWU GUANLI

责任编辑：黎　丹

出版发行：清 华 大 学 出 版 社　邮编：100084　电话：010-62776969　http://www.tup.com.cn
　　　　　北京交通大学出版社　邮编：100044　电话：010-51686414　http://www.bjtup.com.cn

印 刷 者：北京时代华都印刷有限公司

经　　销：全国新华书店

开　　本：185 mm×260 mm　印张：14.5　字数：362 千字

版 印 次：2023 年 2 月第 2 版　　2023 年 2 月第 1 次印刷

印　　数：1～2 000 册　定价：39.00 元

本书如有质量问题，请向北京交通大学出版社质监组反映。对您的意见和批评，我们表示欢迎和感谢。

投诉电话：010-51686043，51686008；传真：010-62225406；E-mail：press@bjtu.edu.cn。

前　言

　　《财务管理》于 2011 年出版，之后多次重印修订，受到了众多读者的认可和好评。本书以新企业会计制度为依据，系统介绍了现代财务管理的基本概念、基本价值观念和基本方法等现代财务管理的最基本和最重要的内容。本书注重教材的实用性，内容上深入浅出、通俗易懂，便于读者理解与掌握，有助于自学。

　　本书突出财务管理的基本理论和方法，注重理论与技术实践的有机结合。在整体上，力求理论与实际相结合，采用科学的编写范式，注重培养学生的基本理财观念和解决实际问题的能力，并强调现代教学手段和方法在教学中的应用。在内容上，本书不求全面，只求精练和实用，突出现代财务管理的基本观念、基本方法，注重概念清楚，并力求分析全面。

　　本书适用于高等院校经济学类、管理学类本科生的教学，还可作为注册会计师、资产评估师、证券从业人员资格考试及广大实际工作者职称考试的参考教材，以及从事公司理财、证券投资、资产评估、资本运营管理等相关工作人员的自学参考书。

　　本书在第 1 版主要内容的基础上，根据财务理论和财务实践的发展，考虑到财务管理教学实践的变化，充分吸纳师生们提出的修改建议，对教材内容进行了修订，主要体现在以下几个方面：第 2 章删除了"证券投资组合的风险与收益"中的"协方差和相关系数""最优投资组合"部分内容，修订了"资本资产定价模型"部分内容，删除了"资本资产定价模型的作用"；第 3 章简化了很多与经济法课程重复的相关内容；第 4 章删除了资本结构等内容；第 5 章修订了"投资项目现金流量构成"，删除了"投资决策实务"内容；第 6 章简化了 6.1 节，修订了 6.4 节；第 7 章增加了流动资产的特征与分类，"现金回收控制"内容中删除了邮政信箱法和银行业务集中法，修改了经济批量模型，将存货储存期控制修改为"适时制管理"；第 8 章将"企业筹资的模式"全部修改为"短期筹资政策的类型"，修改了短期筹资的种类、短期借款的基本程序，删除了短期借款的担保品；第 9 章删除了"股票股利、股票分割与股票回购"。此外，删除了第 1 版的第 12 章。

　　本书由吴爱华教授与姜娟博士担任主编，王岩、辛荣、王一涵、丁银高担任副主编，编写分工如下：第 1 章和第 6 章由王一涵执笔；第 2 章和第 5 章由吴爱华执笔；第 3 章和第 4 章由姜娟执笔；第 7 章和第 8 章由王岩执笔；第 9 章和第 10 章由辛荣执笔；第 11 章由丁银高执笔；全书由吴爱华审阅定稿。

由于编者水平有限，书中难免存在不足之处，敬请读者批评指正并提出宝贵意见。

编　者
2022 年 12 月

目　　录

第1章 总 论

1.1 财务活动、财务关系及财务管理

企业是自主经营、自负盈亏、以营利为目的的经济组织。企业管理的内容十分广泛，企业财务是企业管理的一个重要组成部分，它着重研究企业生产经营过程中所需资金的取得、运用与分配。它是根据财经法规制度，按照财务管理的原则，组织企业财务活动，处理财务关系的一项经济管理工作。简单地说，财务管理是组织企业财务活动、处理财务关系的一项经济管理工作。

1.1.1 企业财务活动

企业财务活动是以现金收支为主的企业资金收支活动的总称。企业在再生产过程中，资金从货币资金开始经过原材料等采购过程、生产过程、销售过程及资金回收过程不断循环，形成资金的周转。资金是企业的血脉，企业财务活动可分为以下 4 个方面。

1. 筹资活动

企业要开展生产经营活动，必须以占有或能够支配一定数量的资金为前提。也就是说企业要进行筹资，这是资金运动的起点，是投资的必要前提。在进行筹资活动时，财务人员首先要预测企业需要多少资金，通过什么方式筹集资金：是通过发行股票取得资金，还是向债权人借入资金，两种资金占总资金的比例应为多少等。如果企业决定借入资金，那么是发行债券好，还是从银行借入资金好呢？资金的偿付是固定的还是可变的？等等。财务人员面对这些问题时，一方面要保证筹集的资金能满足企业生产经营与投资的需要，另一方面还要考虑风险因素，一旦外部环境发生变化，企业不至于由于偿还债务而陷入破产。

2. 投资活动

企业取得资金后，必须把资金用于生产经营活动以取得赢利，否则就失去了筹资的意义，这便是企业的投资活动。投资有广义和狭义之分。广义投资是指企业将筹集的资金投入使用的过程，包括对内投资与对外投资。企业把筹集到的资金用于购买自身经营所需的固定资产、无形资产等，便形成企业的对内投资；企业把筹集到的资金投资于其他企业的股票、债券，与其他企业联营进行投资以及收购另一个企业等，便形成企业的对外投资。狭义的投资仅指对外投资。无论企业是对内投资还是对外投资，都需要支付资金。而当企业收回投资时会产生资金的收入。投资在整个财务活动中处于中心环节，投资的目的是取得一定的收益。

3. 营运活动

企业在正常的经营过程中，会发生一系列的资金收支。在企业经营引起的财务活动中，主要涉及的是流动资产与流动负债的管理问题，其中关键是加速资金的周转。流动资金的周

转与生产经营周期具有一致性，在一定时期内，资金周转越快，就可以利用相同数量的资金生产出更多的产品，取得更多的收入，获得更多的报酬。因此，如何加速资金的周转、提高资金利用效果是财务人员在这类财务活动中需要考虑的主要问题。

4. 分配活动

分配活动是财务活动的基本环节之一。企业在生产经营过程中取得的利润，在交纳所得税以后，要按照法律规定以及企业收益分配政策进行分配。企业税后利润通常是按以下顺序进行分配：一是弥补企业以前年度亏损；二是提取盈余公积；三是提取公益金，用于支付职工福利设施的支出；四是向投资者分配利润。在分配活动中，财务人员需要研究股利支付率的高低，即将多大比例的税后利润用来支付给投资人。

上述财务活动的 4 个方面构成了完整的企业财务活动，这 4 个方面也正是财务管理的四大基本内容：企业筹资管理、企业投资管理、营运资金管理、利润及其分配的管理。财务管理是在一定的整体目标下，关于资产的购置（投资）、资本的融通（筹资）和经营中现金流量（营运资金）及利润分配的管理。

1.1.2 企业财务关系

企业财务关系是指企业在组织财务活动过程中与各有关方面发生的经济关系。企业在投资活动、筹资活动、经营活动及利润分配活动中会与企业内部和外部有着广泛的联系（见表 1–1），具体包括以下几个方面。

表 1–1 企业财务关系的内容与实质

内容	实质
企业与投资者	经营权与所有权的关系
企业与被投资者	投资与受资的关系
企业与债权人	债务与债权的关系
企业与债务人	债权与债务的关系
企业与消费者	产品及服务供应与需求关系
企业与政府（税务机关）	强制性与无偿性的分配关系
企业内部各单位之间	内部各单位之间的利益关系
企业与员工之间	劳动成果的分配关系

1. 企业与投资者之间的财务关系

投资者，也称为企业的所有者、出资者，指向企业投入资金而拥有对企业净资产的最终所有权及与之相关的收益权。企业与投资者之间的财务关系主是指企业的所有者向企业投入资金，企业向其支付投资报酬所形成的经济关系。企业的投资者主要有：国家、个人和法人单位及外商。投资者要按照出资合同、协议、章程的约定履行出资义务。企业利用资金购置资产，借入债务，形成法人财产。企业拥有对法人财产的所有权，并据此开展经营活动。企业实现利润后，按照合同规定的投资比例向投资者支付报酬。一般而言，投资者的投资额不同，对企业承担的责任与享有的权利也不同。通常投资者与企业发生以下财务关系：投资者对企业资产的控制程度；对企业获取利润的分配份额的多少；对企业净资产的分配权的大小；对企业承担怎样的责任。

2. 企业与被投资单位之间的财务关系

这主要是指企业将其闲置资金以购买股票或直接投资的形式向其他企业投资所形成的经济关系。随着经济的发展，这种关系越来越广泛。企业向其他单位投资，应按约定履行出资义务，参与被投资单位的利润分配。企业与被投资单位的关系体现的是所有权性质的投资与受资的关系。

3. 企业与债权人之间的财务关系

债权人是企业资金来源的又一重要供给者。企业与债权人之间的财务关系主要是指企业向债权人借入资金，并按借款合同的规定按时支付利息和归还本金所形成的经济关系。企业的债权人主要有：债券持有人、贷款机构、商业信用提供者、其他出借资金给企业的单位和个人。企业与债权人之间的关系是债务与债权的关系。

4. 企业与债务人之间的财务关系

这主要是指企业将其资金以购买债券、提供借款或商业信用等形式出借给其他单位，并依据合同规定，有权要求其债务人按约定的条件支付利息和归还本金所形成的经济关系。企业与其债务人的关系体现的是债权与债务关系。

5. 企业与消费者之间的财务关系

消费者是企业赖以生存的基础。企业提供消费者需要的商品，据此实现销售收入。消费者在使用商品过程中可以根据销售合同的规定享受企业提供的各种服务。由于市场竞争激烈，企业与消费者之间的关系逐渐在企业所有的财务关系中占据主要地位。

6. 企业与政府之间的财务关系

政府以双重身份与企业发生关系。作为社会管理者，政府无偿参与企业收益的分配，企业必须按照国家税法规定缴纳各种税款。作为投资者，政府以所有者的身份参与企业税后利润的分配。

7. 企业内部各单位的财务关系

这主要是指企业内部各单位之间在生产经营各环节相互提供产品或劳务所形成的经济关系。在实行内部经济核算制的条件下，企业供、产、销各部门及各生产单位之间相互提供产品和劳务要进行计价结算。这种在企业内部形成的资金结算关系，体现了企业内部各单位之间的利益关系。

8. 企业与员工之间的财务关系

企业与员工的经济关系主要按照劳动合同进行约定。员工以自身提供的劳动作为获取报酬的依据。企业根据员工为企业做出贡献的程度，用收入向员工支付工资、津贴，用利润向员工支付奖金、提取公益金等，体现了员工个人和集体在劳动成果上的分配关系。由于员工分配的多少最终会导致所有者权益的变动，企业与员工的分配关系还将直接影响投资者的利益。如何处理员工与投资者之间的利益关系，是企业能否长期稳定发展的关键因素，也是现代企业治理结构的核心问题。

1.1.3　财务管理的特点

企业生产经营活动的复杂性，决定了企业管理必须包括多方面的内容，如生产管理、技术管理、劳动人事管理、设备管理、销售管理、财务管理等。各项工作是互相联系、紧密配合的，同时又有科学的分工，具有各自的特点。财务管理的特点有以下几个方面。

1. 财务管理是一项综合性管理工作

企业管理在实行分工、分权的过程中形成了一系列专业管理，有的侧重于使用价值的管理，有的侧重于价值的管理，有的侧重于劳动要素的管理，有的侧重于信息的管理。社会经济的发展，要求财务管理主要是运用价值形式对经营活动实施管理。通过价值形式，把企业的一切物质条件、经营过程和经营结果都合理地加以规划和控制，达到企业效益不断提高、财富不断增加的目的。因此，财务管理既是企业管理的一个独立方面，又是一项综合性的管理工作。

2. 财务管理与企业各方面具有广泛联系

在企业中，一切涉及资金的收支活动，都与财务管理有关。事实上，企业内部各部门与资金不发生联系的现象是很少见的。因此，财务管理的触角，常常伸向企业经营的各个角落。每个部门都会通过资金的使用与财务部门发生联系。每个部门也都要在合理使用资金、节约资金支出等方面接受财务部门的指导，受到财务制度的约束，以此来保证企业经济效益的提高。

3. 财务管理能迅速反映企业生产经营状况

在企业管理中，决策是否得当、经营是否合理、技术是否先进、产销是否顺畅，都可迅速地在企业财务指标中得到反映。例如，如果企业生产的产品适销对路，质量优良可靠，则可带动生产发展，实现产销两旺，资金周转加快，盈利能力增强，这一切都可以通过各种财务指标迅速地反映出来。这也说明，财务管理工作既有其独立性，又受整个企业管理工作的制约。财务部门应通过自己的工作，向企业领导及时通报有关财务指标的变化情况，以便把各部门的工作都纳入提高经济效益的轨道，努力实现财务管理的目标。

1.2　财务管理的目标

判断一项财务决策是否有效率必须根据某个标准，这个标准就是财务管理的目标。企业财务管理目标不仅是财务管理的基础理论，而且是财务管理工作的导向和标准。

1.2.1　有关企业财务管理基本目标的争论

1. 利润最大化

这一观点认为企业是营利性组织，所以企业必须追求利润最大化。一般认为，将利润最大化作为企业财务管理的目标有其合理性。其理由主要有：① 利润是企业新创造的价值，是企业生存和发展的必要条件，企业只有获利，才有存在的意义；② 已经建立起来的企业虽然有改善劳动条件、增加职工收入、提高产品质量和减少环境污染等多种目标，但是获利是具有综合能力的目标，它反映了企业综合运用各种经济资源的能力和经营管理的效率；③ 获利不仅是企业的出发点和归宿，而且可以概括为其他目标的实现程度，并且有助于其他目标的实现，企业追求利润最大化是市场经济体制发挥作用的基础。

利润最大化作为企业的目标，源于 19 世纪，当时企业的特征是私人筹资、私人财产和独资形式。因为单个业主的唯一目的就是增加私人财富，所以可以通过利润最大化的目标得到满足。然而，现代企业的主要特征是经营权和所有权分离，企业由股东进行投资，由职业经理来控制和管理。债权人、消费者、雇员、政府等，都是与企业有关的利益集团。在企业特征发生了如此变化之后，19世纪的业主经理已逐渐被职业经理所代替，职业经理必须协调与企业有关的各方面的利益。在这种情况下，以利润最大化作为企业的财务目标就不恰当了。

一般认为，将利润最大化作为企业财务管理目标有以下缺点：① 没有充分考虑利润的取得时间，即未考虑货币的时间价值；② 没有考虑为获得利润而承担的风险；③ 忽视了所获得的利润与所投入的资本之间的关系。

2. 满意的利润水平

这一观点认为，企业必须以利润最大化作为自己的目标，但在现实经济生活中存在许多不确定的因素，尤其是存在信息不对称及代理问题，人们无法确定一个最佳的利润水平，或需要花费很大的代价才能确定一个最佳的利润水平。因此，企业财务管理的目标应修正为达到一个满意的利润水平。

这种观念尽管考虑了代理问题及不确定性，但在根本上与利润最大化的目标是一致的，并没有克服利润最大化目标的缺点。

3. 每股盈余最大化

这种观点认为，应将企业的利润和股东投入企业的资本联系起来考察，所以用每股盈余来概括企业财务管理的目标，可以克服以上两种观点中没有考虑所获得的利润与所投入的资本之间的关系的缺点。但这种观点仍然存在两个缺点：一是仍然没有考虑每股盈余取得的时间；二是仍然没有考虑每股盈余的风险。

4. 股东财富最大化

现代管理理论认为，企业财务管理的目标是股东财富最大化（shareholder wealth maximization，SWM）。如果企业是股份有限公司，并且资本市场是有效的，企业财务管理的目标还可以称为股票价值最大化。

企业是股东投资创办的，股东之所以出资创办企业，是为了让企业为其创造财富，使其财富增值。股东价值最大化目标能够较好地反映企业目前与未来的获利能力、企业的风险、货币的时间价值等因素。股东财富指标是要求完整信息的唯一指标。判断是否增加了股东财富，必须要具备长期的观念，并需要了解如何在风险调整的基础上比较不同时期的现金流量。如果没有完整信息，就无法判断企业的某项决策是否增加了股东财富，而其他指标（如每股收益、净资产收益率等）则不需要完整信息。

5. 企业价值最大化

与股东财富最大化（SWM）目标不同，欧洲大陆国家与日本将企业财务管理的目标视为企业价值最大化（maximize corporate wealth，CWM）。在企业价值最大化模型中，公司经理、员工、债权人、供应商、政府甚至社区等与股东处于同等重要的地位。企业价值的概念比财务学上所讲的财富概念（现金、有价证券和设备等）更广泛，它还包括人力资本、技术和市场地位等。

企业价值最大化不是基于资本市场效率问题而提出来的，也就是说，并不是因为资本市场无法准确地反映公司的股票价格而提出企业的财务目标是企业价值最大化。

1.2.2 股东财富最大化与企业价值最大化的比较

股东价值优先曾被认为是美国企业与欧洲企业、日本企业相区别的一个主要特征。德国企业建立了分别由股东和雇员等构成的双重董事会治理结构来平衡股东和雇员等的利益。其他欧洲国家的企业和日本企业更强调利益相关者，包括雇员、供应商、主要客户等群体的利益。美国则成为股东价值优先论的"主要产地"。

欧洲企业和日本企业反对股东价值最大化的理由主要有：① 股东价值的产生只能以牺牲其他利益方（供应商、客户、员工等）的价值为代价，股东价值最大化随之而来的是削弱的工作保障、高失业率、劣质的产品和服务及疲软的总体经济形势；② 欧洲国家宣称虽然为股东创造价值不佳，而为其他利益各方所带来的益处却可大大弥补这一不足。

尽管企业价值最大化目标可以避免股东价值最大化目标的一些缺点，但是企业价值最大化实际上是一个多目标模型，在企业管理当局满足众多利益相关者的需求（the demands of multiple stakeholders）时，也有其自身的缺陷。例如，并没有一个明确的标准告诉企业管理当局如何在众多利益相关者的需求之间进行权衡；同样，也很难设计一套报酬系统来激励企业管理当局为众多利益相关者的利益而努力，甚至在发生亏损和财务危机时，企业管理当局会以关注其他利益相关者的利益为借口。与此相对照的是，股东价值最大化是一个单一目标模型，它明确告诉企业管理当局投资决策、融资决策和股利分配决策的决策准则。

企业价值最大化目标与股东价值最大化目标各有其优缺点。但是，一些发达国家发现重视股东价值最大化目标更易于吸引海外资本，股东价值在世界范围内逐渐受到关注。

强有力的证据表明生产率更高的企业为股东创造的市场增加值（MVA）更多。没有证据表明股东受益时会导致劳工受苦，换言之，成功的企业生产率更高，股东财富增加值更大，而且就业机会增长更快。在短期，劳动生产率提高当然会伴随用工减少，但各行业中最成功、劳动生产率最高的企业一般都是最先增加用工的。从长期看，这些企业比那些远远落后的竞争对手创造了更多的就业机会、更多的社会财富。

股东价值最大化并不必然以牺牲其他利益相关者的利益为代价，股东价值最大化并不必然带来削弱的工作保障、高失业率、劣质的产品和服务及疲软的总体经济形势。相反，研究表明，在1985—1994年间，欧洲国家由于创造的股东回报较宏观预期低20%，欧洲国家减少了就业机会，失业率升高了2.5个百分点。相反，美国、新加坡和加拿大通过创造比宏观预期更好的股东回报，失业率减少了2个百分点。事实证明，股东价值与创造就业机会是相关的。

1.2.3 委托代理理论与企业财务目标

传统的经济学认为，企业的参与者（股东、债权人、经理、雇员和政府等）以共同利益作为其行为准则。但是近20多年来的理论研究和实践表明，这些参与者之间存在委托-代理关系，各个参与者有各自的目标和效用函数，他们之间存在利害冲突和矛盾，他们的目标是追求自身效用的最大化。研究这些冲突及如何解决这些矛盾的理论称为代理理论。

在企业的财务关系中主要存在两种委托-代理关系：一种是股东与经理之间的委托-代理关系；另一种是股东和债权人之间的委托-代理关系。

1. 股东与经理之间的关系

在现代公司中，所有权一般较分散。企业日常运转是由其经理负责的，他们通常不拥有占支配地位的股权。严格地说，经理们是所有者的代理人，但在事实上对企业行使控制权。因此，所有者和经理之间存在潜在的利益冲突。詹森和麦克林（1976）认为，如果一个经理并不占有企业全部普通股，代理问题就会产生。

股东与经理之间的矛盾源于股东的目标与经理的目标不一致。股东的目标是追求自身财富的最大化，而企业经理的目标主要有 3 个方面：获得报酬，包括物质的和非物质的，如工资、奖金、社会地位和荣誉等；增加闲暇时间和豪华享受；避免风险。

经理的目标与股东的目标不完全一致，经理有可能背离股东的利益。这种背离主要有道德风险和逆向选择两种方式。解决道德风险和逆向选择的方法主要是监督和激励。

监督是指股东通过了解经理的行为，当发现经理背离股东的目标时，减少经理各种形式的报酬，甚至解雇他们。由于监督是有成本的，所以股东不可能对经理进行全面的监督，也不可能通过监督解决全部的问题。

防止经理背离股东利益的另一种方法是激励。例如企业盈利率或股票价格提高后，给予经理奖励。同样激励是有成本的，激励过少，不足以激励经理；激励过多又减少了股东的收益，不能实现股东的目标。因此也不能通过激励解决全部的问题。

因此，股东通常将监督和激励这两种方法综合起来使用，以协调自己与经理的矛盾。尽管如此，经理仍然可能采取一些对自己有利而不符合股东目标的决策，从而给股东带来一定的损失。增加监督成本和激励成本可以减少偏离股东目标的损失，而减少监督成本和激励成本可能会增加偏离股东目标的损失。因此股东应在监督成本、激励成本和偏离股东目标的损失之间进行权衡，力求找出使三者之和最小的方法。

一些学者认为，没有必要将代理问题看得如此严重。经理们的兴趣在于企业的增长和规模，因为经理们的薪水和别的福利是与销售额或全部资产相关的，这就刺激经理增加企业普通股的价值。并且，股东在实际上行使更换管理班子的最终权力。这种胡萝卜加大棒的方法足够使代理问题得到控制。对于上市公司来说，可以将金融市场用作企业状况的监视器。如果经理对其管辖之下的资产潜力没有有效地利用，不会多久，便会在较低的股票价格上得到反映，形成价格保护。此外，还有两种机制来控制经理行为。第一种机制是经理市场，这种市场以潜在的或协议的业绩与实际业绩相对照为基础，不断对管理者的人力资本进行再评估。如果评估是不利的，经理间的竞争会使更换势在必行。第二种机制是接管公司的市场。蹩脚的管理会导致企业股票价格下跌，使企业被另一个公司接管。

2. 股东与债权人之间的关系

股东与债权人之间的矛盾源于股东的目标与债权人的目标不一致。债权人将资金出借给企业的目标是按期收回本金，并获得利息收入。企业借款的目的是扩大经营，投入有风险的生产经营项目，实现股东财富最大化。

债权人将资金出借给企业使用事先是知道有风险的，并且将预期风险纳入到借款利率之中。但借款合同一旦成为事实，资金到达企业手中，债权人就失去了控制权。由于股东的目标与债权人的目标不完全一致，股东有可能通过企业的经理背离债权人的利益。这种背离主要有两种方式：一种是发行新债，使旧债的价值下降。由于发行新债使企业的负债比率上升，增加了企业破产和不能足额偿还债务的可能性，增加了旧债的风险，因此发行新债会使旧债的价值下降，从而损害旧债权人的利益。另一种是将借到的资金投资到比债权人预期风险更大的项目。如果投资侥幸成功，超额的利润将全部归股东所有；如果投资失败，公司无力偿债，债权人将和股东共同承担由此造成的损失。

债权人为了防止自己的利益受到伤害，通常采取以下 3 种措施：一是寻求法律保护。例如在企业破产时，优先接管，优先于股东分配剩余财产。二是在借款合同中加入限制性条款。例如规定企业不得发行新债或限制发行新债的数额，或规定借款的用途。三是当发现企业有损害债权人利益的意图时，拒绝进行进一步合作，或者提前收回借款或者拒绝提供新借款。

1.3 财务管理组织机构与财务人员

1.3.1 财务管理组织机构

为了有效地开展财务管理活动，保证财务管理目标的实现，企业必须设立与企业组织形式相适应的财务管理组织机构。由于财务决策在企业战略决策中占有重要地位，财务管理在企业管理中的作用日益上升，因此现代企业均单独设立财务管理组织机构，并设立一名专门负责企业财务工作的副总裁（CFO），有的企业甚至由企业总裁（CEO）亲自管理财务工作。有关资料显示，近年来美国大公司的总裁大多数是由主管财务的副总裁提升而来的，财务管理在企业管理中的重要性由此可见一斑。

图 1-1 是一个典型的公司制企业的财务管理组织机构简图。财务副总裁管理全公司的财务工作，主持制定财务政策和公司规划，并对公司总体战略管理产生重要影响。在财务副总裁下设有财务经理和会计经理。财务经理主要负责资本预算、现金管理、与金融机构的关系、信用管理、股利支付、财务分析与预算、保险与风险管理、税收筹划等工作。会计经理主要负责财务会计、管理会计、成本核算与管理、税务会计、内部控制等工作。在实际工作中，财务经理与会计经理的工作界限并非泾渭分明，而是互有交叉。除财务部门管理财务之外，大

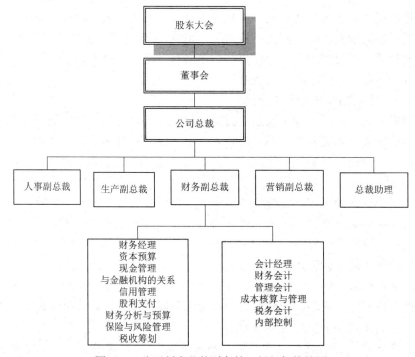

图 1-1 公司制企业的财务管理组织机构简图

型公司往往还采取财务委员会形式，即利用委员会中不同背景和知识结构的委员来制定公司财务政策并做出重大的财务决策。比如，IBM 公司、通用汽车公司等都设有财务管理委员会，委员们来自各个职能部门。财务委员会协同董事会对资本性投资和财务预算等重大财务事项进行财务决策。

1.3.2 财务人员素质

随着市场竞争的加剧、信息技术与衍生金融工具的迅速发展，企业的财务管理环境呈现复杂化趋势；同时，财务管理在企业管理中的地位不断上升，财务导向论、财务管理中心论已逐渐为人们所接受。这些都对财务人员提出了更高的要求，财务人员的素质如何，直接决定企业的财务管理能力，并最终影响企业的价值。财务人员素质是财务人员综合能力的集中体现，主要包括专业知识和技能、非财务素质、职业道德。财务人员对专业知识和技能一般比较重视，这些也是财务管理教科书讲述的重点，非财务素质与职业道德却往往被忽略。实际上，由于专业知识与技能的普及化，未来企业财务管理能力的强弱更多地取决于财务人员的非财务素质与职业道德，非财务素质和职业道德也是财务人员之间竞争的决定因素。

1. 非财务素质

非财务素质是财务人员除专业知识和技能以外的其他综合能力，包括组织能力、分析判断能力、参与决策能力、协调沟通能力、学习与创新能力、数字与计算能力等。下面以邯钢经验为例说明财务人员具备非财务素质对于企业财务管理发挥作用的重要意义。邯郸钢铁总厂在 20 世纪 90 年代使经济效益大幅度提高的成功事例被概括为邯钢经验，即"模拟市场核算、实行成本否决"。1996 年 1 月，国务院批转国家经贸委、冶金部关于邯郸钢铁总厂管理经验调查报告的通知，要求全国学习邯钢"三改一加强"，实现经济增长方式的转变。以国务院名义在全国范围号召学习一个好的企业，此前只有 1964 年的"工业学大庆"，由此可见学邯钢的重要意义非同一般。对于邯钢经验，人们从不同的角度进行总结与分析，得出了不同的结论。就邯钢经验所概括的 12 个字而言，其具体做法属于财务管理中的目标成本管理。对于财务人员来说，目标成本管理作为专业知识和技能，相信大多数人并不陌生。然而，目标成本管理与企业实际情况相结合并创造性地加以运用，却只有邯钢等个别企业。更加值得思考的是，邯钢经验的全国推广，并未像预期那样取得普遍的良好效果，"邯郸学步"的企业不在少数。这一点说明，财务专业知识与技能的获取并不困难，但是能否创造价值却依赖于非财务素质。实际上，取得成功的邯钢财务人员仍在不断前进，他们与高等院校合作，使其管理信息系统不断改善，从而进一步提高财务管理工作的水平。事实表明，非财务素质是企业财务管理能力的根本。

2. 财务职业道德

每一个行业都有规范其成员行为的职业道德，财务管理亦不例外。财务职业道德既是规范财务人员职业活动的行为约定，又是财务行业对社会所承担的道德责任和义务。由于企业是利益相关者的契约集合体，而财务是利益相关者之间利益均衡的焦点，这就要求财务人员在履行职责时应以企业最佳利益为重诚实地行事，不得将自己或第三者的利益放在企业利益之上，自己的行为不能与自己对企业所承担的职责和义务相冲突。财务人员是否忠诚地履行了自己的职责，可以从以下几个方面进行判断。

① 财务人员在其责权范围内应当亲自行使"酌情权"，即自己亲自对发生或将要发生的事情进行了解、斟酌、思考、判断和决策，而不能擅自将自己的权力下放给其他人员。与之

相似，法律并不认同傀儡董事和影子董事的存在，一个董事如果允许自己成为他人的傀儡，按他人的指令行事，由于他是占据董事位置的"事实董事"，仍然应独立承担责任。

② 财务人员应以企业的最佳利益为重，即财务人员履行其职责时的行为、决策应以对企业最有利为基点。凡是为了个人、亲属或第三者的利益使企业利益受到损害或受到不公平对待，即使企业获得了部分利益，该财务人员的行为也不符合忠诚义务的要求。

③ 财务人员不得从事不符合法律、企业章程规定的自我交易，禁止财务人员从企业获得贷款或财务资助，严禁利用财务人员职位或职权谋取私利，如收受贿赂，转让职位，挪用、盗窃或滥用企业财产，泄露企业机密，从事动机不纯的行为等。财务职业道德一般包括职业品德、职业纪律和职业责任 3 个方面。美国会计职业道德规范见表 1-2。

表 1-2　美国会计职业道德规范

项目	注册会计师职业行为规则	管理会计师道德行为标准	财务经理道德规则
颁布机构	注册会计师协会	管理会计师协会	财务经理协会
内容	① 责任 ② 公共利益 ③ 正直 ④ 客观与独立 ⑤ 能力范围与种类 ⑥ 服务规范	① 能力 ② 机密性 ③ 正直 ④ 客观性	① 真诚与正直 ② 以客观方式提供充分相关的信息 ③ 遵守各项法规 ④ 尽力履行其职责 ⑤ 资料保密 ⑥ 不断提高专业技能 ⑦ 避免失信行为

1.3.3　财务职业生涯

其实并不是每个人刚毕业就能成为财务经理的，对于从事财务工作的学生来说，职业生涯往往从基础做起，通常从以下领域开始。

1. 金融机构

金融机构，是指专门从事货币信用活动的中介组织。我国的金融机构，按地位和功能可分为四大类：第一类，中央银行，即中国人民银行；第二类，银行，包括政策性银行、商业银行、投资银行、投资银行在线；第三类，非银行金融机构，主要包括国有及股份制的保险公司、城市信用合作社、证券公司、财务公司等；第四类，在境内开办的外资、侨资、中外合资金融机构。以上各种金融机构相互补充，构成了一个完整的金融机构体系。

商业银行是最大的财务人员需求机构，是以经营存、贷款，办理转账结算为主要业务，以盈利为主要经营目标的金融企业。如果进入银行工作，通常要经历银行的整套运作程序以了解银行的业务，然后可能被安排从事个人和小型公司的存款和贷款工作，也可能帮助分析对大型公司大笔贷款的业务。除此之外，银行还提供比其他金融机构更多的职位，比如个人及公司之间通过银行的付款结算。

保险公司也需要大量财务人员。保险公司通常要将投保人的保险金投资于金融债券或投资基金，或者是中长期贷款。因此，财务人员要负责评价企业的经营能力、调查企业的信用、决定投资于哪家公司的股票或者如何设计投资组合，以减少投资风险。

基金公司是通过个人投资者筹集资金，投资于多种股票或债券投资组合，目的是使所管理的基金资产不断增值，使基金持有人获得收益。基金收益的好坏取决于基金管理人管理、运用基金资产的水平，因此对基金管理人的任职资格限定较严格。

投资银行是指经营资本市场业务的金融机构，业务包括帮助公司出售证券，为企业融资，协助公司完成兼并和收购，提供咨询服务、资产管理、自有资金的操作交易等。在我国，投资银行的业务主要由证券公司承担，如华夏证券有限公司、中国国泰证券有限公司等。

2. 财务管理部门

财务管理部门是财务职业领域中最广泛的领域，同时也拥有最多的工作机会。财务管理部门在所有商业机构中都非常重要，包括银行、其他金融机构、工业企业和商业企业等。同样，在政府性机构和非营利性机构中财务管理部门也同样重要，如学校、医院等。财务管理人员的工作是帮助其所在单位进行投资项目评估，或者筹集项目所需要的资金，或者是与银行谈判贷款等。

1.4　财务管理宏观环境

财务管理环境或称理财环境，是指对企业财务活动和财务管理产生影响的企业内外各种条件的统称。环境构成了企业财务活动的客观条件。企业财务活动是在一定的环境下进行的，必然受到环境的影响。企业的资金的取得、运用和收益的分配会受到环境的影响，资金的配置和利用效率会受到环境的影响，企业成本的高低、利润的多少、资本需求量的大小也会受到环境的影响，企业的兼并、破产与重整与环境的变化仍然有着千丝万缕的联系。所以，财务管理要获得成功，必须深刻认识和认真研究自己所面临的各种环境。

企业如同一个生物体，适应环境的变化是其生存的基本条件。财务管理环境是对企业财务管理活动产生影响的内、外部因素，是企业财务决策的约束条件。财务管理环境是财务管理赖以生存的土壤，是企业开展财务活动的舞台。财务管理环境对企业财务管理的意义在于以下 3 个方面。

1. 培育企业的财务管理能力

环境是决定财务管理效率的外在条件，财务管理能力是决定财务管理效率的内部条件。理财的过程就是财务管理能力对财务管理环境不断适应、不断创造收益机会、降低风险的过程。理财主体对理财环境的适应程度反映了理财主体的财务管理能力，而适应环境变化的前提是熟悉财务管理环境。

2. 科学、合理地进行财务决策

财务决策所处的社会经济环境及财务决策内在的机制和因素对追求财务目标的过程有着深远的影响。财务决策的前提是财务预测，财务预测必须建立在对财务管理环境分析的基础上。通过财务管理环境的分析，了解企业理财面临的机会与风险，为财务决策提供参考依据。因此，财务决策必须建立在对企业内、外环境分析的基础上。

3. 实施战略财务管理

随着战略管理思想的渗透，传统财务管理逐渐向战略财务管理过渡。战略财务管理是在对企业内、外环境分析的基础上，对企业资金运动进行全局性、长期性和创造性的筹划，并确保财务战略的实施。财务管理环境的分析既是制定财务战略的前提，也是确保财务战略得以实施的保证。

1.4.1 经济环境

财务管理经济环境是指对财务管理有重要影响的一系列经济因素。经济环境的好坏，对企业筹资、投资和盈余分配都有重要影响。

1. 经济周期

经济通常不会出现较长时间的持续增长或较长时间的衰退，而是在波动中前进的，并且具有一定的周期性。经济的周期性波动对企业理财有着重要影响。

在经济萧条阶段，由于销售市场不景气，造成产品积压、产品库存时间延长；产品的产量虽然下降，但一定规模的固定成本却依然持续发生；众多雇员的暂时停工也不能使人工成本按比例下降，因此短期筹资和短期投资的管理便成为企业此时所面临的最主要的财务管理问题。在资金筹划上，企业应拓宽资金来源渠道，广泛利用各方面资金，尤其应扩大销售，加强对应收账款的管理。

在经济高涨阶段，由于市场需要旺盛，销售会大幅度上升，企业为了不失时机地扩大生产，就要增加投资，这时往往需要财务部门迅速筹集所需资金。筹集长期资金可采取吸收投资人投入资本的方式，也可采取举借长期负债的方式。然而，特别应注意的是，举借负债筹集资金，由于要固定地负担利息，而且到期必须偿还，筹资风险较大。如果企业经营不善或市场情况发生逆转，债务就会成为企业财务上的沉重负担。因此是否以财务的方式筹集长期资金，以及如何筹集长期资金、筹资规模的大小等，应是企业此时所要做出的重要财务决策。

2. 通货膨胀

通货膨胀是经济发展中的棘手问题，具体表现为：① 大规模的通货膨胀会引起资金占用的迅速增加；② 通货膨胀会引起利息率上升，增加企业的筹资成本；③ 通货膨胀时期有价证券价格会不断下降，给企业筹资带来相当大的困难；④ 通货膨胀还会引起利润虚增，造成企业资金流失。在企业财务管理过程中，对可能发生的通货膨胀有所预测，并妥善处理好因通货膨胀所产生的一些财务问题，也是财务管理人员的一项非常重要的工作。尽管不可能使企业独立于成本提高和物价上涨的宏观环境之外，但仍有某些方法可以帮助财务管理人员尽量减少通货膨胀对企业造成的影响。例如，企业可在通货膨胀到来之前，设法与原材料的供应企业签订长期购货合同，以便在合同中将价格固定下来；利用长期筹资筹集企业所需的资金，以保持筹资成本的稳定；在财务会计上，可采用现实成本法真实地揭示企业的财务状况和经营成果，防止资金流失，使企业生产活动稳定持续下去。总之在通货膨胀面前，企业并非束手无策，而应采取相应措施减少损失。

3. 经济发展状况

经济发展速度对理财有重大影响。按经济发展水平，世界上的国家可以划分为发达国家、发展中国家和不发达国家三类。

发达国家的经济发展水平处于世界领先地位，因而其财务管理水平较高。这是因为：① 高度发达的经济水平必然要求完善的、科学的财务管理，这就决定了随着经济发展水平的提高，必然要创造出越来越先进的理财方法；② 经济生活中许多新内容、更复杂的经济关系等往往首先出现于这些国家，这就决定了发达国家的财务管理内容要不断创新。发展中国家的经济发展水平不是很高，经济基础较薄弱但发展速度很快，经济政策变更频繁，国际交往日益增多。这些因素决定了发展中国家的财务管理具有以下特征：① 财务管理的总体水平在世界上处于中间地位，但发展比较快；② 与财务管理有关的法规、政策变更频繁，给企业理财造成了许多困难。不发达国家一般以农业为主要经济部门，工业特别是加工工业不发达，企业规模小，组织结构简单，因而这些国家的财务管理呈现水平低、发展慢等特点。

经济发展速度的快慢、国民经济的繁荣与衰退影响企业的销售额。销售额增加会引起企业存货的枯竭，需筹资扩大生产经营规模；销售额减少会阻碍现金的流转，企业产品积压，需筹资或变卖资产以维持经营。工业产量预计增加、科技进步、国民生产总值（GNP）预计增加、国内生产总值（GDP）预计增加，意味着经济形势看好、投资机会增多，企业理财活动趋于活跃。

4. 经济政策

一个国家的经济政策，如经济的发展计划、产业政策、财政政策、货币政策、经济体制改革的措施、政府的行政法规等对企业财务活动具有重要的影响。国家对某些行业、地区、某些经济行为的优惠与鼓励、限制与倾斜构成了政府政策的主要内容。因此，企业在进行财务决策时，应认真研究政府政策，按照政策导向行事，这样才能趋利除弊。

5. 技术发展

当今社会，科学技术发展迅速。新技术、新设备不断出现，设备更新时间日益缩短。这就要求企业财务人员必须适应这种趋势，筹集足够资金，及时更新所需设备。

应当特别指出的是，生产技术水平对企业技术发展状况的影响主要取决于本企业的技术水平与同行业技术水平的比较。也就是说，即使企业本身的技术水平有所提高，但在同行业中仍处于落后地位，那么企业的财务状况和财务成果必然受到不利影响，而且同行业企业的技术水平也处于不断提高的过程中。因此适应社会技术发展环境，应有系统的、动态的观点，要进行纵向和横向的比较。

1.4.2　金融环境

金融环境是影响企业融通资金最主要的外部环境，其内容主要包括金融市场、金融工具、金融机构、利率等。

1. 金融市场

（1）金融市场对企业财务管理的意义

金融市场是进行资金融通的场所。金融市场的存在就是为资金剩余者与资金需求者之间建立联系。大多数企业都需要从金融市场上取得资金以求生存和发展，或者需要将剩余资金投放到金融市场上去获取最大限度的利润，这两项与金融市场密切相关的工作构成了财务管理的主要内容。因此，财务决策离不开一定的金融市场环境。

金融市场由主体、客体和参加人组成。主体是指金融机构，是金融市场的中介机构，是连接资金供求双方的桥梁。客体是指金融市场上的买卖对象，如票据、债券、股票等各种金融工具。参加人是指客体的供给者和需求者，如企业、事业单位、政府部门、居民等。

金融市场对于企业理财的重要性表现为以下 4 个方面。

① 金融市场是企业融资和投资的场所。企业需要筹集资金时，可以在金融市场上选择适合自己的融资方式。企业资金剩余时，可以在金融市场选择合适的投资方式和投资工具，寻求资本增值。

② 金融市场是企业调整资金结构、提高资金利用效益的场所。企业根据经营活动的变化需要进行长、短期资金相互转化。在金融市场上，企业持有的股票和债券等长期投资，可以随时变现，成为短期资金；远期票据通过贴现，变成现金。同样，短期资金也可以转变为股

票、债券等长期资产。金融市场为企业提供了在资金多余时形成金融资产和在资金不足时出售金融资产的便利，为提高企业资金的利用效益创造了条件。

③ 金融机构是有效监督企业结算资金的组织。企业在经营过程中发生商品交易、劳务供应、信用往来等款项收付，按国家有关规定都必须通过银行办理转账结算，转账结算有节约现金用量和流通费用、加速资金周转和保证款项安全等优点。

④ 金融市场为企业理财提供有价值的信息。利率的变动反映资金的供求状况；证券市场的行情从宏观上反映一国的总体经济状况和政策情况，从微观上反映投资者对企业经营状况的评价，它们是企业经营决策的重要依据。

（2）金融市场的分类

① 按营业的性质，金融市场可分为资金市场、外汇市场、黄金市场、保险市场（见图 1-2）。

② 按资金融通的期限，金融市场可分为资金的短期市场和资金的长期市场。

③ 按证券发行或交易过程，金融市场可分为初级市场（发行市场）和流通市场（交易市场）。

④ 按交割期限不同，金融市场可分为现货交易市场和期货交易市场。

⑤ 按交易区域不同，金融市场可分为国际金融市场、地区金融市场和国内金融市场。

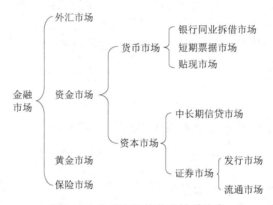

图 1-2　金融市场按营业性质分类

2. 金融工具

金融工具是资金需求者向资金提供者借入资金时出具的具有法律效力的票据证券。它包括债权债务凭证（如汇票、债券等）和所有权凭证（如股票）。一个健全的金融市场必须具有优良的金融工具，它是金融市场交易的对象，也是可以进入金融市场交易的资产。

金融工具具有流动性、收益性、风险性的特点。流动性是指金融工具可以在短期内不受损失地变现的属性。收益性是指金融工具的收益率的高低。风险性是指金融工具在变现时低于其原始投资价值的可能性。上述三种属性是相互联系、相互制约的。流动性与收益性成反比，收益性与风险性成正比。现金的流动性最好，几乎没有什么风险，但持有现金不能获得收益。股票的收益性好，但其风险也大。政府债券的收益性不如股票，但政府债券作为"金边债券"，其风险也远低于股票的风险。企业在金融工具的选择过程中必须对收益与风险进行权衡。

20 世纪 70 年代以来，在全球金融创新浪潮中出现的高科技产品——衍生金融工具

（derivation financial instruments）引起了人们的广泛关注。衍生金融工具又称派生金融工具，它是根据股价、利率、汇率等未来行情趋势，采用支付少量保证金或权利金签订跨期合同或互换不同金融工具等交易形式的新兴金融工具。衍生金融工具的交易是一种比传统意义上的资源配置市场机制更高级的市场机制，是现代发达市场经济运行机制中的一种重要机制。主要的衍生金融工具包括：金融远期、金融期货、金融期权、金融互换。由于衍生金融工具产生较晚，品种繁多且不断组合变化，人们对它的概念界定尚无统一看法。但是它从诞生到现在，显示出了强大的生命力和破坏力，表现在：一方面它规避了价格风险，降低了筹资成本，提高了证券市场的流动性，促进了银行业的发展，是现代金融市场的重要组成部分；另一方面，国际金融市场上有关衍生金融工具的风波不断出现，如20世纪80年代的美国垃圾债券市场，90年代的巴林银行、日本大和银行、亚洲金融危机，2008年由美国次贷危机引发的全球金融危机。

3. 金融机构

金融机构参与金融市场的活动，大大提高了金融市场的效率，因而是金融市场发挥功能必不可少的一个重要组成部分。认识金融机构的组成及其各自不同的功能是财务人员选择适当的金融机构并与之建立良好合作关系的前提。目前我国主要的金融机构有以下9类。

（1）中国人民银行

中国人民银行是我国的中央银行，是我国金融体系的核心，担负着管理商业银行和金融市场的责任，并通过金融体系对国民经济发挥宏观调节的作用。它是货币发行的银行、政府的银行和执行金融政策的银行。

（2）商业银行

商业银行是银行体系中的主体，是以经营存款、贷款，办理转账结算为主要业务，以营利为主要经营目标的金融企业，也是唯一能吸收、创造和收缩存款货币的金融中介组织。

（3）政策性银行

政策性银行是指由政府设立，以贯彻国家产业政策、区域发展政策为目的，不以营利为目的的金融机构，主要包括国家开发银行、中国进出口银行、中国农业发展银行。

（4）保险公司

保险是运用互助共济的原理，将个体面临的风险由全体来分担。目前，我国保险公司的业务险种达400余种，大致可分为财产保险、责任保险、保证保险、人身保险四大类及保险机构之间的再保险。1995年10月1日，中华人民共和国成立以来的第一部保险法《中华人民共和国保险法》开始施行。我国全国性的保险公司包括中国人民保险（集团）公司、中保财产保险有限公司、中保人寿保险有限公司、中保再保险有限公司、中国太平洋保险公司、中国平安保险公司、华泰财产保险公司、泰康人寿保险公司和新华人寿保险公司等；地方性的保险公司有新疆兵团保险公司、天安保险公司、大众保险公司、永安财产保险公司和华安财产保险公司等；外资、合资保险公司有香港民安保险深圳公司、美国友邦保险公司上海分公司、美国美亚保险公司广州分公司、东京海上保险公司上海分公司、中宏人寿保险股份有限公司和瑞士丰泰保险公司上海分公司等。

（5）信托投资公司

信托投资公司是一种以受托人的身份，代人理财的金融机构。它与银行信贷、保险并称为现代金融业的三大支柱。我国信托投资公司的主要业务包括：经营资金和财产委托、代理资产保管、金融租赁、经济咨询、证券发行及投资等。根据国务院关于进一步清理整顿金融性公司的要求，我国信托投资公司的业务范围主要限于信托、投资和其他代理业务，少数确属需要的，经中国人民银行批准可以兼营租赁、证券等业务，但不准办理银行存款业务。信托业务一律采取委托人和受托人签订信托契约的方式进行，信托投资公司受托管理和运用信托资金、财产，只能收取手续费，费率由中国人民银行会同有关部门制定。信托投资公司具有以下业务特点：收益高、责任重、风险大、管理复杂等。

（6）证券机构

证券是指政府部门批准发行和流通的股票、债券、基金、存托凭证和有价凭证。主要证券机构如证券公司，又称证券商，其主要业务包括：推销政府债券、企业债券，股票代理买卖和自营买卖已上市流通的各类有价证券，参与企业收购、兼并，充当企业财务顾问等。证券交易所不以营利为目的，为证券的集中和有组织的交易提供场所和设施，并履行相关职责，实行自律性管理，如上海证券交易所和深圳证券交易所。

（7）财务公司

财务公司又称金融公司，是为企业技术改造、新产品开发及产品销售提供金融服务，以中长期金融业务为主的非银行机构。各国的财务公司名称不同，业务内容也有差异，但大多数是商业银行的附属机构，主要吸收存款。我国的财务公司不是商业银行的附属机构，是隶属于大型集团的非银行金融机构，其主要业务包括：吸收集团成员的存款；发行财务公司债券；对集团成员发放贷款；办理同业拆借业务；对集团成员产品的购买者提供买方信贷等。财务公司应以筹集中长期资金用于支持企业技术改造为主，而企业集团成员所需短期资金转由商业银行贷款支持。

（8）信用合作组织

信用合作组织是分散的小商品生产者为了解决经济活动中的困难，获得某种服务，按照自愿、平等、互利的原则组织起来的一种经济组织形式。

（9）其他金融机构

其他金融机构包括金融租赁公司、典当行等。金融租赁公司根据企业的要求，筹措资金，提供以"融物"代替"融资"的设备租赁，租期内承租人只有使用权。典当行以实物占有权转移的形式为非国有中小企业和个人提供临时性质押贷款。

4. 利率

利率对于企业的财务决策具有深远的影响。利率代表企业使用资金的成本，利率的高低影响企业的利润，进而影响企业的价值。而且，由于股票市场和债券市场之间的竞争性和资金流动的自由，利率变化对股票价格有主要的、迅速的影响。此外，长短期利率的变化也会影响企业长短期债务结构的变化。

在市场经济条件下，资金的分配是通过金融市场的运行机制来实现的。在这种分配机制下，资金会沿着由低效率部门向高效率部门这条轨迹运行，从而实现社会资源的优化配置。在金融市场上，利率是资金使用权的价格，可用下式表示。

$$K = K_P + I_P + D_P + L_P + M_P$$

式中：K 表示名义利率；K_P 表示纯粹利率（实际利率）；I_P 表示通货膨胀附加率；D_P 表示违约风险附加率；L_P 表示流动性风险附加率；M_P 表示到期风险附加率。

① 纯粹利率。纯粹利率是指无通货膨胀、无风险情况下的平均利率。比如，在没有通货膨胀时，国库券的利率可以视为纯粹利率。纯粹利率的高低受平均利润率、资金供求关系和

国家调节的影响。

② 通货膨胀附加率。通货膨胀会使货币贬值，造成投资者的真实报酬下降。投资者在出借资金时，会在纯粹利率的水平上再加上通货膨胀附加率，以弥补通货膨胀造成的购买力损失。因此，每次发行国库券的利率会随预期的通货膨胀率变化，它等于纯粹利率加上预期通货膨胀率。

③ 违约风险附加率。违约是指借款人未能按时支付利息或未如期偿还贷款本金。资金的提供者所承担的这种风险叫违约风险。违约风险越大，投资人要求的利率报酬越高。债券评级，实际上就是评定违约风险的大小。信用等级越低，违约风险越大，要求的利率越高。

④ 流动性风险附加率，也称变现力附加率。各种有价证券的变现力是不同的。政府债券和大公司的股票变现力很强，投资人可以随时出售以收回投资。与此相反，一些小公司的债券鲜为人知，不易变现，因此投资人要求以变现力附加率（提高利率 1%～2%）作为补偿。

⑤ 到期风险附加率。到期风险附加率是指因到期时间长短不同而形成的利率差别。比如，五年期国库券利率比三年期国库券利率高，两者的变现力和违约风险相同，差别在于到期时间不同。到期时间越长，在此期间由于市场利率上升，而长期债券按固定利率计息，从而使购买者遭受损失的风险越大。到期风险附加率是对投资者承担利率变动风险的一种补偿。

1.4.3　税收环境

企业资产价值是企业价值的具体体现。资产的价值取决于资产所创造的可支配的收入流，因此财务决策的直接目标是努力扩大这种收入流。由于企业实际创造的收入流中有相当大的部分被政府以课税的方式收走，税后净利才是企业可支配的收入，所以税收制度在财务决策中扮演着极为重要的角色。财务决策是以税后利润为基础的，税收是企业一项重要的现金流出。一个税负较低情况下的最佳财务决策，在税负提高后可能变成错误的决策。因此，财务人员了解税收政策对企业理财非常重要。掌握企业税收政策是合理安排纳税资金、制定税务计划的基础。

1. 税收对企业财务管理的意义

影响税负的主要因素有：折旧政策、投资扣抵政策、亏损扣抵政策、资本利得与损失处理规定、成本核算制度、鼓励性税收优惠政策、减税、免税、缓税规定等。

税收对企业理财活动的影响主要表现为以下 3 个方面。

（1）影响企业融资和投资决策

企业融资的主要方式有负债融资和权益融资，而两者的资金成本是不一样的，负债融资的成本低于权益融资的成本。其原因在于：企业负债融资的代价是支付利息费用，利息费用可以在交纳所得税之前列支，使应纳所得税额减少，具有抵税作用；权益融资的代价是支付股息，股息在税后利润中支付，不具有抵税作用。

企业投资决策与税收密切相关。投资建立不同形式的企业（如国有独资企业或中外合资企业）、不同规模的企业，投资于不同的行业，投资经营不同的业务，都会面临不同的税收政策。例如，企业进行长期有价证券投资就有不同的税收政策，购买国库券获得的利息不交税，而购买股票分得的股息则要交税。因此，企业在进行投资决策，尤其是长期投资决策时，需要充分了解税收环境，尽可能做出减少税负费用的有利决策。

（2）影响企业现金流量

纳税是企业必须履行的义务。但是缴税增加了现金流出量，减少了企业的现金。因此，企业必须解决好以下几个问题：纳税期限临近时需要筹集足够的现金，以支付税款；采用合法的会计方法使纳税递延，从而减少当期现金流出量，避免现金短缺；编制现金预算时尽可能准确预测税金费用，保持最低现金余额。

（3）递延所得税有利于保全企业资本

递延所得税是指企业采用国家允许的会计处理方法，使应在本期交纳的所得税递延到以后会计期间。一般而言，采用稳健性原则的会计方法，如物价上涨时的后进先出法、计提资产减值准备等能使所得税递延。要实现所得税递延，必须增大当期已售商品的成本和期间费用，这有利于成本费用足额补偿，避免虚盈实税等侵蚀企业资本的行为发生，从而达到保全企业财务资本的目的。

2. 我国现行税收体系

我国现行税制，就其实体法而言，按其性质和作用大致可分为 5 类，如表 1-3 所示。

表 1-3　我国现行税制

类型	包括的税种
流转税类	增值税、消费税、关税
所得税类	企业所得税、个人所得税
财产、行为税类	房产税、车船税、印花税、契税
特定目的类	固定资产投资方向调节税（暂缓征收）、筵席税、城市维护建设税、车辆购置税、耕地占用税和烟叶税
资源税类	资源税、土地增值税和城镇土地使用税

上述税种中的关税由海关负责征收管理，其他税种由税务机关负责征收管理。耕地占用税和契税，1996 年以前由财政机关征收管理，1996 年以后改由税务机关征收管理（部分省市仍由财政机关负责征收）。

1.4.4　法律环境

市场经济是法治经济，企业的一切经营活动都必须在法律许可的范围内进行，财务管理也不例外。财务管理是企业和外部的经济主体发生经济关系的过程，而法律环境是指对这种经济关系进行调整的法律、法规和规章。企业只有依法进行经营活动，才能保证企业的经济利益。法律环境对财务管理的影响，按财务管理的内容不同，主要包括以下几个方面。

1. 对企业融资活动的影响

影响企业融资活动的法律、法规和规章主要有公司法、证券法、企业法人登记管理条例、企业财务通则、企业财务制度。这些法律、法规和规章对企业融资活动的影响和制约主要表现在以下 3 个方面。① 规范了不同类型企业筹资的最低规模和结构。② 规范了不同组织类型企业的筹资渠道和筹资方式，如只有外商投资企业才能直接吸收外商投资，只有股份有限公司在具备相应条件的前提下才能通过发行股票的方式筹集资金等。③ 规范了不同类型企业筹资的前提条件和基本程序。

2. 对企业投资活动的影响

影响企业投资活动的法律、法规和规章主要有公司法、证券法、企业财务通则、企业财务制度等。这些法律、法规和规章对企业投资活动的影响和制约主要表现在以下 3 个方面。① 规范了企业投资的方式和条件。如《公司法》规定，股份有限公司的发起人可以用货币资金出资，也可以用实物、工业产权、非专利技术、土地使用权作价出资；投资者投入的各种资产必须经注册会计师验证并出具验资报告等。② 规范了企业投资程序和投资方向。比如，企业进行证券投资必须按照《证券法》规定的程序来进行；企业投资方向必须符合国家的产业政策，符合公平竞争原则。③ 规范了投资者的出资期限和违约责任。

3. 对企业分配活动的影响

影响企业利润分配的法律、法规和规章主要有税法、企业财务通则、企业财务制度、公司法等。这些法律、法规和规章对企业分配活动的影响和制约主要表现在：① 规范了企业成本开支的范围和标准；② 规范了企业应交纳的税种及计算方法；③ 规范了利润分配的前提条件；④ 规范了利润分配的去向、程序及比例。

1.4.5 政治及社会文化环境

政治环境是指一个国家在一定时期的各项路线、方针、政策和整个社会的政治观念。政治因素是社会生活的主要决定力量，它对财务管理的影响都是直接和具体的。一个国家政治制度的发展变化和不断完善，能大大推动其经济制度的发展和完善，并直接影响财务管理制度的完善和整个财务管理水平的提高。

文化是人类创造的物质文明和精神文明之和，它包含了教育、科学、文学、艺术、新闻出版、广播电视、卫生体育、价值观、道德规范、风俗习惯、语言文字、理想和信念等。任何一个国家的财务发展都不可能脱离其文化环境的氛围，任何一个国家的财务管理在其发展过程中都会以其特有的价值观念和思维方式形成财务管理思想和理论。随着财务管理工作的内容越来越丰富，社会整体的教育水平将显得非常重要。同时，在不同的文化背景中经营的公司，需要对现有员工进行文化差异方面的培训。

思考与练习

1. 宏观经济环境对企业财务管理有何影响？
2. 金融环境对企业财务管理有何影响？
3. 什么是企业财务活动？它包括哪些内容？
4. 什么是财务关系？如何处理好企业同各方面的财务关系？
5. 经济周期与市场环境如何影响企业的财务活动？

第 2 章　财务管理的价值观念

2.1　资金时间价值观念

任何企业的财务活动都是在特定的时空中进行的。离开了时间价值因素，就无法正确计算不同时期的财务收支。企业财务运作的对象是资金，资金时间价值观念有助于正确揭示不同时点上资金价值之间的换算关系，是企业财务管理的基本依据。

2.1.1　资金时间价值的含义

要理解资金时间价值的含义，先来看两个例子。

【引例 1】C 公司具有 N 年后到期的 500 万元的期票一张。若现在急用，需全部提出，那么银行会付给 C 公司多少？（已知银行的贴现利率为 I）会是 500 万元吗？显然不会，肯定小于 500 万元；若是 400 万元，那么剩余的 100 万元去哪里了？显然，同一笔资金的价值与时间有关。

【引例 2】C 公司年初从 Y 银行借入 1 000 万元，并约定借期为 N 年，贷款年利率为 I。那么到期 C 公司需要偿还多少？显然，C 公司偿还的肯定多于 1 000 万元。

所以，随着时间的推移，资金会产生价值的变化，这一变化就是增值；而且时间越长，资金的增值越多，表现为利息多了、利润多了等。这里，计量增值可以用以下两种方法：① 用总利息或利润的多少来计量；② 用单位时间的利息或利润的多少来计量。当然，反时间方向来认识这一现象，就是：将来一笔数额的资金，在现在是不值那么多的！

所谓资金时间价值（time value of money），也称为货币时间价值，是指资金在扩大再生产及其循环周转中，随着时间变化而产生的资金增值或经济效益。资金随时间变化而增值的原因是一定量的货币如果作为资金投入到生产过程中，由于劳动者的劳动创造出了新的价值——利润，增加了社会财富，使社会的总资金扩大，就相当于原有资金或货币发生了增值。资金随着时间的推移而增值的另一个含义是，作为货币一般都具有的时间价值——利息。资金随时间推移出现增值，其比率常用 I 表示，称之为贴现率或折现率。一般情况下贴现率按银行的年利率计算。

在理解资金时间价值的含义时，应注意以下两个方面。① 资金增值的两个基本条件：一是货币作为资本或资金参加社会周转；二是要经历一定的时间。② 在现实生活中，资金的时间价值表现在两个方面：一是通过直接投资从生产过程中获得收益或效益，如直接投资兴办企业等；二是通过间接投资（出让资金的使用权）来获得利息和收益，如存入银行、购买债券、购买股票等。资金增值过程如图 2-1 所示。

图 2-1　资金增值过程

在图 2-1 中，明显有：

① $G'>G$，$G'=G+\Delta G$；

② ΔG 是时间的连续函数，不是离散函数（是在生产过程中连续产生的，不是跳跃式的）；

③ ΔG 是在生产中产生的，是劳动者创造的，不是货币自身的产物；

④ $\Delta G=$税金+利润=税金+（用于生产的部分+用于消费的部分）；

⑤ 资金的增值是复利形式的，即上期的增值（利润）同样可以在下一次周转中产生收益，ΔG 在下次周转中同样也会产生收益。

理解资金的时间价值具有以下意义：① 充分体现时间因素对经济效益的影响，提高决策的质量；② 树立时间就是金钱的观念，提高资金的利用效率和投资效益；③ 有利于资源的优化配置，使资源向效益高（增值快）的地方流动，提高国民经济的整体实力；④ 有利于缩短项目建设周期，尽早发挥投资效益。

2.1.2　资金时间价值原理

1. 基本概念

利息是指因占用资金所付出的代价，或因放弃资金的使用权所得到的补偿。利润是指资金投入生产过程后，获得的超过原有投入部分的收益。利率是指一定时期内（一年、半年、月、季度，即一个计息期），所得的利息额与借贷金额（本金）之比，即

$$利率 = \frac{期利息}{本金} \times 100\%$$

上式表明，利率是单位本金经过一个计息周期后的增值额（年利率、半年利率、月利率等）。如果将一笔资金存入银行，这笔资金就称为本金。经过一段时间之后，储户可在本金之外再得到一笔利息，这一过程可表示为

$$F=P+I \tag{2-1}$$

式中：F 表示本利和（又称为"终值""未来值"）；P 表示本金（又称为"现值"）；I 表示利息。

关于利率，有几个习惯说法。"利率为 8%"是指：年利率为 8%，一年计息一次。"利率为 8%，半年计息一次"是指：年利率为 8%，每年计息两次；或半年计息一次，每次计息的利率为 4%。

资金的时值（time value）是指资金在运动过程中处在某一时刻的价值。把将来某一时点的资金金额换算成现在时点的等值金额称为折现或贴现。将来时点上的资金折现后的资金金额称为现值（present value）。与现值等价的将来某时点的资金金额称为终值（future value）或将来值。需要说明的是，现值并非专指一笔资金"现在"的价值，它是一个相对的概念。一般来说，将 $t+k$ 时点上发生的资金折现或贴现到第 t 时点，所得的等值金额就是第 $t+k$ 时点上资金金额的现值。进行资金等值计算中使用的反映资金时间价值的参数叫折现率。

2. 计息的形式——单利和复利

利息的计算有单利计息和复利计息之分。

（1）单利计息

单利计息是指仅用本金计算利息，利息不再生息。单利计息时的利息计算公式如下。

n 个计息周期后的本利和为

$$F=P(1+ni) \tag{2-2}$$

n 个计息周期后的利息为

$$I=F-P=Pni \tag{2-3}$$

式中：i 为利率，其他符号含义同前文。

【例 2-1】 某企业有一张带息期票，面额为 1 200 元，票面利率为 4%，出票日期为 6 月 15 日，8 月 14 日到期（共 60 天），求到期时的利息 I 及终值 F。

解
$$I=1\,200\times4\%\times60/360=8（元）$$
$$F=1\,200\times(1+4\%\times60/360)=1\,208（元）$$

对于单利现值的计算有两种方式：一是 $P=F/(1+i\times t)$，这一公式是由上面公式直接推导而来（t 表示时间）；二是 $P=F-I=F-F\times i\times t=F(1-i\times t)$，这里的 i 是指从到期日往前倒数的时间 t 的折现率。

【例 2-2】 假设例 2-1 中企业急需用款，于 6 月 27 日到银行办理贴现，贴现率为 6%，问银行付给企业的金额是多少？

解
$$P=1\,208\times(1-6\%\times48/360)=1\,198.34（元）$$

在例 2-2 中，贴现率大于例 2-1 中的利息率，日期也是由到期日往前倒数的天数。

（2）复利计息

复利计息是指每经过一个计息期，都将所生利息加入本金再计利息，逐期滚算，俗称"利滚利"，即除最初的本金要计算利息外，每一计息期的利息都要并入本金，再生利息。复利计息的本利和计算公式如下。

第一年初有本金 P，则第一年末有本利和：$F=P+Pi=P(1+i)$；

第二年初有本金 $P(1+i)$，则第二年末有本利和：$F=P(1+i)+P(1+i)i=P(1+i)^2$；

第三年初有本金 $P(1+i)^2$，则第三年末有本利和：$F=P(1+i)^3$；

第 n 年初有本金 $P(1+i)^{n-1}$，则第 n 年末有本利和为

$$F=P(1+i)^n \tag{2-4}$$

应当注意以下两点：① 通常商业银行的贷款是按复利计息的；② 复利计息比较符合资金在社会再生产过程中运动的实际状况，在经济分析中一般采用复利计息。

【例 2-3】 某企业以 6% 的年利率向银行贷款 1 000 万元，贷款期为 5 年，以复利计算。问 5 年后该企业应支付多少利息？

　　解　　　　　　　$I=F-P=1\,000\times(1+6\%)^5-1\,000=338.23$（万元）

从例 2-3 中可以看到，① 由于利息是货币时间价值的体现，而时间是连续不断的，所以利息也是不断发生的。从这个意义上来说，复利计息方法比单利计息更能反映货币的时间价值。因此在经济分析中，绝大多数情况是采用复利计息。② 复利计息有间断复利和连续复利之分。如果计息周期为一定的时间区间（如年、季、月），并按复利计息，称为间断复利；如果计息周期无限缩短，则称为连续复利。从理论上讲，资金是在不停运动的，每时每刻都通过生产和流通在增值，但是在实际商业活动中，计息周期不可能无限缩短，因而都采用较为简单的间断复利计息。

2.1.3　资金时间价值的普通复利公式

在财务管理中常用的符号规定如下：

P——本金或现值；

F——本利和、未来值或终值；

A——等额支付序列值或称等额年金序列值；

i——利率或贴现率，也称报酬率或收益率；

n——计息周期数，不一定为年（半年、季度、月、周、日、时等）。

1. 一次支付类型（整付类型）

一次支付又称整付，是指所分析系统的现金流量，无论是流入还是流出，均在一个时点上一次发生。其典型现金流量图如图 2-2 所示。对于所考虑的系统来说，如果在考虑资金时间价值的条件下，现金流入恰恰能补偿现金流出，则 F 与 P 就是等值的。

图 2-2　一次支付未来值现金流量图

一次支付的等值计算公式包括一次支付终值公式及一次支付现值公式。

（1）一次支付终值（复利终值）公式

该公式的经济含义是：已知支出本金（现值）P，当利率（报酬率或收益率）为 i 时，在复利计息的条件下，求第 n 期末所取得的本利和，即未来值 F。其计算公式为

$$F = P(1+i)^n = P(F/P,i,n) \tag{2-5}$$

式中，$(1+i)^n$ 称为复利终值系数或者一次支付未来值系数，又叫一元钱的复利本利和。这个系数也可以用符号 $\text{FVIF}_{i,n}$ 或者 $(F/P,i,n)$ 表示，其中斜线下的 P 及 i 和 n 为已知条件，可查复利系数表得到。由此，式（2-5）也可表示为

$$F = P \cdot \text{FVIF}_{i,n}$$

【例2-4】 某工程项目需要投资，现在向银行借款100万元（现值），年利率为10%，借款期为5年，一次还清。问第5年末一次偿还银行的本利和是多少？

解 由公式（2-5）可直接求得

$$F = P(1+i)^n = 100(1+10\%)^5 = 161.05（万元）$$

也可查复利系数表，得 $(F/P,10\%,5) = 1.610\ 5$，故可求得

$$F = P(F/P,i,n) = 100(F/P,10\%,5) = 100 \times 1.610\ 5 = 161.05（万元）$$

即第5年末一次偿还银行本利和161.05万元。

- -

【例2-5】 某人有1 200元，拟进行报酬率为8%的投资，问经过多少年才可使现有金额增加1倍？

解 $$F = 1\ 200 \times (1+8\%)^n = 1\ 200 \times \text{FVIF}_{8\%,n} = 1\ 200 \times 2$$
$$\text{FVIF}_{8\%,n} = 2$$

查表得 $\text{FVIF}_{8\%,9} = 1.999$，故 $n=9$。

- -

【例2-6】 某人有1 200元，想在19年后使其达到原来的3倍，那么选择投资机会时最低可接受的报酬率为多少？

解 $$F = 1\ 200 \times (1+i)^{19} = 1\ 200 \times \text{FVIF}_{i,19} = 1\ 200 \times 3$$
$$\text{FVIF}_{i,19} = 3$$

查表得 $\text{FVIF}_{6\%,19} = 3$，则 $i=6\%$。

（2）一次支付现值（复利现值）公式

一次支付现值（复利现值）公式是已知终值 F 求现值 P 的计算公式，它的经济含义是：如果想在未来的第 n 期末一次收入 F 数额的现金流量，在利率（资金收益率）为 i 的复利计息条件下求现在应一次投入本金 P 是多少。该公式是一次支付终值公式的逆运算。由式（2-5）可直接导出，其现金流量图如图2-3所示。

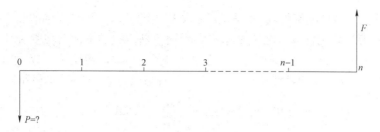

图 2–3　一次支付现值现金流量图

一次支付现值公式为

$$P = F \cdot \frac{1}{(1+i)^n} = F(P/F,i,n) \qquad (2\text{--}6)$$

式中，$\dfrac{1}{(1+i)^n}$ 称为一次支付现值系数或称贴现系数，也叫一元钱的现值系数，可用符号 $\mathrm{PVIF}_{i,n}$ 或者 $(P/F,i,n)$ 表示，其值可查复利系数表求得。由此，式（2–6）也可表示为

$$P = F \cdot \mathrm{PVIF}_{i,n}$$

【例 2–7】某企业拟在第 5 年末从银行取出 2 万元购置一台设备，若年利率为 10%，那么现在应存入多少钱？

解　由式（2–6）可直接求得

$$P = F \cdot \frac{1}{(1+i)^n} = 2 \times \frac{1}{(1+10\%)^5} = 2 \times 0.620\,9 = 1.241\,8\,(\text{万元})$$

也可查复利系数表得 $(P/F,10\%,5)=0.620\,9$，故求得

$$P = F(P/F,i,n) = 2 \times (P/F,10\%,5) = 2 \times 0.620\,9 = 1.241\,8\,(\text{万元})$$

即现在应存入银行 1.241 8 万元。

---

2. 名义利率与实际利率

关于名义利率与实际利率的详细内容将在第 3 章论述，在本章中，名义利率中的"名义"指的是给定的利率在一年内复利的次数大于 1 次时（一年复利两次或两次以上）的特定情况。在普通复利计算及财务分析中，所给定或采用的利率一般都是年利率，即利率的时间单位是年，而且在不特别指明时，计算利息的计息周期也是以年为单位，即一年计息一次。在实际工作中，所给定的利率虽然还是年利率，但由于计息周期可能是比年还短的时间单位，比如计息周期可以是半年、一个季度、一个月、一周或者一天等，因此一年内的计息次数就相应为 2 次、4 次、12 次、52 次或 365 次等。这样，一年内计算利息的次数就不止一次了，在复利条件下每计息一次，都要产生一部分新的利息，因而实际的利率也就不同了（因计息次数而变化）。

假如按月计算利息，且月利率为 1%，通常称为"年利率 12%，每月计息一次"，这个"年

利率 12%"就称为"名义利率"。也就是说，名义利率等于每一计息周期的利率与每年的计息周期数的乘积。若按单利计算，名义利率与实际利率是一致的；但若按复利计算，上述"年利率 12%，每月计息一次"的实际年利率则不等于名义利率，应比 12%略大些，为 12.68%。

例如，本金 1 000 元，年利率为 12%，若每月计息一次，一年后本利和为

$$F=1\ 000\times\left(1+0.12/12\right)^{12}=1\ 126.8\ (元)$$

实际年利率为

$$i=\left[(1\ 126.8-1\ 000)/1\ 000\right]\times100\%=12.68\%$$

设名义利率为 r，一年中计息次数为 m，则一个计息周期的利率应为 r/m，则一年后本利和、年利率（用复利方法）计算如下。

一年后本利和： $$F=P\bullet\left(1+r/m\right)^{m}$$

利息： $$I=P\bullet\left(1+r/m\right)^{m}-P$$

年利率： $$i=\frac{P\bullet\left(1+r/m\right)^{m}-P}{P}=\left(1+r/m\right)^{m}-1$$

所以，名义利率与实际利率的换算公式为

$$i=\left(1+r/m\right)^{m}-1 \tag{2-7}$$

当 $m=1$ 时，名义利率等于实际利率；当 $m>1$ 时，实际利率大于名义利率；当 $m\to\infty$ 时，即按连续复利计算时，i 与 r 的关系为

$$i=\lim_{m\to\infty}[(1+r/m)^{m}-1]=\lim_{m\to\infty}[(1+r/m)^{m/r}]^{r}-1=e^{r}-1$$

在上例中，若按连续复利计算，实际利率为

$$i=e^{0.12}-1=1.125\ 7-1=12.57\%$$

实际利率和名义利率的计算方法有以下两种。

第一种方法：先调整为实际利率，再计算。实际利率计算公式为

$$i=\left(1+r/m\right)^{m}-1$$

终值计算公式为

$$F=P(1+i)^{n}=P\left[1+\left(1+r/m\right)^{m}-1\right]^{n}=P(1+r/m)^{mn}$$

第二种方法：直接调整相关指标，即利率换为 r/m，期数换为 mn。计算公式为

$$F=P\times\left(1+r/m\right)^{mn}$$

【例 2-8】假设本金 1 000 元，投资 5 年，年利率为 8%，每季度复利一次，问 5 年后终值是

多少?

解　方法一：每季度利率为 8%/4＝2%，复利的次数为 5×4＝20，则

$$FVIF_{20}＝1\,000×FVIF_{2\%,20}＝1\,000×1.486＝1\,486（元）$$

求实际利率

$FVIF_5＝P×FVIF_{i,5}$，$1\,486＝1\,000×FVIF_{i,5}$，则 $FVIF_{i,5}＝1.486$

查表得 $FVIF_{8\%,5}＝1.469$，$FVIF_{9\%,5}＝1.538$

则

$$\frac{1.538-1.469}{9\%-8\%}＝\frac{1.486-1.469}{i-8\%}$$

解得

$$i＝8.25\%＞8\%$$

方法二：由 $i＝\left(1+r/m\right)^{m}-1$ 得

$$i＝\left(1+8\%/4\right)^{4}-1＝1.082\,4-1＝8.24\%$$

$$FVIF_5＝1\,000×FVIF_{8.24\%,5}＝1\,000×1.486＝1\,486（元）$$

---

3. 等额分付（年金）类型

等额分付是多次支付形式中的一种。多次支付是指现金流入和流出在多个时点上发生，而不是集中在某个时点上。现金数额可以是不等的，也可以是相等的。当现金流序列连续且数额相等时，称为等额系列现金流，也称为年金，是指等期、定额的系列收支，包括 4 种类型：普通年金、预付年金、递延年金、永续年金。下面介绍等额系列现金流的 4 个计算公式。

普通年金又称后付年金，是指各期末收付的年金。

（1）等额分付（普通年金）终值

如图 2-4 所示，从第 1 年末至第 n 年末有一等额的现金流序列，每年的金额均为 A，称为等额年值。如果在考虑资金时间价值的条件下，n 年内系统的总现金流出等于总现金流入，则第 n 年末的现金流入 F 应与等额现金流出序列等值。F 相当于等额年值序列的终值。

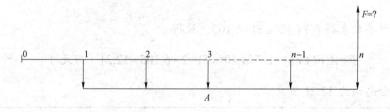

图 2-4　等额序列现金流之一

图 2-4 的经济含义是：对连续若干期期末等额支付的现金流量 A，按利率 i 复利计息，求其第 n 期末的未来值 F，即本利和。也就是已知 A、i、n，求 F。根据图 2-5，可以把等额序列视为 n 个一次支付的组合，利用一次支付终值公式推导出等额分付终值公式。

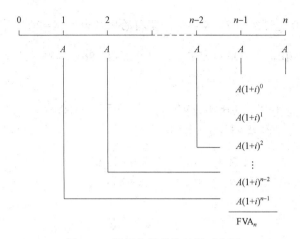

图 2-5 等额分付终值计算示意图

$$FVA_n = A + A(1+i) + A(1+i)^2 + \cdots + A(1+i)^{n-2} + A(1+i)^{n-1}$$
$$= A[1 + (1+i) + (1+i)^2 + \cdots + (1+i)^{n-2} + (1+i)^{n-1}]$$

利用等比级数求和公式，得

$$F = A\left[\frac{(1+i)^n - 1}{i}\right] \tag{2-8}$$

式中：$\dfrac{(1+i)^n - 1}{i}$ 称为等额支付序列未来值系数，也可用符号 $(F/A, i, n)$ 表示或者 $\text{FVIFA}_{i,n}$ 表示，其值可从复利系数表中查得。

【例 2-9】 某公司为了设立退休基金，每年末存入银行 2 万元，若存款利率为 10%，则按复利计息第 5 年末基金总额为多少？

解 由式（2-8）可得

$$F = A\left[\frac{(1+i)^n - 1}{i}\right] = 2 \times \left[\frac{(1+0.1)^5 - 1}{0.1}\right] = 2 \times 6.105 = 12.21（万元）$$

也可查复利系数表得 $(F/A, 10\%, 5) = 6.105$，故得

$$F = A(F/A, i, n) = 2(F/A, 10\%, 5) = 2 \times 6.105 = 12.21（万元）$$

即第 5 年末基金总额为 12.21 万元。

（2）等额分付偿债基金

等额分付偿债基金也叫等额支付序列投入基金（或基金存储），其现金流量图如图 2-6 所示。图 2-6 的经济含义是：在利率为 i、复利计息的条件下，如果要在 n 期末能一次收入 F 数额的现金流量，那么在这 n 期内连续每期末等额偿债基金值 A 应是多少？它是等额分付终值

公式的逆运算，也就是已知 F、i、n，求 A。

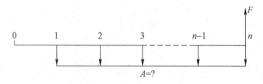

图 2-6　等额序列现金流之二

由式（2-8）可直接导出

$$A = F\left[\frac{i}{(1+i)^n - 1}\right] = F(A/F, i, n) \tag{2-9}$$

式中：$\dfrac{i}{(1+i)^n - 1}$ 称为等额分付偿债基金系数，也可用符号 $(A/F, i, n)$ 表示，其值可从复利系数表中查得。

【例 2-10】某工厂计划自筹资金于 5 年后新建一个基本生产车间，预计需要投资 5 000 万元。若年利率为 5%，在复利计息条件下，从现在起每年末应等额存入银行多少钱？

　解　由式（2-9）可直接求得

$$A = F\left[\frac{i}{(1+i)^n - 1}\right] = 5\,000 \times \frac{5\%}{(1 + 5\%)^5 - 1} = 5\,000 \times 0.181 = 905 \text{（万元）}$$

也可查复利系数表得 $(A/F, 5\%, 5) = 0.180\,96 \approx 0.181$，故求得

$$A = F(A/F, i, n) = 5\,000 \times (A/F,\ 5\%,\ 5) = 5\,000 \times 0.181 = 905 \text{（万元）}$$

即每年末应等额存入银行 905 万元。

应当指出，采用式（2-8）和式（2-9）进行复利计算时，现金流量的分布必须符合图 2-4 的形式，即连续的等额分付偿债值 A 必须发生在第 1 期末至第 n 期末，否则必须进行一定的变换和换算。

（3）等额分付资本回收

等额分付资本回收的经济含义是：有现金流量现值 P，在报酬率为 i 并复利计息的条件下，在 n 期内与其等值的连续的等额分付资本回收值 A 应是多少？这是已知 P、i，求 A。其现金流量图如图 2-7 所示。

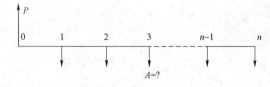

图 2-7　等额序列现金流之三

等额分付资本回收公式可由式（2-9）直接得到。因为

$$A = F\left[\frac{i}{(1+i)^n - 1}\right], F = P(1+i)^n$$

所以
$$A = P(1+i)^n \cdot \left[\frac{i}{(1+i)^n - 1}\right] = P\left[\frac{i(1+i)^n}{(1+i)^n - 1}\right] = P(A/P, i, n) \qquad (2-10)$$

式中，$\dfrac{i(1+i)^n}{(1+i)^n - 1}$ 称为等额分付资本回收系数，可用符号 $(A/P, i, n)$ 表示，其值可从复利系数表中查得。

【例2-11】 某工程项目投资借款为 50 万元现值，年利率为 10%，在复利计息条件下，拟定分 5 年于每年末等额偿还，求每年的等额偿还值是多少？

解 由式（2-10）可直接求得

$$A = P\left[\frac{i(1+i)^n}{(1+i)^n - 1}\right] = 50 \times \frac{0.1 \times (1+0.1)^5}{(1+0.1)^5 - 1} = 50 \times 0.2638 = 13.19 \text{（万元）}$$

也可以查复利系数表得 $(A/P, 10\%, 5) = 0.2638$，故求得

$$A = P(A/P, i, n) = 50 \times (A/P, 10\%, 5) = 50 \times 0.2638 = 13.19 \text{（万元）}$$

计算结果表明，如果每年末偿还 13.19 万元，则 5 年可将期初借款 50 万元连本带利全部还清。

（4）等额分付现值

等额分付现值，也叫等额年金现值，其经济含义是：在利率为 i、复利计息的条件下，求 n 期内每期末发生的等额分付值 A 的现值 P，即已知 A、i、n，求 P。其现金流量图如图 2-8 所示。

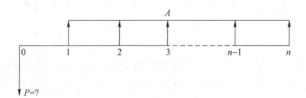

图 2-8　等额序列现金流之四

等额分付现值公式是等额分付资本回收公式的逆运算，即

$$P = A\left[\frac{(1+i)^n - 1}{i(1+i)^n}\right] = A(P/A, i, n) \qquad (2-11)$$

式中，$\dfrac{(1+i)^n-1}{i(1+i)^n}$ 称为等额分付现值系数，也叫等额年金现值系数，也可用符号 $(P/A,i,n)$ 表示，其值可从复利系数表中查得。等额分付现值计算示意图如图 2-9 所示。

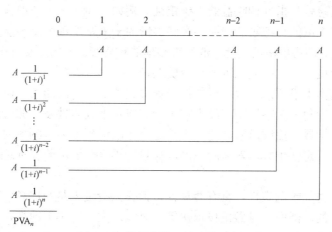

图 2-9　等额分付现值计算示意图

【例 2-12】如果某工程 1 年建成并投产，寿命 10 年，每年净收益为 2 万元，按 10% 的折现率计算，恰好能够在寿命期内把期初投资全部收回。问该工程期初所投入的资金为多少？

解　由式（2-11）可得出

$$P=A\left[\frac{(1+i)^n-1}{i(1+i)^n}\right]=2\times\frac{(1+0.1)^{10}-1}{0.1\times(1+0.1)^{10}}=2\times6.144\,5=12.289（万元）$$

也可查复利系数表得 $(P/A,10\%,10)=6.144\,5$，故求得

$$P=A(P/A,i,n)=2\times(P/A,10\%,10)=2\times6.144\,5=12.289（万元）$$

即期初投资为 12.289 万元。

由于 $\lim\limits_{n\to\infty}\dfrac{(1+i)^n-1}{i(1+i)^n}=\dfrac{1}{i}$，所以当周期数 n 足够大时，可近似认为

$$P=\frac{A}{i} \tag{2-12}$$

2.2　风险报酬价值观念

2.2.1　风险及其衡量

风险是客观存在的，可以说任何一个决策都隐含着或大或小的风险。即使是把款项存入银行收取微薄的利息，同样可能存在银行破产的风险，以及通货膨胀导致货币贬值的风险。

然而并不是每个人都愿意接受风险的定义，更多的人倾向于接受收益的概念。财务决策必须承认风险的存在性，加以计量，并设法控制风险，以实现企业价值最大化。

1. 风险的内涵

简而言之，风险就是指预期收益的不确定性。例如，预计一个新型投资项目的报酬率不可能十分准确，也不可能有绝对的把握，有些事情的未来发展事先是不能确切知道的，如宏观经济形式的变化、销售价格的变化、消费者心理的转变等。人们无法准确预知未来的变化，也不能控制这些变化，而这些变化可能给投资人带来损失或者额外收益。风险并不是额外损失的代名词，只是由于投资人一般对额外损失更加关注一些，因而人们研究风险时侧重减少损失，主要从不利的角度考察风险，经常把风险看成是不利事件发生的可能性。本书重点从财务角度来认识、衡量、控制风险，把风险界定为无法达到预期报酬率的可能性。一般情况下，投资项目的不确定性越大，其风险越高，如投资于股票的风险就远远大于投资购买国库券的风险。

风险是事件本身的不确定性，具有客观性，但作为投资人是否愿意冒风险、愿意冒多大的风险是可以选择的。然而一旦做出投资决策，风险的大小将不能改变，也就是说特定投资的风险大小是客观的，而且风险的大小是随着时间的延续而变化的。随着投资项目的完工，结果也就日趋明朗，不确定性不断降低；事件完成后，结果就完全肯定，不确定性消失。

2. 风险与收益的关系

风险与收益之间存在某种必然关系且相互影响。一般而言，高风险要求高收益，高收益隐含高风险，这一规律是由投资人的风险态度所决定的。

为了阐述这个问题，先来做一个小小的实验。假设你是一名参赛者，裁判员告诉你：可以选择左边红色的包或者是右边绿色的包，一旦选定，包里的东西就归你所有。其中一个包里有一张价值 10 000 元人民币的现金支票，另一个包里只有一张价值为零的废纸。在你做出抉择之前，裁判员说可以给你一笔钱来结束整笔交易。

你是否接受这个建议的关键是这笔钱金额的大小。如果是 10 000 元，你立刻就可以做出接受这笔钱而放弃选择红包或绿包的决定；如果是 1 元，那么你宁愿进行红包或绿包的选择。问题是这笔钱的多少是不确定的。不过在你心中有一个左右你选择的金额估计数。假设你决定了一个金额，并将它写在纸上，往该金额上加 1 块就会促使你选择那笔现金；若从该金额中减去 1 元，就会促使你去挑选包。现在分析一下这个金额。

假设你决定：若裁判给你 2 499 元或更少，你就选择挑选包；若给你的是 2 500 元，你很难做出选择；若给你 2 501 元或更多，那么你将选择接受这笔现金而放弃挑选包的机会；若裁判给你的是 3 000 元，这时你选择接受钱而不再打开包。当然你若知道那 10 000 元支票放在红包里，你一定会选红包的。

这个实验非常明了地解释了风险与收益的关系。若选择挑选包，则有 50% 的机会得到 10 000 元，50% 的机会什么也得不到，所以选择开包的期望价值是 5 000 元（10 000×50%+0×50%）。这时若你写在纸上的金额与 2 500 元十分巧合或比 2 500 元更少，就说明有风险的 5 000 元期望收益与确定的 2 500 元或更少对你而言具有一致的满意程度。换句话说，你对有风险的 5 000 元与确定的 2 500 元或更少的收益态度无差异。这就表明你是一个风险厌恶者。实际上，只要你写在纸上的金额小于 5 000 元，那么你就是一个厌恶风险的人。研究表明绝大部分个人投资者在类似情形下，会选择较小的确定值而放弃较大的风险期望值。

通过比较确定值和风险期望值的大小，可以定义个人对风险的态度。一般而言，若：

确定值＜期望值，属于风险厌恶型；

确定值＝期望值，属于风险中立型；

确定值＞期望值，属于风险爱好型。

本书采用大部分投资者是风险厌恶者这一假设。这就意味着，为了使投资者购买或持有风险性投资，必须使较高风险的投资比较低风险的投资能给投资者带来一个更高的期望收益率。因而股票发行人总以投资回报率高于债券回报率来吸引投资者，然而投资人应明确这只是一种期望收益率的差别，实际收益率也许恰恰相反。同样的道理，只愿接受低风险的投资人必须愿意接受较低的期望收益率，风险低而收益高的投资永远是值得怀疑的，因为投资中没有"免费的午餐"。

风险和期望投资收益率的关系可以表示为

$$期望投资收益率＝无风险收益率＋风险收益率$$

无风险收益率是最低的社会平均收益率，如国家发行的国库券，到期连本带利肯定可以收回。

风险收益率与风险大小有关，二者的函数关系为

$$风险收益率＝f（风险程度）$$

假设风险和风险收益率成正比，则有

$$风险收益率＝风险收益斜率×风险程度$$

其中，风险程度用标准离差来计量。风险收益斜率取决于全体投资者的风险回避态度，可以通过统计方法来测定。如果大家都愿意冒险，风险收益斜率就小；如果大家都不愿意冒险，风险收益斜率就大。

正是由于风险与收益存在上述关系，投资人就可以通过不同的投资组合、不同的投资模型来控制风险，增加收益，具体内容在 2.2.3 节着重分析。

2.2.2　单项资产的风险与收益

风险的衡量过程，实质上就是风险价值的计算过程。通过风险衡量能够了解在不同风险条件下各种投资的风险收益率和风险程度，为财务决策提供依据。衡量风险的主要方法是概率分布。

1. 确定概率分布

概率是用来表示随机事件发生可能性大小的数值。概率越大，表示该事件发生的可能性越大。任何投资的实际收益率都可以看成是一个有概率分布的随机变量。无风险的投资是一个特例，此时概率为 1。

风险衡量常用的指标是期望收益率、标准离差和标准离差率。

2. 期望收益率

期望收益率是指各种投资方案，按其可能的收益率和其相应的概率计算出来的加权平均收益率，它反映随机变量取值的平均化。期望收益率的计算公式为

$$\overline{K} = \sum_{i=1}^{n} \left(P_i k_i \right)$$

式中：$\overline{K}$ 表示期望收益率；P_i 表示第 i 种结果出现的概率；k_i 表示第 i 种结果出现时的期望收益率；n 表示所有可能结果的数目。

【例 2-13】 某公司面临着一项投资决策难题，A、B 两个投资项目所需资金都为 4 000 万元，但 A 项目是一个 IT 项目，市场发展迅速，若成功，回报率高，一旦失败亏损额也很大；而 B 项目是一个成熟产品项目，投资回报率随市场变化起伏较小。假设未来的市场变化只有以下 3 种情形：繁荣、正常、衰退，有关的项目概率分布和预期收益率见表 2-1。试计算两个项目的期望收益率。

解
$$\overline{K} = \sum_{i=1}^{n} \left(P_i k_i \right)$$

$$\overline{K}_A = 0.3 \times 60\% + 0.5 \times 20\% + 0.2 \times (-40\%) = 20\%$$

$$\overline{K}_B = 0.3 \times 40\% + 0.5 \times 20\% + 0.2 \times (-10\%) = 20\%$$

表 2-1　项目概率分布与预期收益率

市场情况	发生概率	A 项目预期收益率	B 项目预期收益率
繁荣	0.3	60%	40%
正常	0.5	20%	20%
衰退	0.2	−40%	−10%

如图 2-10 所示，A、B 两个项目的期望收益率相等，但其概率分布不同，A 项目期望收益率的分散程度比 B 项目要大，表明 A、B 项目的风险程度不相同。为了评价 A、B 项目的风险程度，下面引入方差和标准离差的概念。

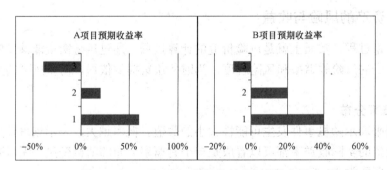

图 2-10　A 项目和 B 项目收益率概率分布图

3. 方差和标准离差

方差是用来衡量各种可能收益率偏离期望收益率的程度的指标。在离散分布的情况下，方差的计算公式为

$$\delta^2 = \sum_{i=1}^{n} (k_i - \overline{K})^2 P_i$$

根据方差，可求出标准离差，它是方差的平方根。其计算公式为

$$\delta = \sqrt{\sum_{i=1}^{n}(k_i - \overline{K})^2 P_i}$$

计算例 2-13 中 A、B 项目的标准离差为

$$\delta_A = \sqrt{(60\% - 20\%)^2 \times 0.3 + (20\% - 20\%)^2 \times 0.5 + (-40\% - 20\%)^2 \times 0.2} = 35\%$$

$$\delta_B = \sqrt{(40\% - 20\%)^2 \times 0.3 + (20\% - 20\%)^2 \times 0.5 + (-10\% - 20\%)^2 \times 0.2} = 17\%$$

标准离差越大，表明预期收益率偏离期望收益率的可能性越大，风险也就越大。A 项目与 B 项目的期望收益率相等，但 A 项目的标准离差大于 B 项目的标准离差，可见 A 项目的投资风险大于 B 项目的投资风险。

用标准离差来直接比较多个投资项目风险大小时有一个前提条件，即各个投资项目的期望收益率是相等的。只有当期望收益率相等时，比较标准离差才有意义。但在实际生活中，由于投资规模不一样或投资行业规律的不一致等因素的存在，取得完全一致的期望收益率是不现实的，在分析两个或多个期望收益率不等的投资项目的风险程度时，更多的是运用标准离差率。

4. 标准离差率

标准离差率也称变异系数，是标准离差与期望收益率的比值，是用相对数的形式来表示离散程度的，一般用 q 来表示，其计算公式为

$$q = \frac{\delta}{K} \tag{2-13}$$

计算例 2-13 中 A、B 项目的标准离差率：

$$q_A = \frac{35\%}{20\%} = 1.75，\quad q_B = \frac{17\%}{20\%} = 0.85$$

可以看出，A 项目的标准离差率大于 B 项目的标准离差率，因而 A 项目的风险大。

2.2.3　证券投资组合的风险与收益

上部分内容所讨论的是处于分离状态的单项投资的风险与收益关系，明确了风险越大要求的报酬率也越高的基本关系。但在实际工作中，很少有投资者把所有的财富都投入一种资产或单个投资项目中，而是进行投资组合。因此，如何对各种投资进行有效的组合，降低投资风险，就成为财务人员实施风险管理的重要内容。

1. 投资组合的期望收益率

投资组合下的期望收益率是由投资组合中各个单项资产的期望收益率的加权平均数构成，其公式为

$$\overline{K}_P = \sum_{i=1}^{n}(W_i \overline{K}_i) \tag{2-14}$$

式中：$\overline{K}_p$ 表示投资组合的期望收益率；W_i 表示第 i 项资产在整个投资组合中的价值比重；$\overline{K}_i$ 表示第 i 项资产的期望收益率；n 表示投资组合中资产的数量。

【例 2-14】若某投资人将所持有的 100 万元分别投向 A 证券和 B 证券，分别投资 40 万元和 60 万元。A、B 证券的收益率和标准离差见表 2-2。

表 2-2　A、B 证券的收益率和标准离差

	证券 A	证券 B
期望收益率	15%	20%
标准离差	12%	25%

A、B 投资组合的期望收益率为

$$\overline{K}_{AB} = 0.4 \times 15\% + 0.6 \times 20\% = 18\%$$

2. 投资组合的风险

投资组合风险的研究是投资组合理论的关键。投资组合风险是否与投资组合的期望收益率一样，是投资组合中各个单项资产标准离差的加权平均数呢？理论上发现有这样两种股票，当对它们分别进行投资时，可能风险极大；但当对它们进行投资组合时，风险可能完全消除，其投资组合风险为零（见表 2-3）。

同样可以发现有两种证券，其证券收益率的变动方向及幅度完全一样。当一种证券收益上升（下降）时，另一种证券收益也同样上升（下降），因此实现的证券组合收益变动幅度与两种证券各自收益的变动幅度完全一样，组合后的风险没有减少（见表 2-4）。

在上述两个典型的例子中，A 证券与 B 证券组合后的风险为零；X 证券与 Y 证券组合后的风险没有变化。这说明，组合后的风险有可能被消除，也有可能无法消除。实际上，不同证券的投资组合可以降低风险，但又不能完全消除风险。因此，投资组合风险显然不是各个单项资产标准离差的加权平均数。

表 2-3　A、B 证券投资组合风险

年份	A 证券	B 证券	A、B 证券组合
2017	40%	−10%	15%
2018	−10%	40%	15%
2019	35%	−5%	15%
2020	−5%	35%	15%
2021	15%	15%	15%
平均收益率	15%	15%	15%
标准离差	22.6%	22.6%	0

表 2-4　X、Y 证券投资组合风险

年份	X 证券	Y 证券	X、Y 证券组合
2017	40%	40%	40%
2018	−10%	−10%	−10%
2019	35%	35%	35%
2020	−5%	−5%	−5%
2021	15%	15%	15%
平均收益率	15%	15%	15%
标准离差	22.6%	22.6%	22.6%

2.2.4　资本资产定价模型

1. 资本资产定价模型的思路与假设

从风险的角度来说，投资组合能够在一定程度上降低风险，但不能完全消除风险。不能通过投资组合消除的风险，称为市场风险或系统风险。系统风险独立于公司之外，是指对整个证券市场上各类证券都产生影响的风险，主要影响因素包括国家经济状况变动、通货膨胀、世界能源状况的改变等。对于这类风险，再好的投资组合也无法避免，只能靠更高的报酬率来补偿。

还有一类风险是公司或行业所特有的风险，可以通过多元化投资来分散，称为非系统风险或公司特有风险。非系统风险源于公司本身的商业活动和财务活动，如罢工、新产品开发失败、诉讼失败等都会给某公司或行业带来风险。非系统风险表现为个别证券报酬率变动脱离整个证券市场平均报酬率的变动。通过分散投资，非系统风险能被降低；若分散是充分有效的，这种风险还能消除。因此投资者所持有的证券的全部风险并不能期望全部得到补偿，因为证券的非系统风险是可以分散掉的。因此在一种证券的风险中，重要的是系统风险或不可避免风险，投资者期望得到补偿的风险也就是系统风险，他们不能期望市场对非系统风险有任何额外的补偿，这就是资本资产定价模型隐含的思路。

资本资产定价模型建立在一定的假设基础之上：① 所有投资者都力图回避风险，并追求财富预期效用的最大化；② 所有投资者对所有证券收益的期望收益率、方差和协方差都有相同的预期；③ 所有投资者都能以无风险利率不受限制地借入或贷出资金，并且在任何证券上都没有卖空限制；④ 证券的数量固定，且所有证券都畅销，并完全可分；⑤ 不存在税收；⑥ 任何一个投资者都不能影响证券的市场价格，只是证券价格的接受者。

尽管上述假设与现实经济生活并不相符，但采用这些简化的形式，有助于进行基本的理论分析，而且资本资产定价模型的实际应用可以不受这些基本假设的限制。

2. 贝塔系数（β）

投资组合风险由系统风险和非系统风险组成，存在下列等式关系：

$$投资组合总风险＝系统风险（或市场风险）＋非系统风险（或公司特有风险）$$

其中，系统风险在预期收益中能得到补偿。

为了更简便地说明系统风险，下面引入贝塔系数（β）。贝塔系数是一种系统风险指数，它反映个别证券收益率的变动相对于市场组合收益率的敏感程度，它可以衡量个别证券的市场风险，而不是公司的特有风险。

从图 2-11 可以看出，贝塔系数其实就是个股超额收益率的变化与市场组合超额收益率的变化之比，具体分为以下几种情况。

① 当 $\beta=1$ 时，意味着个股超额收益率与市场组合超额收益率等比例变化，即该证券的风险与整个市场的平均风险相同，该股与整个市场有相同的系统风险。若市场组合超额收益率上涨 5%，则该股的超额收益率也上涨 5%（这里所说的超额收益率是相对于无风险收益率而言的，指超过无风险收益率的那部分市场风险溢价，因而称为超额收益率）。

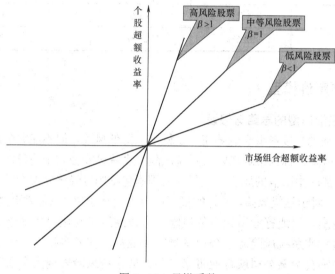

图 2-11 贝塔系数

② 若 $\beta>1$，则意味着个股超额收益率的变动大于市场组合收益率的变动，也可以认为个股的系统风险要大于市场整体的系统风险，所要求的回报率更高。假设 A 股的贝塔系数等于 2，当市场组合超额收益率上涨 5% 时，则 A 股的超额收益率上升 10%；若市场组合超额收益率下跌 5%，A 股的超额收益率便以更快的速度下跌 10%。

③ 若 $\beta<1$，则意味着个股超额收益率的变动小于市场组合超额收益率的变动，个股的风险程度也比市场风险要小。

贝塔系数的作用在于反映各种证券不同的市场风险程度。在市场组合超额收益率向上或向下变动时，个股超额收益率是以更大、更小还是相同的幅度变化要取决于贝塔系数，因此贝塔系数就成为证券投资决策的重要依据。

贝塔系数一般不需要投资者自己计算，而由一些投资服务机构定期计算并公布。表 2-5 列示了美国几家公司的贝塔系数，表 2-6 是我国几家公司的贝塔系数。

表 2-5 美国几家公司 2017 年度及 2006 年度的贝塔系数

公司名称	2017 年贝塔系数	2006 年贝塔系数
通用汽车公司	1.66	1.88
微软公司	1.48	0.79
雅虎公司	1.63	0.72

续表

公司名称	2017 年贝塔系数	2006 年贝塔系数
摩托罗拉公司	0.36	1.35
IBM 公司	1.07	1.65
美国电话电报公司	0.51	0.62

资料来源：Yahoo Finance (https://finance.yahoo.com).

表 2-6　我国几家公司 2017 年度及 2006 年度的贝塔系数

股票代码	股票简称	2017 年贝塔系数	2006 年贝塔系数
000037	深南电 A	1.30	1.20
000039	中集集团	1.72	0.56
000045	深纺织 A	2.09	0.86
600637	广电信息	0.74	1.49
600644	乐山电力	1.42	1.53
600650	锦江投资	1.70	1.00

资料来源：国泰安数据库。

此外，投资组合的贝塔系数是组合中各个证券贝塔系数的加权平均数，权数是组合中各个证券市场价值占组合总市场价值的比例。显然运用贝塔系数来衡量市场投资组合的风险比采用标准离差要简便得多。

【例 2-15】某投资人拟向 A、B、C 公司股票分别投资 50 万元、30 万元和 20 万元，贝塔系数分别为 1.5、1.3 和 1.7，则该投资组合的贝塔系数是多少？

解　　$\beta_{(ABC)} = \dfrac{50}{50+30+20} \times 1.5 + \dfrac{30}{50+30+20} \times 1.3 + \dfrac{20}{50+30+20} \times 1.7 = 1.48$

倘若该投资人拟改变投资组合，把拟投资于 C 公司股票的 20 万元投向 D 公司股票，D 公司的贝塔系数为 0.5，则投资组合的贝塔系数又是多少？

$\beta_{(ABD)} = \dfrac{50}{50+30+20} \times 1.5 + \dfrac{30}{50+30+20} \times 1.3 + \dfrac{20}{50+30+20} \times 0.5 = 1.24$

可见，投资组合中个股的贝塔系数减少，则投资组合的综合贝塔系数就会降低，投资组合的风险也将减少；反之，则投资组合的风险将增加。

3. 资本资产定价模型公式

由于个股的主要风险是系统风险，个股的贝塔系数越大，它的系统风险就越大，要求的收益率也就越大。投资者对个股要求的收益率应该等于无风险收益率和风险溢价之和。无风险收益率一般用同期国库券的收益率表示。国库券具有收益稳定、流通性强、安全性高的特征，可视同为无风险证券，其取得的收益视同无风险收益。风险溢价包含两重含义：① 预期的市场组合收益率减去无风险收益率，这是投资于所有流通证券所要求的平均风险溢价；② 通过贝塔系数来调整，由于个股所承受的系统风险与市场组合的系统风险之差所带来的是个股收益率与市场组合收益率之差，据此可以建立一种证券的期望收益公式，即资本资产定价模型，其公式如下：

$$\overline{R}_i = R_F + \beta_i \left(\overline{R}_M - R_F \right)$$

式中：$\overline{R}_i$ 表示第 i 种证券的期望收益率；R_F 表示无风险收益率；$\overline{R}_M$ 表示市场组合的期望收益率；β_i 表示第 i 种证券的 β 系数。

资本资产定价模型同样适用于计算证券组合的期望收益率。证券组合的贝塔系数的计算公式为

$$\beta_p = \sum_{i=1}^{n} W_i \beta_i$$

式中：W_i 为第 i 种证券的投资比重；β_i 为第 i 种证券的 β 系数；n 为证券组合的数量。

在 "$\beta-E$" 平面上，资本资产定价模型表现为一条直线，称之为证券市场线，如图 2-12 所示。

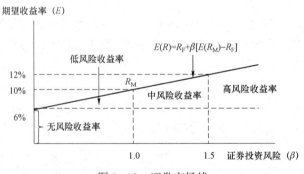

图 2-12　证券市场线

在图 2-12 中，横坐标表示证券的风险，纵坐标表示期望收益率。证券市场线的起点为无风险收益率 R_F，即 β 为 0 的期望回报率，本例假设为 6%；从该点向右上角延伸，表示投资收益率随着风险程度的增加而增加，反映证券投资收益率和证券投资风险之间的 "均衡" 关系；市场投资组合的 β 等于 1，它表现为 R_M 点，相应的投资收益率为 $E(R_M)$。因此，证券市场线是连接 R_F 和 R_M 两点的直线。

从图 2-12 可以看出，某个证券（或某个证券投资组合，以下同）的风险、该证券的期望收益率、市场投资组合的风险与市场投资组合的期望收益率的关系为：

① 当 $\beta=1$ 时，该证券的风险与市场投资组合的风险相同，该证券的期望收益率与市场投资组合的收益率相一致；

② 当 $\beta<1$ 时，该证券的风险小于市场投资组合的风险，该证券的期望收益率也小于市场收益率；

③ 当 $\beta>1$ 时，该证券的风险大于市场投资组合的风险，该证券的期望收益率也大于市

场收益率。

证券市场线上各点所代表的证券投资收益率实际上是风险调整收益率，反映投资者承担风险的程度。证券市场线会随着无风险收益率水平和全部投资者对风险的态度的变动而变动。投资者不愿承担风险的程度越高，则证券市场线的坡度越陡，证券投资的风险回报越高，证券投资的期望收益率也就越高。

【例 2-16】 假定国库券的期望收益率是 6%，市场组合的预期收益率为 10%。已知 A 公司的贝塔系数为 1.4，B 公司的贝塔系数为 0.8，请运用资本资产定价模型求 A、B 公司股票所要求的期望收益率各是多少？

解
$$\overline{R}_A = R_F + \beta_A \left(\overline{R}_M - R_F \right) = 6\% + 1.4 \times (10\% - 6\%) = 11.6\%$$
$$\overline{R}_B = R_F + \beta_B \left(\overline{R}_M - R_F \right) = 6\% + 0.8 \times (10\% - 6\%) = 9.2\%$$

由于 A 公司的贝塔系数为 1.4＞1，因而 A 公司股票比市场组合的所有流通普通股股票具有更大的系统风险，根据风险与收益的关系，投资 A 公司股票要求的收益率相应也要高于市场组合的平均收益率，即 11.6%＞10%。B 公司的贝塔系数 0.8＜1，因而所要求的收益率小于市场平均风险收益率，即 9.2%＜10%。

沿用例 2-16，如果投资 A、B 公司股票的比重各为 50%，则 A、B 公司股票组合的系数和期望收益率分别为

$$\beta_p = \sum_{i=1}^{n} W_i \beta_i = 50\% \times 1.4 + 50\% \times 0.8 = 1.1$$
$$\overline{R}_p = R_F + \beta_B \left(\overline{R}_M - R_F \right) = 6\% + 1.1 \times (10\% - 6\%) = 10.4\%$$

可以用各单个证券期望收益率的加权平均数来验证证券组合的期望收益率。

$$\overline{R}_p = 50\% \times 11.6\% + 50\% \times 9.2\% = 10.4\%$$

可见资本资产定价模型既适用于单个证券，也适用于证券组合。

案例分析：兴帮公司货币时间价值

思考与练习

一、问答题
1. 什么是时间价值？如何理解这一概念？

2. 什么是复利？复利和单利有何区别？

3. 什么是年金？如何计算年金的终值与现值？

4. 后付年金和先付年金有何区别与联系？

5. 何谓风险报酬？怎样理解风险与报酬的关系？

6. 证券组合的风险报酬是如何计算的？

7. 试解释资本资产定价模型。

二、计算题

1. 假设某项目在 5 年建设期内每年末从银行借款 100 万元，借款年利率为 10%，则项目竣工时应付本息总额是多少？

2. 某企业拟购置一台柴油机，以更新目前使用的汽油机，每月可节约燃料费用 60 元，但目前柴油机价格较汽油机高出 1 500 元，问柴油机应使用多少年才合算（假设利率为 12%，每月复利一次）？

3. 某公司持有由甲、乙、丙三种股票构成的证券组合，它们的 β 系数分别是 2.0、1.0 和 0.5，它们在证券组合中所占的比重分别为 60%、30% 和 10%，股票的市场报酬率为 14%，无风险报酬率为 10%，试确定这种证券组合的风险报酬率。

第3章 长期筹资方式

筹集资金是企业资金运动的起点，是决定资金规模和生产经营发展速度的重要环节。按照所筹资金使用期限的长短，可将筹资分为短期资金筹集和长期资金筹集。长期资金一般是指供1年以上使用的资金。长期筹资是企业筹资的主要内容，短期筹资则归为营运资本管理的内容。

3.1 长期筹资概述

3.1.1 长期筹资的意义

筹集资金是企业资金运动的起点，是决定资金规模和生产经营发展速度的重要环节。企业筹资是指企业根据其生产经营、对外投资和调整资本结构的需要，通过筹资渠道，运用筹资方式，筹措所需资金的财务活动。企业筹资是企业的一项重要活动，是企业的基本财务业务。企业要长期生存与发展，需要经常持有一定规模的长期资本。

长期筹资是指企业作为筹资主体，根据其经营活动、投资活动和调整资本结构等需要，通过长期筹资渠道和资本市场，运用长期筹资方式，经济有效地筹措和集中长期资本的活动。企业的长期资金一般是采用投入资本、发行股票、发行债券、长期借款和融资租赁等筹资方式取得或形成的。

3.1.2 长期筹资的动机

企业筹资的基本目的是自身的生存与发展。企业需要长期资本的原因主要有：购建固定资产、取得无形资产、开展长期投资、垫支于长期性流动资产等。在企业筹资的实际活动中，筹资动机有时是单一的，有时是复合的，主要有以下几种筹资动机。

1. 创立性筹资动机

创立性筹资动机是指企业设立时，为取得资本金并形成开展经营活动的基本条件而产生的筹资动机。根据我国《公司法》等相关法律的规定，任何一个企业或公司设立时都要有符合企业章程或公司章程规定的全体股东认缴的出资额。企业创建时，要按照企业经营规模预计长期资本需要量和流动资金需要量、构建厂房设备等，安排铺底流动资金，形成企业的经营能力。

2. 支付行筹资动机

支付性筹资动机，是指为了满足经营业务活动的正常波动所形成的支付需要而产生的筹资动机。企业在开展经营活动过程中，经常会出现超出维持正常经营活动资金需求的季节性、临时性的交易支付需要，如原材料购买的大额支付、员工工资的集中发放、银行借款的偿还、股东股利的发放等。这些情况要求除了正常经营活动的资金投入，还需要通过临时性筹资来满足经营活动的正常波动需求，以维持企业的支付能力。

3. 扩张性筹资动机

扩张性筹资动机是指企业因扩大生产经营规模或增加对外投资的需要而产生的追加筹资动机。处于成长时期、具有良好发展前景的企业通常会产生这种筹资动机。例如，企业产品供不应求，需要增加市场供应；开发生产适销对路的新产品；追加有利的对外投资规模；开拓有发展前途的对外投资领域等，往往都需要追加筹资。扩张性筹资动机产生的直接结果是企业资产总额和资本总额的增加。

例如，ABC 公司扩张筹资前的资产和筹资规模如表 3-1 的 I 栏所示。该企业根据扩大生产经营和对外投资的需要，现追加筹资 4 500 万元。其中，长期借款 2 500 万元，企业所有者投入资本 2 000 万元，用于追加存货价值 1 500 万元，追加设备价值 1 500 万元，追加长期投资 1 500 万元，假定其他项目没有发生变动。在采取这种扩张筹资后，该公司的资产和资本总额如表 3-1 的 II 栏所示。

表 3-1　ABC 公司扩张筹资前后资产和资本总额变动表　　　　　单位：万元

资产	I	II	资本	I	II
	扩张筹资前	扩张筹资后		扩张筹资前	扩张筹资后
现金	500	500	应付账款	1 500	1 500
应收账款	2 500	2 500	短期借款	1 500	1 500
存货	2 000	3 500	长期借款	1 000	3 500
长期投资	1 000	2 500	应付债券	2 000	2 000
固定资产	4 000	5 500	股东权益	4 000	6 000
资产总额	10 000	14 500	资本总额	10 000	14 500

通过对表 3-1 中 I 栏、II 栏的金额比较可以看出，该公司采取扩张筹资后，资产总额从 10 000 万元增至 14 500 万元，相应地，资本需要量也从 10 000 万元增至 14 500 万元，这是公司扩张筹资所带来的直接结果。其中，资产中存货、长期投资、固定资产项目的增加来源于长期借款、股东权益的增加。

4. 调整性筹资动机

调整性筹资动机是指企业因调整现有资本结构的需要而产生的筹资动机。资本结构是指企业各种筹资的构成及其比例关系。企业的资本结构是企业采取各种筹资方式组合而形成的。一个企业在不同时期由于筹资方式的不同组合会形成不同的资本结构，随着相关情况的变化，现有的资本结构可能不再合理，需要相应地予以调整，使之趋于合理。

例如，DEF 公司调整筹资前的资产和筹资情况如表 3-2 中的 III 栏所示。该公司经分析认为这种资本结构不再合理，需要采取债转股措施予以调整。调整筹资后的资产和资本情况见表 3-2 中的 IV 栏。

表 3-2　DEF 公司调整筹资前后资产和资本总额变动表　　　　　单位：万元

资产	III 调整筹资前	IV 调整筹资后	资本	III 调整筹资前	IV 调整筹资后
现金	500	500	应付账款	2 000	2 000
应收账款	2 500	2 500	短期借款	1 000	1 000
存货	2 000	2 000	长期借款	4 000	2 000
长期投资	1 000	1 000	应付债券	1 000	1 000
固定资产	4 000	4 000	股东权益	2 000	4 000
资产总额	10 000	10 000	资本总额	10 000	10 000

从表 3-2 可以看出，DEF 公司调整筹资前的资本结构中债权筹资比例占 80%，权益筹资比例占 20%。减少长期借款而增加股东权益，使公司的资本结构改变为债权筹资比例降为60%，权益筹资比例升为 40%，该公司的资产和筹资规模并没有发生变化。

5. 混合性筹资动机

企业同时既为扩张规模又为调整资本结构而产生的筹资动机，称为混合性筹资动机，即这种混合性筹资动机中兼容了扩张性筹资和调整性筹资两种筹资动机。在这种混合性筹资动机的驱使下，企业通过筹资，既扩大了资产和资本的规模，又调整了资本结构。

3.1.3　长期筹资的原则

企业筹集资金的基本原则是要研究影响筹资的多种因素，讲求资金筹集的综合经济效益，可以概括为六原则：合理性、效益性、及时性、节约性、比例性、合法性。具体要求如下。

1. 合理确定资金需要量，努力提高筹资效果

不论通过什么渠道、采取什么方式筹集资金，都应该预先确定资金的需要量，既要确定流动资金的需要量，又要确定固定资金的需要量。筹集资金固然要广开财路，但必须要有一个合理的界限。要使资金的筹集量与需要量相适应，防止筹资不足而影响生产经营或者筹资过剩而降低筹资效益。

2. 周密研究投资方向，大力提高投资效果

投资是决定应否筹资和筹资多少的重要因素之一。只有投资收益大于筹资成本时，投资才可行，而投资规模则决定了筹资的数量。因此，只有确定有利的资金投向，才能做出筹资决策，避免不顾投资效果的盲目筹资。

3. 适时取得所筹资金，保证资金投放需要

筹集资金要按照资金投放使用的时间来合理安排，使筹资与用资在时间上相衔接，避免取得资金滞后而贻误投资的有利时机，也要防止取得资金过早而造成投放前的闲置。

4. 认真选择筹资来源，力求降低筹资成本

企业筹集资金可以采用的渠道和方式多种多样，不同筹资渠道和方式的筹资难易程度、资本成本和财务风险各不一样。因此，要综合考察各种筹资渠道和筹资方式，研究各种资金来源的构成，求得最优的筹资组合，以便降低筹资组合的成本。

5. 合理安排资本结构，保持适当偿债能力

企业的资本结构一般是由权益资本和债务资本构成的。企业负债所占的比率要与权益资本多少和偿债能力高低相适应。要合理安排资本结构，既防止负债过多，导致财务风险过大、偿债能力不足；又要有效地利用负债经营，借以提高权益资本的收益水平。

6. 遵守国家有关法规，维护各方合法权益

企业的筹资活动影响着社会资金的流向和流量，涉及有关方面的经济权益。企业筹集资金必须接受国家宏观指导与调控，遵守国家有关法律法规，实行公开、公平、公正的原则，履行约定的责任，维护有关各方的合法权益。

3.1.4 长期筹资的渠道和方式

1. 长期筹资的渠道

企业的长期筹资需要通过一定的长期筹资渠道和资本市场。不同的长期筹资渠道具有不同的特点和适用性，需要加以分析研究。当前，企业的长期筹资渠道主要有以下几种。

（1）政府财政资金

政府对企业的投资历来是我国全民所有制企业的主要资金来源。国有企业的资金来源大部分还是国家以各种方式所进行的投资。政府财政资金具有广阔的来源和稳固的基础，而国民经济命脉也应当由国家掌握。所以，国家投资是大、中型企业的重要资金来源，在企业各种资金来源中占有重要的地位。但是，国家资金的供应方式多种多样，不一定都采取拨款的方式，更不宜实行无偿供应。随着中央与地方政府两级国有资产监督管理委员会的成立，独立的国有资本经营预算制也随之建立，国资部门资金将成为国有企业的重要资金来源。

（2）银行信贷资金

银行对企业的贷款也是企业重要的资金来源。中国工商银行、中国农业银行、中国银行、中国建设银行等商业性银行及国家开发银行、进出口信贷银行、中国农业发展银行等政策性银行，可分别向企业提供各种短期贷款和长期贷款。银行信贷资金有个人储蓄、单位存款等来源，财力雄厚、贷款方式灵活，能适应企业的各种需要，且有利于加强国家对资本市场的宏观控制，它是企业资金的主要供应渠道。

（3）非银行金融机构资金

非银行金融机构是指除银行以外的各种金融机构及金融中介机构，主要有信托投资公司、证券公司、融资租赁公司、保险公司、企业集团的财务公司等。非银行金融机构除了专门经营存款贷款业务、承担证券的推销或包销工作，还可将一部分并不立即使用的资金以各种方式向企业投资。非银行金融机构的资金力量比商业银行小，目前尚只起辅助作用，但这些金融机构的资金供应比较灵活，且可提供其他方面的服务，今后将有广阔的发展前途。

（4）其他法人资金

在我国，法人可分为企业法人、事业法人和团体法人等。它们在日常的资本运营周转中，有时也可能形成部分暂时闲置的资金，甚至可较长时期地闲置资金，如准备用于新兴产业的资金、已提取而未使用的折旧、未动用的企业公积金等，可在企业之间相互融通。随着横向经济联合的开展，企业同企业之间的资金联合和资金融通有了广泛发展。其他企业投入资金包括联营、入股、购买债券及各种商业信用，既有长期的、稳定的联合，又有短期的、临时的融通。其他企业单位投入资金往往同本企业的生产经营活动有密切联系，它有利于促进企业之间的经济联系，开拓本企业的经营业务。

（5）民间资金

本厂职工和城乡居民的投资，都属于个人资金渠道。本厂职工入股，可以更好地体现劳

动者与生产资料的直接结合；向非本单位职工发行股票、债券，可以广泛地向社会集聚资金。这一资金渠道在动员闲置的消费资金方面具有重要作用。

（6）企业内部资金

企业内部形成的资金，主要是指企业提取的盈余公积金和保留的未分配利润，此项经营积累是企业生产经营资金重要的补充来源。至于在企业内部形成的折旧准备金，它只是资金的一种转化形态，企业的资金总量并不因此而有所增多，但它能增加企业可以周转使用的营运资金，可用以满足生产经营的需要。

（7）外国和中国港、澳、台地区资金

我国实行改革开放以后，外国及我国香港、澳门和台湾投资者持有的资本，依法可以吸收，从而形成外商投资企业的筹资渠道。

在上述各种长期筹资渠道中，政府财政资金、其他法人资金、民间资金、企业内部资金、外国和我国港、澳、台地区资金，可以成为特定企业权益资本的筹资渠道；银行资金、其他金融机构资金、其他法人资金、民间资金、国外和我国港、澳、台地区资金，可以成为特定企业债务资本的长期筹资渠道。

2. 长期筹资的方式

筹资方式是指企业筹集资金所采取的具体形式，体现了不同的经济关系。认识筹资方式的种类及每种筹资方式的特点，有利于企业选择适宜的筹资方式，有效地进行筹资组合。

企业的筹资方式一般有7种：吸收直接投资、发行股票、企业内部积累、银行借款、发行债券、融资租赁及商业信用。

3. 筹资方式与筹资渠道的联系与区别

资金从哪里来和如何取得资金，即筹资渠道和筹资方式，既有联系又有区别。一定的筹资方式可能只适用于某一特定的筹资渠道，但是同一渠道的资金往往可以采取不同的筹资方式取得，而同一筹资方式又往往适用于不同的筹资渠道。企业进行筹资，必须实现两者的合理配合。筹资方式与筹资渠道的配合情况见表3-3。

表3-3　筹资方式与筹资渠道

筹资渠道	筹资方式						
	吸收直接投资	发行股票	企业内部积累	银行借款	发现债券	融资租赁	商业信用
政府财政资金	√	√					
银行信贷资金				√			
非银行金融机构资金	√	√			√	√	
其他法人资金	√	√			√		√
民间资金	√	√			√		
企业内部资金			√				
外国和中国港、澳、台地区资金	√	√			√		

3.1.5　长期筹资的类型

由于筹资范围、筹资机制和资本属性不同，企业的长期筹资可分为不同类型，通常有内部筹资与外部筹资，直接筹资与间接筹资，股权性筹资、债务性筹资与混合性筹资等类型。

1. 内部筹资与外部筹资

按资本来源的范围不同，企业的长期筹资可分为内部筹资和外部筹资两种类型。企业一般应在充分利用内部筹资来源之后，再考虑外部筹资。

（1）内部筹资

内部筹资是指企业在内部通过计提折旧形成现金流和留存收益而形成的资本来源。内部筹资是在企业内部自然形成的，因此被称为"自动化的资本来源"，一般无须花费筹资费用，其数量通常由企业可分配利润的规模和利润分配政策（或股利政策）所决定。

（2）外部筹资

外部筹资是指企业在内部筹资不能满足需要时，向企业外部筹资而形成的资本来源。处于初创期的企业，内部筹资的可能性是有限的；处于成长期的企业，内部筹资往往难以满足需要，于是企业就要广泛开展外部筹资。

2. 直接筹资与间接筹资

按是否借助银行等金融机构，企业的长期筹资可分为直接筹资和间接筹资两种类型。这两种筹资活动的区别主要取决于宏观融资机制和政策。

（1）直接筹资

直接筹资是指企业不借助银行等金融机构，直接与资本所有者协商融通资本的一种筹资活动。在我国，随着宏观金融体制改革的深入，直接筹资得以不断发展。具体而言，直接筹资主要有投入资本、发行股票、发行债券等方式。

（2）间接筹资

间接筹资是指企业借助银行等金融机构而融通资本的筹资活动。这是一种传统的筹资类型。在间接筹资活动过程中，银行等金融机构发挥着中介作用。它们先集聚资本，然后提供给筹资企业。间接筹资的基本方式是银行借款和融资租赁。

（3）直接筹资与间接筹资的差别

直接筹资与间接筹资相比，两者有明显的差别，主要表现为以下几个方面。

① 筹资机制不同。直接筹资依赖于资本市场机制（如证券交易所），以各种证券（如股票和债券）为媒介；而间接筹资则既可运用市场机制，也可运用计划或行政手段。

② 筹资范围不同。直接筹资具有广阔的领域，可利用的筹资渠道和筹资方式比较多；而间接筹资的范围相对较窄，筹资渠道和筹资方式比较少。

③ 筹资效率和筹资费用不同。直接筹资因程序较为繁杂，准备时间较长，故筹资效率较低，筹资费用较高；而间接筹资过程简单，手续简便，故筹资效率高，筹资费用低。

④ 筹资效应不同。直接筹资可使企业最大限度地筹集社会资本，并有利于提高企业的知名度和资信度，改善企业的资本结构；而间接筹资有时主要是为了满足企业资本周转的需要。

3. 股权性筹资、债务性筹资与混合性筹资

按照资本属性的不同，企业的长期筹资可分为股权性筹资、债务性筹资和混合性筹资。

（1）股权性筹资

股权性筹资形成企业的股权资本，亦称权益资本、自有资本，是企业依法取得并长期拥有、可自主调配运用的资本。股权性筹资具有下列特性。

①股权资本的所有权归属于企业的所有者。企业所有者依法凭其所有权参与企业的经营管理和利润分配，并对企业的债务承担责任。

②企业对股权资本依法享有经营权。在企业存续期间，企业有权调配拥有使用股权的资本，企业所有者除了依法转让其所有权外，不得以任何方式抽回其投入的资本，因而股权资本被视为企业的"永久性资本"。

企业的股权资本一般是通过政府财政资金、其他法人资金、民间资金、企业内部资金和外国及我国港、澳、台地区资金等融资渠道，采用投入资本和发行股票等方式形成的。

（2）债务性筹资

债务性筹资形成企业的债务资本，亦称债务资本、借入资本，是企业依法取得并依约运用、按期偿还的资本。债务性筹资具有下列特性。

①债务资本体现企业与债权人的债务与债权关系。它是企业的债务，是债权人的债权。

②企业的债权人有权按期索取债权本息，但无权参与企业的经营管理和利润分配，对企业的其他债务不承担责任。

③企业对持有的债务资本在约定的期限内均享有经营权，并承担按期付息还本的义务。

企业的债务资本一般是通过银行信贷资金、非银行金融机构资金、其他法人资金、民间资金、国外和我国港、澳、台地区资金等筹资渠道，采用长期借款、发行债券和融资租赁等方式取得或形成的。

企业的股权资本与债务资本具有一定的比例关系，合理安排股权资本与债务资本的比例关系（即资本结构），是企业长期筹资的一个核心问题。

（3）混合性筹资

混合性筹资是指兼具股权性筹资和债务性筹资双重属性的长期筹资类型，主要包括发行优先股筹资和发行可转换债券筹资。从筹资企业的角度看，优先股股本属于企业的股权资本，但优先股股利同债券利率一样，通常是固定的，因此优先股筹资归为混合性筹资。可转换债券在其持有者转换为发行公司股票之前，属于债务性筹资；在其持有者转换为发行公司股票之后，则属于股权性筹资。可见，优先股筹资和可转换债券筹资都具有股权性筹资和债务性筹资双重属性，因此属于混合性筹资。

3.2　债务性筹资

债务性筹资是指企业通过借款、发行债券和融资租赁等方式筹集的长期债务资本。本节分别介绍长期借款、发行普通债券和融资租赁 3 种长期债务性筹资方式。

3.2.1　长期借款筹资

长期借款是指企业向银行或其他非银行金融机构借入的使用期限超过 1 年的借款。长期借款筹资是各类企业通常采用的一种债务性筹资方式。

1. 长期借款筹资的种类

（1）按提供贷款的机构分类

按照此种方式分类，长期借款筹资可分为政策性贷款、商业贷款和其他金融机构贷款。

① 政策性贷款是指执行国家政策性贷款业务的银行向企业发放的贷款，通常为长期贷款。如国家开发银行为满足企业承建国家重点建设项目的资金需要而提供的贷款；进出口信贷银行为大型设备的进出口提供的买方信贷或卖方信贷。

② 商业性贷款是指由各商业银行向工商企业提供的贷款，用以满足企业生产经营的资金需要。商业性贷款一般具有以下特征：期限长于 1 年；企业与银行之间要签订借款合同，含有对借款企业的具体限制条件；有规定的借款利率，可以固定，也可随着基准利率的变动而变动；一般采用分期偿还方式，每期偿还金额相等，也可到期一次偿还。

③ 其他金融机构贷款，如从信托投资公司取得实物或货币形式的信托投资贷款、从财务公司取得的各种中长期贷款、从保险公司取得的贷款等。其他金融机构贷款一般较商业长期借款的期限长，要求的利率较高，对借款企业的信用要求和担保的选择更严格。

（2）按有无担保分类

按照此种方式分类，长期借款筹资可分为信用贷款和担保贷款。

① 信用贷款是指以借款人的信誉或保证人的信用为依据而获得的贷款。企业取得这种贷款，无须以财产做抵押。对于这种贷款，由于风险较高，银行通常要收取较高的利息，此外还附加一定的限制条件。

② 担保贷款是以有关方面的保证责任、质押物或抵押物为担保的贷款，它包括保证贷款、质押贷款和抵押贷款。保证贷款是指按《中华人民共和国民法典》（简称《民法典》）规定的保证方式，以第三人承诺在借款人不能偿还借款时，按约定承担一定保证责任或连带责任而取得的贷款。质押贷款是指按《民法典》规定的质押方式，以借款人或第三人的动产或权利作为质押物而取得的贷款。抵押贷款是指按《民法典》规定的抵押方式，以借款人或第三人的财产作为抵押物而取得的贷款。作为贷款担保的抵押品，可以是不动产、机器设备等实物资产，也可以是股票、债券等有价证券，它们必须是能够变现的资产。如果贷款到期借款企业不能或不愿偿还贷款，银行可取消企业对抵押品的赎回权，并有权处理抵押品。抵押贷款有利于降低长期借款的风险，提高贷款的安全性。

票据贴现也是一种抵押贷款，它是商业票据的持有人把未到期的商业票据转让给银行，贴付一定利息以取得银行资金的一种借贷行为。银行通过贴现把款项贷给销货单位，到期向购货单位收款，银行向销货单位所付的金额低于票据到期金额，其差额即为贴现息。

（3）按贷款的用途分类

我国银行长期贷款通常分为基本建设贷款、更新改造贷款、科研开发和新产品试制贷款等。

2. 长期借款筹资的程序

下面以长期银行借款为主，介绍企业借款的基本程序。

（1）企业提出申请

企业申请借款必须符合一定的条件。企业借款应具备的基本条件为：企业经营的合法性；企业经营的独立性；企业具有一定数量的自有资金；企业在银行开立基本账户；企业有按期还本付息的能力。企业提出的借款申请，应陈述借款的原因、借款金额、用款时间与计划、还款期限与计划。

（2）银行进行审批。银行针对企业的借款申请，按照有关规定和贷款条件，对借款企业进行审查，依据审批权限，核准企业申请的借款金额和用款计划。银行审查的内容包括：企业的财务状况；企业的信用情况；企业的盈利稳定性；企业的发展前景；借款投资项目的可行性等。

（3）签订借款合同。银行经审查批准借款合同后，可与借款企业进一步协商贷款的具体条件，签订正式的借款合同，明确规定借款的数额、利率、期限和一些限制性条款。

① 借款合同的基本条款。根据我国有关法规，借款合同应具备：借款种类、借款用途、借款金额、借款利率、借款期限、还款资金来源及还款方式、保证条款、违约责任等基本条款。

② 借款合同的限制条款。由于长期贷款的期限长、风险较高，因此除合同的基本条款以外，按照国际惯例银行对借款企业通常都约定一些限制性条款，主要有三类：一是一般性限制条款，包括：企业须持有一定限度的现金及其他流动资产，以保持其资产的合理流动性及支付能力；限制企业支付现金股利；限制企业资本支出的规模；限制企业借入其他长期资金等。二是例行性限制条款。多数借款合同都有这类条款，一般包括：企业定期向银行报送财务报表；不能出售太多的资产；债务到期要及时偿付；禁止应收账款的转让等。三是特殊性限制条款。例如，要求企业主要领导人购买人身保险，规定借款的用途不得改变等。这类限制条款只在特殊情形下才生效。

（4）企业取得借款

借款合同生效后，银行可在核定的贷款指标范围内，根据借款计划和实际需要，一次或分次将贷款转入企业的存款结算户，以便企业支用借款。

（5）企业偿还借款

企业应按借款合同的规定按期付息还本。企业偿还贷款的方式通常有以下 3 种。

① 到期日一次偿还。在这种方式下，还款集中，借款企业须于贷款到期日前做好准备，以保证全部清偿到期贷款。

② 定期偿还相等份额的本金，即在到期日之前定期（如每 1 年或 2 年）偿还相同的金额，至贷款到期日还清全部本金。

③ 分批偿还，每批金额不等。

贷款到期经银行催收，如果借款企业不予偿付，银行可按合同规定，从借款企业的存款户中扣收贷款本息及加收的利息。借款企业若因暂时财务困难需延期偿还贷款，应向银行提交延期还贷计划，经银行审查核实，续签合同，但通常要加收利息。

3. 银行借款的信用条件

向银行借款往往需要附带一些信用条件。

（1）信贷额度

信贷额度亦即贷款限额，是借款企业与银行在协议中规定的可得到借款的最高限额。通常在信贷额度内，企业可以随时按需要支用借款；如果企业超过规定限额继续向银行借款，银行则停止办理。例如，在正式协议下，约定某企业的授信额度为 1 000 万元，该企业已借用 800 万元且尚未偿还，则该企业仍可申请 200 万元，银行将予以保证。但是如果企业信誉恶化，即使银行曾经同意按信贷限额提供贷款，企业也可能得不到借款。这时，银行不承担法律责任。

（2）周转授信协议

周转授信协议是银行具有法律义务地承诺提供不超过某一最高限额的贷款协定。在协定的有效期内，只要企业借款总额未超过最高限额，银行必须满足企业任何时候提出的借款要求。企业享用周转授信协议，通常要对贷款限额的未使用部分付给银行一笔承诺费用。承诺费用一般按未使用的信用额度的一定比率（如 2‰）计算。与一般授信额度不同的是：银行对周转信用额度负有法律义务；银行向企业收取一定的承诺费用。

（3）补偿性余额

补偿性余额是银行要求借款企业在银行中保持按贷款限额或实际借用额一定百分比（通常为 10%～20%）计算的最低存款余额。补偿性余额有助于银行降低贷款风险，补偿其可能遭受的风险；但对借款企业来说，补偿性余额则提高了借款的实际利率，加重了企业负担。

（4）贴现法计息

银行借款利息有时会规定采用贴现法，即银行向企业发放贷款时，先从本金中扣除利息，而到期时借款企业再偿还全部本金。采用这种方法，企业可利用的贷款额只有本金扣除利息后的差额部分，因此其实际利率高于名义利率。

除了上述信用条件外，银行往往还要规定一些限制条款，具体有以下 3 种。

① 一般性保护条款。一般性保护条款应用于大多数借款合同，但根据具体情况会有不同内容，主要包括：对借款企业流动资金保持量的规定，其目的在于保持借款企业资金的流动性和偿债能力；对支付现金股利和再购入股票的限制，其目的在于限制现金外流；对资本支出规模的限制，其目的在于减少企业日后不得不变卖固定资产以偿还贷款的可能性，仍着眼于保持借款企业资金的流动性；限制其他长期债务，其目的在于防止其他贷款人取得对企业资产的优先求偿权。

② 例行性保护条款。例行性保护条款在大多数借款合同中都会出现，主要包括：借款企业定期向银行提交财务报表，其目的在于及时掌握企业的财务状况；不准在正常情况下出售较多资产，以保持企业正常的生产经营能力；如期清偿交纳的税金和其他到期债务，以防被罚款而造成现金流失；不准以任何资产作为其他承诺的担保或抵押，以避免企业过重的负担；不准贴现应收票据或出售应收账款，以避免或有负债；限制租赁固定资产的规模，其目的在于防止企业负担巨额租金以致削弱其偿债能力，同时也防止企业以租赁固定资产的办法摆脱对其资本支出和负债的约束。

③ 特殊性保护条款。特殊性保护条款是针对某些特殊情况而出现在部分借款合同中的，主要包括：贷款专款专用；不准企业投资于短期内不能收回资金的项目；限制企业高级职员的薪金和奖金总额；要求企业主要领导人在合同有效期间担任领导职务；要求企业主要领导人购买人身保险；等等。

4. 借款利息的支付方式

（1）收款法

收款法是在借款到期时向银行支付利息的方法。采用这种方法，借款的名义利率（即约定利率）等于其实际利率（即有效利率）。

（2）贴现法

贴现法是银行向企业发放贷款时，先从本金中扣除利息部分，而到期时借款企业再偿还全部本金的一种计息方法。采用这种方法，企业可利用的贷款额只有本金扣除利息后的差额部分，因此其实际利率高于名义利率。计算实际利率的公式为

$$实际利率 = \frac{借款实际支付的利息}{借款所得的实际款项} \tag{3-1}$$

【例 3-1】 某企业从银行取得借款 100 万元，期限为 1 年，名义利率为 10%，利息为 10 万元。按照贴现法付息，企业实际可动用的贷款为 90 万元，则该项贷款的实际利率为

$$实际利率 = [利息/（贷款余额-利息）] \times 100\%$$
$$= [10/(100-10)] \times 100\% = 11.11\%$$

（3）加息法

加息法是银行发放分期等额偿还贷款时采用的利息收取方法。在分期等额偿还贷款的情况下，银行要将根据名义利率计算的利息加到贷款本金上，计算出贷款的本息和，并要求企业在贷款期内分期偿还本息之和的金额。由于贷款分期均衡偿还，借款企业实际上只平均使用了贷款本金的半数，却支付全额利息，这样企业所负担的实际利率便高于名义利率大约 1 倍。

【例 3-2】 某企业借入（名义）年利率为 10% 的贷款 10 万元，分 12 个月等额偿还本息。则实际利率为

$$实际利率 = 利息/平均贷款额 \times 100\%$$
$$= [(10 \times 10\%)/(10/2)] \times 100\%$$
$$= 20\%$$

5. 长期借款筹资的优缺点

长期借款具有以下优点。

① 筹资速度较快。企业利用长期借款筹资，一般程序较为简单，可以快速获得所需资金。而发行股票、债券筹集长期资金，须做好发行前的各种工作，如印制证券等，发行也需一定的时间，而且程序较为复杂。

② 资本成本较低。利用长期借款筹资，其利息可在所得税前列支，故可减少企业实际负担的成本，因此比股票筹资的成本要低得多；与债券相比，借款利率一般低于债券利率；无须支付大量的发行费用。

③ 弹性较大。在借款时，企业与银行直接商定借款的时间、数额和利率等；企业如因财务状况发生变化，在用款期间，亦可与银行再次协商，变更借款内容和信用条件等。

④ 企业利用长期借款筹资，可以发挥财务杠杆的作用。

长期借款筹资具有以下缺点。

① 会加大企业财务风险。借款必须按时还本付息，如果企业经营不利，可能会出现不能偿付的情况，故借款企业的筹资风险较高。

② 限制条件较多。在企业签订的借款合同中，一般都有一些限制条款，如不准改变借款用途、限制企业借入其他长期资金等，这可能会影响到企业以后的筹资活动和投资活动。

③ 数量有限。银行一般不愿借出大量的长期借款，所以长期借款一般不如股票、债券那样可以一次筹集到大笔资金。

3.2.2　发行普通债券筹资

1. 债券的含义和特征

债券是债务人依照法律手续发行，承诺按约定的利率和日期支付利息，并在特定日期偿

还本金的书面债务凭证。债券的发行人是债务人，投资于债券的人是债权人。由企业发行的债券称为企业债券或公司债券。这里所说的债券，指的是期限超过 1 年的普通公司债券，不包括可转换公司债券。债券具有以下特征。

（1）固定期限，还本付息

债券持有人可以按期从债券发行人那里取得固定的利息收入，债券到期之日可及时收回本金，所以持券人同企业之间是一种债权债务关系。债权持有人无权参与企业的经营管理，也不参加分红，对企业的经营盈亏也不承担责任，这也是债券与股票的重要区别。

（2）债券可以在金融市场上转让

债券在转让过程中，持有人一般不会遭受损失，但债券的流通也常受多种因素的影响，如债券发行人的信誉程度、债券期限的长短、利息率的高低及金融市场中货币的供求情况等。

（3）债券收入的稳定性

债券的票面价值不会受到市场价格变动的影响。债券有固定的利息率，到期必须得到偿付。因而，相对股票而言，债券持有人取得收益的稳定性较高，风险小。同时，债券的转让机会越多，其安全性也就越大。由此可见，债券在收入上具有很大的稳定性和安全性。

2. 发行债券的条件

根据我国《公司法》的规定，股份有限公司和有限责任公司，具有发行债券的资格。根据《证券法》规定，公开发行公司债券，应当符合下列条件：具备健全且运行良好的组织机构；最近三年平均可分配利润足以支付公司债券一年的利息；国务院规定的其他条件。

公开发行公司债券筹集的资金，必须按照公司债券募集办法所列资金用途使用；改变资金用途，必须经债券持有人举行会议做出决议。公开发行债券筹措的资金，不得用于弥补亏损和非生产性支出。

3. 债券发行价格

债券的发行价格是债券发行时使用的价格，亦即投资者购买债券时所支付的价格。公司在发行债券之前，必须依据有关因素，运用一定的方法确定债券的发行价格。公司债券发行价格的高低主要取决于 4 个因素：债券面额、票面利率、市场利率、债券期限。债券的发行价格是上述 4 种因素综合作用的结果。公司债券的发行价格通常有 3 种：平价、溢价和折价。

平价指以债券的票面金额为发行价格；溢价指以高出债券票面金额的价格为发行价格；折价指以低于票面金额的价格为发行价格。债券发行价格的形成受诸多因素的影响，其中主要是票面利率与市场利率的一致程度。

债券的票面金额、票面利率在债券发行前即已参照市场利率和发行公司的具体情况确定，并一并载明于债券之上。但在实际发行时，票面利率与市场利率并不一定完全一致。当票面利率与市场利率一致时，则以平价发行债券；当票面利率高于市场利率时，则以溢价发行债券；当票面利率低于市场利率时，则以折价发行债券。

债券发行价格的计算公式为

$$债券发行价格=票面金额\times\frac{票面金额}{(1+市场利率)^n}+\sum_{t=1}^{n}\frac{票面金额\times票面利率}{(1+市场利率)^t} \quad (3-2)$$

式中：n 表示债券期限，t 表示付息期数。

【例 3-3】 某公司发行票面金额为 1 000 元、票面利率为 10%、10 年期的债券，每年年末付息一次。其发行价格在不同市场利率情况下测算如下。

（1）如果市场利率为10%，则该债券的发行价格为

$$\frac{1000}{(1+10\%)^{10}} + \sum_{t=1}^{10} \frac{100}{(1+10\%)^{10}} = 1000（元）$$

（2）如果市场利率为8%，则该债券的发行价格为

$$\frac{1000}{(1+8\%)^{10}} + \sum_{t=1}^{10} \frac{100}{(1+8\%)^{10}} = 1134.21（元）$$

此时投资者愿意拿出1 134.21元投资于票面1 000元的债券，将来可获得8%的收益。

（3）如果市场利率为12%，则该债券的发行价格为

$$\frac{1000}{(1+12\%)^{10}} + \sum_{t=1}^{10} \frac{100}{(1+12\%)^{10}} = 887.02（元）$$

此时投资者拿出887.02元投资于票面为1 000元的债券，将来可获得12%的收益。

---

4. 债券评级

公司公开发行债券通常需要由债券评信机构评定等级。债券的信用等级对于发行公司和购买人都有重要影响。

对于发行债券的公司而言，债券的信用等级影响着债券发行的效果。信用等级较高的债券，能以较低的利率发行，借以降低债券筹资的成本；信用等级较低的债券，表示风险较大，需以较高的利率发行。

对于债券投资者而言，债券的信用等级便于债券投资者进行债券投资的选择。信用等级较高的债券，较易得到债券投资者的信任；信用等级较低的债券，表示风险较大，投资者一般会谨慎选择。

国际上流行的债券等级是3等9级：AAA级为最高级，AA级为高级，A级为上中级；BBB级为中级，BB级为中下级，B级为投机级；CCC级为完全投机级，CC级为最大投机级，C级为最低级。

债券评级机构在评定债券等级时，需要进行分析判断，采用定性分析和定量分析相结合的方法，一般针对以下几个方面进行分析判断。

① 公司发展前景：包括分析判断债券发行公司所处行业的状况，分析评级公司的发展前景、竞争能力、资源供应的可靠性等。

② 公司的财务状况：包括分析评价债券发行公司的债务状况、偿债能力、盈利能力、周转能力和财务弹性，以及其持续的稳定性和发展变化趋势。

③ 公司债券的约定条件：包括分析评价债券发行公司发行债券有无担保及其他限制条件、债券期限、付息偿本方式等。

此外，对在外国或国际性证券市场上发行债券，还要进行国际风险分析，主要是进行政治、社会、经济的风险分析，做出定性判断。

根据中国人民银行的有关规定，凡是向社会公开发行的企业债券，需要由经中国人民银行认可的资信评级机构进行评信。这些机构对发行债券企业的企业素质、财务质量、项目状

况、项目前景和偿债能力进行评分，以此评定信用级别。

5. 发行债券筹资的优缺点

债券筹资具有以下优点。

① 资本成本较低。利用债券筹资的成本要比股票筹资的成本低。这主要是因为债券的发行费用较低，而且债券利息在税前支付。

② 保证控制权。债券持有人无权干涉企业的管理事务，如果现有股东担心控制权旁落，则可采用债券筹资。

③ 可以发挥财务杠杆作用。不论公司赚钱多少，债券持有人只收取固定的、有限的利息，而更多的收益可用于分配给股东，增加其财富，或留归企业以扩大经营。

债券筹资具有以下缺点。

① 筹资风险高。债券有固定的到期日，并定期支付利息。利用债券筹资，要承担还本、付息的义务。在企业经营不景气时，向债券持有人还本付息，会给企业带来更大的财务困难，甚至导致破产。

② 限制条件较多。发行债券的限制条件一般要比长期借款、租赁筹资的限制条件多且严格，从而影响企业以后的筹资能力。

③ 数量有限。企业利用债券筹资一般要受一定额度的限制。多数国家对此都有限定。我国《公司法》规定，发行公司流通在外的债券累计总额不得超过公司净资产的40%。

3.3 股权性筹资

股权性筹资形成企业的股权资金，是企业最基本的筹资方式。投入资本筹资、发行普通股票和利用留存收益，是股权性筹资的 3 种基本形式。

3.3.1 投入资本筹资

1. 投入资本筹资含义

投入资本筹资是指非股份制企业以协议等形式吸收国家、其他企业、个人和外商等直接投入的资本，形成企业投入资本的一种长期筹资方式，是非股份制企业筹集权益资金的基本方式。实际出资额中注册资本部分形成实收资本；超过注册资本的部分，属于资本溢价，形成资本公积。

2. 投入资本筹资的种类

投入资本筹资按所形成股权资本的构成不同，可分为以下几种。

① 筹集国家直接投资，主要是国家财政拨款，形成企业的国有资本。

② 筹集其他企业、单位等法人的直接投资，由此形成企业的法人资本。

③ 筹集本企业内部职工和城乡居民的直接投资，形成企业的个人资本。

④ 筹集外国投资者和我国港、澳、台地区投资者的直接投资，形成企业的外商资本。

3. 投入资本筹资的条件和要求

企业采用投入资本筹资方式筹措股权资本，必须符合一定的条件和要求。

① 主体条件。采用投入资本筹资方式筹措投入资本的企业，应当是非股份制企业，包括个人独资企业、个人合伙企业和国有独资公司。而股份制企业按规定应以发行股票方式取得股本。

② 需要要求。企业投入资本的出资者以现金、实物资产、无形资产的出资，必须符合企业生产经营和科研开发的需要。

③ 消化要求。企业筹集的投入资本，如果是实物和无形资产，必须在技术上能够消化，企业经过努力在工艺、人员操作等方面能够适应。

4. 投入资本筹资的方式

企业在采用吸收投资方式筹集资金时，可以接受投资者用货币资金、厂房、机器设备、材料物资、无形资产等作价投入。

（1）以货币资金出资

以货币资金出资是吸收投资中最重要的一种出资方式。有了现金，便可以获取其他物质资源，支付各种费用，满足企业创建开支和随后的日常周转需要。

（2）以实物出资

以实物出资就是投资者以厂房、建筑物、设备等固定资产和原材料、商品等流动资产所进行的投资。一般来说，企业吸收的实物应符合以下条件：确为企业科研、生产、经营所需；技术性能比较好；作价公平合理。投资者以实物出资所涉及的实物作价方法应按国家的有关规定执行。

（3）以工业产权出资

以工业产权出资是指投资者以专有技术、商标权、专利权等无形资产所进行的投资。一般来说，企业吸收的工业产权应符合以下条件：能帮助研究和开发出新的高科技产品；能帮助生产出适销对路的高科技产品；能帮助改进产品质量，提高生产效率；能帮助大幅度降低各种消耗；作价比较合理。

（4）以土地使用权出资

土地使用权是指按有关法规和合同的规定使用土地的权利。企业吸收土地使用权投资应符合以下条件：企业科研、生产、销售活动所需要的；交通、地理条件比较适宜；作价公平合理。

（5）以特定债权出资

特定债权是指企业依法发行的可转换债券及按照国家有关规定可以转作股权的债权。

5. 投入资本筹资的程序

企业投入资本筹资一般应依循以下程序。

（1）确定筹资数量

投入资本筹资一般是在企业开办时所使用的一种筹资方式。企业在经营过程中，如果发现自有资金不足，也可以采用投入资本筹资的方式筹集资金，但在吸收投入资本之前，都必须确定所需资金的数量，以利于正确筹集所需资金。

（2）寻找投资单位

企业在投入资本筹资之前，需要做一些必要的宣传，以便使出资单位了解企业的经营状况和财务情况，有目的地进行投资，这将有利于企业在比较多的投资者中寻找最合适的工作伙伴。

（3）协商投资事项

寻找到投资单位后，双方便可以进行具体的协商，以便合理确定投资的数量和出资方式。一般来说，企业期望投资者以现金方式出资，但如果投资者的确拥有较先进的、适用于企业的固定资产、无形资产等，也可用其进行投资。

（4）签署投资协议

双方经初步协商后，如没有太大异议，便可以进行进一步协商。这里的关键是以实物投资、无形资产投资的作价问题，这是因为投资的报酬、风险的承担都是以由此确定的出资额为依据的。一般而言，双方应按公平合理的原则协商定价。如果争议比较大，可聘请有关资产评估机构来评定。当出资数额、资产作价确定后，便可签署投资协议或合同，以明确双方的权利和责任。

（5）共享投资利润

出资各方有权对企业进行经营管理。但如果投资者的投资占企业资金总额比例较低，一般并不参与经营管理，他们最关心的还是其投资报酬问题。因此，企业在接受投入资本筹资之后，应按合同中的有关条款，从实现利润中对吸收的投资支付报酬。投资报酬是企业利润的一个分配去向，也是投资者利益的体现，企业要妥善处理，以便与投资者保持良好关系。

6. 投入资本筹资的优缺点

投入资本筹资是我国企业筹资中最早采用的一种方式，也曾经是我国国有企业、集体企业、合资或联营企业普遍采用的筹资方式。它既有优点，也有不足。

投入资本筹资具有以下优点。

① 有利于增强企业信誉。吸收投资所筹集的资金属于自有资金，能增强企业的信誉和借款能力，对扩大企业经营规模、壮大企业实力具有重要作用。

② 有利于尽快形成生产能力。吸收投资可以直接获取投资者的先进设备和先进技术，有利于尽快形成生产能力，尽快开拓市场。

③ 有利于降低财务风险。吸收投资可以根据企业的经营状况向投资者支付报酬。企业经营状况好，就可以向投资者多支付一些报酬；企业经营状况不好，就可不向投资者支付报酬或少支付报酬，所以财务风险较小。

投入资本筹资具有以下缺点。

① 资本成本较高。相对于负债筹资而言，采用吸收投资方式筹集资金所需负担的资本成本较高，特别是企业经营状况较好和盈利能力较强时更是如此。因为向投资者支付的报酬是根据其出资的数额和企业实现利润的多少来计算的。

② 容易分散企业控制权。采用吸收投资方式筹集资金，投资者一般都要求获得与投资数量相适应的经营管理权，这是接受外来投资的代价之一。如果外部投资者的投资较多，则投资者会有相当大的管理权，甚至会对企业实行完全控制，这是吸收投资的不利因素。

3.3.2 发行普通股筹资

发行股票筹资是股份有限公司筹集股权资本的基本方式。

1. 股票的含义

股票是股份有限公司为筹措股权资本而发行的有价证券，是持股人拥有公司股份的凭证，它代表持股人在公司中拥有的所有权。股票持有人即为公司的股东。公司股东作为出资人按投入公司的资本额享有所有者的资产收益、公司重大决策和选择管理者的权利，并以其所持股份为限对公司承担责任。

普通股是公司最基本的资金来源，它在公司成立过程中最先出现。普通股票是没有规定最后到期日的有价证券。普通股票持有者能从公司收回自己的投资，但可以把持有的股票拿到二级市场上去销售，从而收回投资。只有在公司清算时，普通股票持有者才能从公司分得剩余资产。普通股股东是公司的所有者，并承担以其投资额为限的风险，即只承担有限责任。

2. 普通股股东的基本权利

如无特殊规定，普通股票持有者应享有以下一些基本权利。

（1）盈利分配权

普通股票持有者有权获得股利。但普通股股利的发放与公司债券利息和优先股股利的支付不同，除了前者的支付顺序次于后两者之外，它的发放与否完全取决于公司董事会是否决定将公司的一部分利润作为股利分配。

（2）剩余资产索赔权

公司进行清算时，普通股票持有者有权在债权人、优先股票持有人分得公司资产之后，分享公司的剩余资产。若清算之后公司资产不能补偿自己的投资，普通股股东也只好作罢。普通股股东与公司存在风险共担、利益共享的关系。若公司获利丰厚，他们是主要受益者；若公司经营亏损，他们就是主要的受害者。

（3）投票表决权

普通股票持有者既然是公司的所有者，他们就有资格参与公司董事会的选举权。大公司的众多股东只能通过由他们选举产生的董事会来间接控制公司。公司的直接控制权掌握在董事会和由董事会选出的经理人员手中。由于大公司股东众多，且分散在各地和缺乏联系，因此只能通过一年一度的股东大会来表决他们对管理的意见。股东对公司的间接管理在于行使其表决权：如果股东持有股票量较大，可以通过"用手投票"的方式表达自己的意愿；如果股东持有股票量较小，则可以通过"用脚投票"的方式来表达自己的意愿。

3. 股票上市发行

1）股票上市

（1）股票上市的目的

股票上市的目的如下。

① 便于筹措新资金。股票上市经过了政府机构的审查批准并接受严格的管理，执行股票上市和信息披露的规定，容易吸引社会资本投资者；还可以通过增发、配股、发行可转换债券等方式进行再融资。

② 促进股权流通和转让。股票上市后便于投资者购买，提高了股权的流动性和股票的变现能力，便于投资者认购和交易。

③ 便于确定公司价值。股票上市后，公司股价有市价可循，便于确定公司的价值。对于上市公司来说，即时的股票交易行情，就是对公司价值的市场评价。同时，市场行情也能够为公司收购兼并等资本运作提供询价基础。

股票上市对公司也有不利的一面，主要有：上市成本较高，手续复杂、严格；公司信息披露成本较高，公开信息的要求可能会暴露公司的商业机密；股价有时会歪曲公司情况，影响公司声誉；可能会分散公司的控制权，造成管理上的困难。

（2）股票上市的条件

公司公开发行的股票进入证券交易所交易，必须受到严格的条件限制。我国《证券法》规定，申请证券上市交易，应当符合证券交易所上市规则规定的上市条件，包括对发行人的经营年限、财务状况、最低公开发行比例和公司治理、诚信记录等提出的要求。

（3）股票上市的暂停、终止与特别处理

当上市公司出现经营情况恶化、存在重大违法违规行为或其他原因导致不符合上市条件时，可能被暂停或终止上市。

上市公司出现财务状况或其他状况异常的，其股票交易将被交易所"特别处理"（special treatment，ST）。

2）上市公司的股票发行

上市的股份有限公司在证券市场上发行股票包括公开发行和非公开发行两种类型。公开发行股票又分为首次上市公开发行股票和上市公开发行股票，非公开发行即向特定投资者发行，也叫定向发行。

（1）首次上市公开发行股票

首次上市公开发行股票（initial public offering，IPO），是指股份有限公司对社会公开发行股票并上市流通和交易。

IPO 的程序如下。

① 公司董事会应当依法就本次股票发行的具体方案、本次募集资金使用的可行性及其他事项做出决议，并提请股东大会批准。

② 公司股东大会就本次发行股票做出决议。

③ 由保荐人保荐并向证监会申报。

④ 证监会受理，并审理核准。

⑤ 自证监会核准发行之日起，公司应当在 6 个月内公开发行股票，超过 6 个月未发行的，核准失效，须经证监会重新核准后方可发行。

（2）上市公开发行股票

上市公开发行股票，是指股份有限公司已经上市后，通过证券交易所在证券市场上对社会公开发行股票。上市公开发行股票，包括增发和配股两种方式。增发是指上市公司向社会公众发售股票的再融资方式；配股是指上市公司向原有股东配售股票的再融资方式。

（3）非公开发行股票

上市公司非公开发行股票，是指上市公司采用非公开方式，向特定对象发行股票的行为，也叫定向募集增发。定向增发的对象可以是老股东，也可以是新股东。

4. 普通股筹资的优缺点

普通股筹资具有以下优点。

① 没有固定利息负担。公司有盈余，并认为适合分配股利，就可以分给股东；公司盈余较少，或虽有盈余但资金短缺或有更有利的投资机会，就可少支付或不支付股利。

② 没有固定到期日，不用偿还。利用普通股筹集的是永久性的资金，除非公司清算才需偿还。它对保证企业最低的资金需求有重要意义。

③ 筹资风险小。由于普通股没有固定到期日，不用支付固定的利息，因此风险小。

④ 能增加公司的信誉。普通股本与留存收益构成公司所借入一切债务的基础。有了较多的自有资金，就可为债权人提供较大的损失保障。因此，普通股筹资既可以提高公司的信用价值，也为使用更多的债务资金提供了强有力的支持。

⑤ 筹资迅速。普通股对投资者更有吸引力；对某些投资者来说，普通股比优先股或者债券的预期收益高；在通货膨胀时，普通股价值随房产价值的增加而增加，比优先股和债券更有保障。

普通股筹资具有以下缺点。

① 资本成本较高。首先，从投资者的角度讲，投资于普通股风险较高，相应地要求有较

高的投资报酬率。其次,从筹资公司的角度讲,普通股股利从净利润中支付,不像债券利息那样作为费用从税前支付,因而不具有抵税作用。此外,普通股的发行费用一般也高于其他证券。

② 不易及时形成生产能力。普通股筹资吸收的一般都是货币资金,还需要通过购置和建造形成生产经营能力。相对于吸收直接投资方式,不易及时形成生产能力。

③ 普通股筹资会增加新股东,这可能会分散公司的控制权,削弱原有股东对公司的控制。

此外,新股东分享公司未发行新股前积累的盈余,会降低普通股的每股净收益,从而可能引起股价下跌。

3.3.3 留存收益

1. 留存收益的性质

从性质上看,企业通过合法有效的经营所实现的税后净利润,都属于企业的所有者。因此,分配给所有者的利润和尚未分配留存于企业的利润都属于所有者。企业将本年度的利润部分甚至全部留存下来的原因主要包括:第一,企业的收益确认和计量是建立在权责发生制基础上的,企业有利润却不一定有相应的现金净流量增加来将实现的利润部分或者全部分配给所有者。第二,法律法规从保护债权人利益和要求企业可持续发展等角度出发,限制企业将利润全部分配出去。《公司法》规定,企业每年的税后利润,必须提取10%的法定公积金;且法定公积金累计额为公司注册资本的50%以上的,才可以不再提取。第三,企业基于自身的扩大再生产和筹资需要,也会将一部分利润留存下来。

2. 留存收益的筹资途径

（1）提取盈余公积金

盈余公积金,是指有指定用途的留存净利润,其提取基数是抵减年初累计亏损后的本年度净利润。盈余公积金主要用于企业未来的经营发展,经投资者审议后也可以用于转增股本（实收资本）和弥补公司经营亏损。

（2）未分配利润

未分配利润,是指未限定用途的留存净利润。未分配利润有两层含义:第一,这部分净利润本年没有分配给公司的股东;第二,这部分净利润未指定用途,可以用于企业未来经营发展、转增股本（实收资本）、弥补公司经营亏损、以后年度利润分配。

（3）留存收益筹资的特点

① 不发生筹资费用。与普通股筹资相比,留存收益不需要发生筹资费用,用资成本较低。

② 维持公司控制权分布。利用留存收益筹资,不用对外发行新股或吸收新投资者,由此增加的权益资本不会改变公司的股权结构,不会稀释原有股东的控制权。

③ 筹资数额有限。当期留存收益的最大数额是当期的净利润,不如外部筹资一次性可以筹集大量资金。如果企业发生亏损,则当年没有利润留存。另外,股东和投资者从自身出发,往往希望企业每年发放一定股利,保持一定的利润分配比例。

阅读材料:企业筹资实务创新

思考与练习

问答题

1. 企业筹资的方式有哪些？筹资的渠道有哪些？

2. 企业发行普通股筹资与发行债券筹资各有何优缺点？

3. 企业债务性筹资的主要方式有哪些？

4. 企业股权性筹资的主要方式有哪些？

第 4 章 长期筹资决策

4.1 资 本 成 本

4.1.1 资本成本的作用

1. 资本成本的含义

资本成本是指企业取得和使用资本时所付出的代价。广义而言，企业筹集和使用任何资金，不论是短期的还是长期的，都要付出一定的代价。狭义的资本成本仅指筹集和使用长期资金的成本。由于长期资金也被称为资本，所以长期资金的成本称为资本成本。

2. 资本成本的内容

资本成本主要包括用资费用和筹资费用两部分。

用资费用是指企业在生产经营、投资过程中因使用资金而支付的代价。如向股东支付的股利、向债权人支付的利息等，这是资本成本的主要内容。用资费用的大小主要取决于投资风险、资本占用时间、筹资数额及企业财务信誉等。

筹资费用是指企业在筹措资金过程中为获取资金而支付的费用，如向银行支付的借款手续费，因发行股票、债券而支付的印刷费、发行手续费、律师费、资信评估费、公证费、担保费、广告费等。筹资费用的大小主要取决于企业筹资环境及财务关系的优劣。

用资费用是企业经常发生的，筹资费用通常是在筹资时一次性发生，因此在计算资本成本时可作为筹资金额的一项扣除。

资本成本可以用绝对数表示，也可以用相对数表示。在财务管理中，为了便于分析，一般用相对数，即资本成本率来表示。

资本成本率是指用资费用与实际筹得资金的比率。其基本计算公式为

$$K = \frac{D}{P-F} \quad 或者 \quad K = \frac{D}{P(1-f)} \tag{4-1}$$

式中：K 为资本成本率，D 为用资费用，P 为筹得资金数额，F 为筹资费用，f 为筹资费用率。

3. 资本成本的种类

① 个别资本成本。是指企业单一筹资方式的资本成本。

② 加权平均资本成本。是指以各种资本在企业总资本中所占的比重为权数，分别乘以个别资本成本加权平均测算出来的综合资本成本。

③ 边际资本成本。是指企业追加筹资时，每新增加 1 个单位量的资本所需要负担的资本成本。

4. 资本成本的作用

资本成本是财务管理中的重要概念，对企业筹资决策、投资决策，乃至整个经营管理都有重要意义。

① 对企业筹资来讲，资本成本是企业选择资金来源、确定筹资方案的重要依据，企业力求选择资本成本最低的筹资方式。

② 对企业投资来讲，资本成本是评价投资项目可行性、决定投资项目取舍的重要尺度。

③ 资本成本还可综合衡量企业的经营成果。企业的总资产税后报酬率应高于其平均资本成本率，这样才会带来剩余收益。

4.1.2 个别资本成本

个别资本成本（individual cost of capital）是指企业单一融资方式本身的成本。个别资本成本包括长期借款成本、长期债券成本、优先股成本、普通股成本、留存收益成本等。其中，前两者统称为债务成本，后三者统称为权益成本。

1. 债务成本

债务成本（cost of debts）主要有长期借款成本和长期债券成本。按照国际惯例和各国所得税法的规定，债务的利息一般允许在税前支付，因此企业实际负担的利息为：利息×（1−所得税税率）。

例如，企业借款 100 万元，年利率为 6%，则年利息为 6 万元。如果该企业所得税税率为 25%，则实际负担的利息为 6×（1−25%）=4.5 万元，另外的 1.5 万元是由于利息支出 6 万元而导致的税收的节省。

（1）长期借款成本

企业长期借款成本（cost of long-term loans）主要包括借款利息和筹资费用。长期借款资本成本率的计算公式为

$$K_1 = \frac{I_1(1-T)}{L(1-f_1)} = \frac{Li_1(1-T)}{L(1-f_1)} = \frac{i_1(1-T)}{(1-f_1)} \tag{4-2}$$

式中：K_1 为长期借款资本成本率，I_1 为银行借款年利息，L 为银行借款筹得的资金总额，T 为所得税税率，i_1 为银行借款年利率，f_1 为银行借款筹资费用率。

【例 4−1】某企业取得 5 年期长期借款 100 万元，年利率为 10%，每年付息一次，到期一次还本，筹资费用率为 0.5%，企业所得税税率为 40%。则该长期借款的资本成本率为多少？

解

$$K_1 = \frac{10\% \times (1-40\%)}{1-0.5\%} = 6.03\%$$

（2）长期债券成本

企业发行债券的成本（cost of bonds）主要包括债券利息和筹资费用。其中，债券利息在所得税前列支，因此企业实际负担的利息应为债券利息×（1−所得税税率）。债券的筹资费用即债券发行费用，这类费用主要包括申请发行债券的手续费、债券注册费、印刷费、上市费及推销费用等。

债券发行有平价发行、溢价发行、折价发行三种。债券资本成本率的计算公式如下。

$$K_b = \frac{I_b(1-T)}{B_0(1-f_b)} = \frac{Bi_b(1-T)}{B_0(1-f_b)} \qquad (4-3)$$

式中，K_b 为债券资本成本率，I_b 为债券每年支付的利息，T 为所得税税率，B 为债券面值，i_b 为债券票面年利率，B_0 为债券实际发行价格，f_b 为债券筹资费用率。

【例 4-2】某公司发行总面值为 500 万元的 10 年期公司债券，票面利率为 10%，发行费用率为 4%，所得税税率为 40%。

（1）若债券平价发行，则该债券的资本成本率为

$$K_b = \frac{10\% \times (1-40\%)}{1-4\%} = 6.25\%$$

（2）若债券溢价发行，实际发行价格为 600 万元，则该债券的资本成本率为

$$K_b = \frac{500 \times 10\% \times (1-40\%)}{600 \times (1-4\%)} = 5.21\%$$

此时，公司利用债券的溢价取得了更多的资金量，从而使资本成本下降（相对于平价发行而言）。

（3）若债券折价发行，实际发行价格为 400 万元，则该债券的资本成本率为

$$K_b = \frac{500 \times 10\% \times (1-40\%)}{400 \times (1-4\%)} = 7.81\%$$

此时，公司折价发行债券，取得的资金量比平价发行时少，导致资本成本上升（相对于平价发行而言）。

---

2. 权益成本

权益成本（cost of equity）主要有优先股成本、普通股成本、留存收益成本等。

股票的股利是以税后净利支付的，不会减少企业应交的所得税。

（1）优先股成本

企业发行优先股，既要支付筹资费用，又要定期支付股利。与债券不同的是，股利在税后支付，且没有固定到期日。

优先股资本成本率的计算公式为

$$K_p = \frac{D_p}{P_p(1-f_p)} \qquad (4-4)$$

式中：K_p 为优先股资本成本率，D_p 为优先股每年的固定股利，P_p 为优先股筹得的资金额，f_p 为优先股筹资费用率。

【例 4-3】某公司按面值发行 500 万元的优先股，筹资费用率为 4%，年股利支付率为 10%，则该优先股的资本成本率是多少？

解

$$K_p = \frac{500 \times 10\%}{500 \times (1-4\%)} = 10.42\%$$

（2）普通股成本

普通股成本（cost of common stock）包括股利和筹资费用。股利率将随着企业经营状况的变化而变化，正常情况下呈逐年增长趋势，而且股利是以税后净利支付的，不能抵减税收。普通股成本的计算有多种不同方法，其主要方法为股利增长模型法和资本资产定价模型法。

① 股利增长模型法。

普通股现值的计算公式为

$$V_0 = \sum_{t=1}^{n} \frac{D_t}{(1+K_c)^t} + \frac{V_n}{(1+K_c)^n} \tag{4-5}$$

式中：V_0 为股票的发行价格，即股票的现值；D_t 为第 t 期支付的股利；V_n 为股票的终值；K_c 为普通股的资本成本率。

由于股票没有到期日，即 $n \to \infty$，此时 $\frac{V_n}{(1+K_c)^n} \to 0$，因此股票的现值公式可以简化为

$$V_0 = \sum_{t=1}^{n} \frac{D_t}{(1+K_c)^t}$$

假设普通股筹资费用率为 f_c，则股利固定不变的普通股资本成本率的计算公式为

$$K_c = \frac{D}{V_0(1-f_c)}$$

如果股利每年以固定的增长率 g 增长，则股利固定增长的普通股资本成本率的计算公式为

$$K_c = \frac{D_1}{V_0(1-f_c)} + g \tag{4-6}$$

式中：D_1 为第一年的股利。式（4-6）即为股利增长模型。

【例 4-4】某公司按面值发行普通股 500 万元，筹资费用率为 4%，第一年股利率为 10%，以后每年增长 6%。试计算该普通股的资本成本率。

解

$$K_c = \frac{500 \times 10\%}{500 \times (1-4\%)} + 6\% = 16.42\%$$

② 资本资产定价模型法。

假定资本市场有效，股票市场价格与价值相等。假定无风险报酬率为 R_f，市场平均报酬率为 R_m，则普通股资本成本率的计算公式为

$$K_s = R_f + \beta(R_m - R_f)$$

式中：β 为贝塔系数。

【例 4-5】某公司普通股贝塔系数（β）为 1.5，此时一年期国债利率为 5%，市场平均报酬率为 15%，则该普通股的资本成本率为

$$K_s = 5\% + 1.5 \times (15\% - 5\%) = 20\%$$

（3）留存收益成本

留存收益成本（cost of retained earnings）的估算难于债务成本，这是因为很难对诸如企业未来发展前景及股东对未来风险所要求的风险溢价做出准确的测定。

企业留存收益，相当于股东对企业进行追加投资，所以留存收益也要计算资本成本。公司的留存收益是由公司税后净利形成的，它应当属于普通股股东。从表面上看，公司使用留存收益似乎不需要什么成本。实际上，股东之所以愿意将其留用于公司而不作为股利取出投资于别处，是要求取得至少与普通股同样的报酬。因此，企业留存收益相当于股东对企业进行追加投资，股东对这部分投资与以前交给企业的股本一样，也要求有一定的报酬，所以留存收益也要计算资本成本。只不过留存收益的资本成本是一种机会成本，而且留存收益没有筹资费用。留存收益资本成本的测算与普通股基本相同，只是不考虑发行费用。如果企业将留存收益用于投资所得的报酬率低于股东自己进行另外一项风险相似投资的报酬率，企业就不应该保留留存收益，而应该选择将其分配给股东。

股利增长模型法是按照股票投资的收益率不断提高的思路计算留存收益成本。一般假定收益以固定的年增长率递增，则留存收益资本成本率的计算公式为

$$K_r = \frac{D_1}{V_0} + g \tag{4-7}$$

式中：K_r 表示留存收益资本成本率，D_1 表示第一年股利，V_0 表示普通股发行价格，g 表示股利增长率。

【例 4-6】某公司普通股目前市价为 50 元，本年发放股利 5 元，以后每年增长 5%。试计算该公司留存收益的资本成本率。

解
$$K_r = \frac{5 \times (1 + 5\%)}{50} + 5\% = 15.5\%$$

4.1.3　加权平均资本成本

由于受多种因素的制约，企业不可能只使用某种单一的筹资方式，往往需要从多渠道、用多种方式来筹集资金，而各种方式的筹资成本是不一样的。为了正确地进行筹资和投资决策，就要计算确定企业全部长期资金的总成本——加权平均资本成本。加权平均资本成本率的计算公式为

$$K_{\mathrm{m}} = \sum W_j K_j \qquad\qquad (4-8)$$

式中：K_{m} 为加权平均资本成本率，即综合资本成本率；W_j 为第 j 种资本占全部资本的比重；K_j 为第 j 种资本的个别资本成本率。

【例 4-7】某企业账面反映的长期资金共有 200 万元，其中长期借款 40 万元，应付长期债券 30 万元，优先股 20 万元，普通股 80 万元，留存收益 30 万元。各种资本的个别资本成本率分别为 8%、9%、10%、12%、11%。试计算该企业的加权平均资本成本率。

解　（1）计算各种资本在总资本中的比重。

$$W_{\mathrm{t}} = \frac{40}{200} \times 100\% = 20\%$$

$$W_{\mathrm{b}} = \frac{30}{200} \times 100\% = 15\%$$

$$W_{\mathrm{p}} = \frac{20}{200} \times 100\% = 10\%$$

$$W_{\mathrm{c}} = \frac{80}{200} \times 100\% = 40\%$$

$$W_{\mathrm{r}} = \frac{30}{200} \times 100\% = 15\%$$

（2）计算该企业的加权平均资本成本率。

$$K_{\mathrm{m}} = \sum W_j K_j = W_{\mathrm{t}} K_{\mathrm{t}} + W_{\mathrm{b}} K_{\mathrm{b}} + W_{\mathrm{p}} K_{\mathrm{p}} + W_{\mathrm{c}} K_{\mathrm{c}} + W_{\mathrm{r}} K_{\mathrm{r}}$$
$$= 20\% \times 8\% + 15\% \times 9\% + 10\% \times 10\% + 40\% \times 12\% + 15\% \times 11\%$$
$$= 10.4\%$$

或者可以通过列出计算表的方式求得加权平均资本成本率，具体过程如表 4-1 所示。

表 4-1　加权平均资本成本率计算表

筹资方式	个别资本成本率	资金数额/万元	所占比重	加权平均资本成本率
长期借款	8%	40	20%	1.6%
长期债券	9%	30	15%	1.35%
优先股	10%	20	10%	1%

筹资方式	个别资本成本率	资金数额/万元	所占比重	加权平均资本成本率
普通股	12%	80	40%	4.8%
留存收益	11%	30	15%	1.65%
合计	—	200	100%	10.4%

加权平均资本成本率的计算，存在权数价值的选择问题，即各项个别资本成本率按什么权数来确定资本比重。通常，可供选择的价值形式有账面价值、市场价值、目标价值等。

① 账面价值权数。即以各项个别资本的会计报表账面价值为基础来计算资本权数，确定各类资本占总资本的比重。其优点是资料容易取得，可以直接从资产负债表中得到，而且计算结果比较稳定。其缺点是当债券和股票的市价与账面价值差距较大时，易导致根据账面价值计算出来的资本成本不能反映目前从资本市场上筹集资本的现时机会成本，不适合评价现时的资本结构。

② 市场价值权数。即以各项个别资本的现行市价为基础来计算资本权数，确定各类资本占总资本的比重。其优点是能够反映现时的资本成本水平，有利于进行资本结构决策。但现行市价处于经常变动之中，不容易取得，而且现行市价反映的只是现时的资本结构，不适合未来的筹资决策。

③ 目标价值权数。即以各项个别资本预计的未来价值为基础来计算资本权数，确定各类资本占总资本的比重。目标价值是目标资本结构要求下的产物，是公司筹措和使用资金对资本结构的一种要求。对于公司筹措新资金、需要反映期望的资本结构来说，目标价值是有益的，适用于未来的筹资决策，但目标价值的确定难免具有主观性。

4.2 杠杆利益与风险

在财务管理中，由于固定性成本费用的存在，当某一经济业务量发生较小的幅度变化时，会引发另一相关经济变量产生较大的幅度变化。本节将分析并衡量营业杠杆利益与风险、财务杠杆利益与风险，以及这两种杠杆利益与风险的综合——复合杠杆利益与风险。

4.2.1 杠杆原理基础

1. 成本习性及分类

成本习性，是指成本总额与产量之间的依存关系。全部成本按其习性可分为固定成本、变动成本和混合成本三大类。

（1）固定成本

固定成本是指在一定时期及一定业务量范围内，其成本总额不受业务量变动的影响而保持固定不变的那部分成本。例如，企业按直线法计提的固定资产折旧、管理人员的工资、保险费、职工培训费、广告费和新产品开发费等。固定成本必须和一定时期、一定业务量联系起来进行分析，没有绝对不变的固定成本。产量与固定成本总额及单位固定成本的关系分别如图 4-1 和图 4-2 所示。

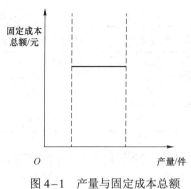

图 4-1　产量与固定成本总额

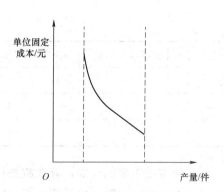

图 4-2　产量与单位固定成本

（2）变动成本

变动成本是指在一定时间及一定业务量内，其成本总额随着业务量的变动而呈正比例变动的那部分成本。例如，企业生产过程中发生的直接材料、直接人工、制造费用中的产品包装费、按工作量计算的固定资产折旧费和按销售量支付的销售佣金等。应当指出的是，理解变动成本必须考虑业务量的相关范围，超过一定范围，变动成本与业务量之间的比例关系可能会改变。产量与变动成本总额及单位变动成本的关系分别如图 4-3 和图 4-4 所示。

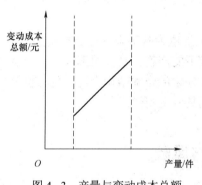

图 4-3　产量与变动成本总额

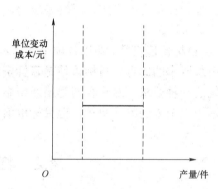

图 4-4　产量与单位变动成本

（3）混合成本

混合成本是指其总额虽受业务量变动的影响，但其变动幅度并不与业务量的变动保持同比例关系的那部分成本。混合成本按其与业务量的关系可进一步分为半变动成本和半固定成本。

半变动成本是混合成本的基本类型，它一般有一个成本的初始量，相当于固定成本，在这个初始量的基础上成本又随着业务量的增长而增长，类似于变动成本，如出租车费等。

半固定成本随业务量的变化呈阶梯增长，业务量在一定限度内其成本不变，业务量增长超过该限度后其成本会跳跃到一个新水平，然后在新业务量的一定范围内成本保持不变，直到出现新的跳跃，如质检员的工资等。产量与半变动成本、半固定成本的关系分别如图 4-5 和图 4-6 所示。

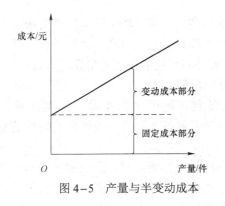

图 4-5　产量与半变动成本

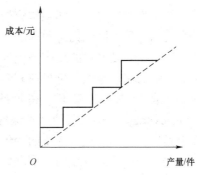

图 4-6　产量与半固定成本

（4）成本习性模型

成本习性分析是指在明确各种成本习性的基础上，按照一定的程序和方法，最终将全部成本分为固定成本和变动成本两大类，并建立成本函数模型的过程。总成本习性模型可表示如下。

$$y=a+bx$$

式中：y 为总成本，a 为固定成本，b 为单位变动成本，x 为业务量。

2. 边际贡献

边际贡献是指销售收入减去变动成本总额之后的差额，即

$$边际贡献=销售收入-变动成本总额$$

或

$$M=S-V$$
$$M=pQ-bQ=(p-b)Q=mQ \tag{4-9}$$

式中：M 为边际贡献额；S 为销售额；V 为变动成本总额；p 为单位销售价格；b 为单位变动成本；m 为单位边际贡献；Q 为销售量。

3. 息税前利润与每股收益

息税前利润（earnings before interests and taxes，EBIT）是指企业支付利息和交纳所得税之前的利润，即

$$EBIT=S-V-a=(p-b)Q-a=mQ-a=M-a \tag{4-10}$$

公式中符号含义同前文。

每股收益（earnings per share，EPS）是指在一定时期企业为普通股股东创造的收益与发行在外的普通股股数的比值。每股收益的计算公式为

$$EPS=\frac{(EBIT-I)(1-T)-D}{N} \tag{4-11}$$

式中：I 为债务利息；T 为所得税税率；D 为优先股股利；N 为普通股股数。

4.2.2　经营杠杆

1. 经营杠杆的含义

销售量是影响息税前利润的重要因素之一，但二者之间并非呈正比例关系。研究表明，

在其他条件不变的情况下，如果销售量增长，则息税前利润的增长率大于销售量的增长率；反之，如果销售量下降，则息税前利润的降低率也大于销售量的降低率。也就是说，息税前利润的变化对销售量变化的反应是极为敏感的。这种敏感的程度取决于固定成本所占的比重，且固定成本所占比重越大，息税前利润对销售量变化的反应越大。

在某一固定成本比率下，销售量变动对息税前利润所产生的作用，称为经营杠杆（operating leverage）。如果其他因素保持不变，较强的经营杠杆作用意味着销售量较小的变动就可能引起息税前利润较大幅度的变化。

在企业一定的营业规模内，变动成本随着营业总额的增加而增加，固定成本则不因营业总额的增加而增加，而是保持固定不变。随着营业额的增加，单位营业额所负担的固定成本会相对减少，从而给企业带来额外的利润。由于企业增加销售量而增加的息税前利润就形成了企业的经营杠杆收益。反之，由于经营杠杆的作用，企业的销售量下降将引起息税前利润更大比例的下降，这就形成了企业的经营风险。下面举例说明企业的经营杠杆收益和经营风险。

由表 4-2 可知，在 C 公司固定成本保持不变的情况下，随着营业额的增长，息税前利润以更快的速度增长。与 2019 年相比，2020 年的营业额增长了 20%，同期息税前利润增长了 67.86%；与 2020 年相比，2021 年的营业额增长了 26.67%，同期息税前利润增长了 59.57%。由此可知，C 公司有效地利用了经营杠杆，导致息税前利润的增幅高于营业额的增幅。

表 4-2　C 公司经营杠杆收益测算表　　　　单位：万元

年份	营业额	营业额增长率	固定成本	变动成本	息税前利润	利润增长率
2019	2 500	—	500	1 440	560	—
2020	3 000	20%	500	1 560	940	67.86%
2021	3 800	26.67%	500	1 800	1 500	59.57%

由表 4-3 可知，在 D 公司固定成本保持不变的情况下，随着营业额的下降，息税前利润以更快的速度下降。与 2019 年相比，2020 年的营业额下降了 21.05%，同期息税前利润下降了 37.33%；与 2020 年相比，2021 年的营业额降低了 16.67%，同期息税前利润下降了 40.43%。由此可知，D 公司没有有效地利用经营杠杆，导致了经营风险，使得息税前利润的降幅高于营业额的降幅。

表 4-3　D 公司经营杠杆收益测算表　　　　单位：万元

年份	营业额	营业额降低率	固定成本	变动成本	息税前利润	利润降低率
2019	3 800	—	500	1 800	1 500	—
2020	3 000	21.05%	500	1 560	940	37.33%
2021	2 500	16.67%	500	1 440	560	40.43%

2. 经营杠杆的测算

对经营杠杆作用的计量是通过计算经营杠杆系数（degree of operating leverage，DOL）来表示的。经营杠杆系数表示息税前利润的变动率相对于销售量变动率的比率。其计算公式为

$$\text{DOL} = \frac{\Delta\text{EBIT}/\text{EBIT}}{\Delta Q/Q} \quad \text{或者} \quad \text{DOL} = \frac{\Delta\text{EBIT}/\text{EBIT}}{\Delta S/S} \qquad (4-12)$$

式中：ΔEBIT 表示息税前利润变动额；ΔQ 表示销售量变动额；ΔS 表示销售额变动额；其他符号含义同前文。

由于 $\text{EBIT} = Q(p-b) - a$，故 $\Delta\text{EBIT} = \Delta Q(p-b)$，从而有

$$\text{DOL} = \frac{\dfrac{\Delta Q(p-b)}{Q(p-b)-a}}{\dfrac{\Delta Q}{Q}} = \frac{Q(p-b)}{Q(p-b)-a} = \frac{M}{M-a} \qquad (4-13)$$

式中符号同前文。

可见，若 M 不变，则 a 越大，DOL 越大。只要 $a>0$，则 DOL>1。

【例 4-8】 E 公司产品销售量为 4 000 件，单位产品售价为 100 元，销售总额为 40 万元，固定成本总额为 8 万元，单位产品变动成本为 60 元，变动成本率为 60%，变动成本总额为 24 万元。则其经营杠杆系数为

$$\text{DOL} = \frac{4\,000\times(100-60)}{4\,000\times(100-60)-80\,000} = 2$$

当企业的销售增长 1 个单位时，息税前利润将增长 2 个单位，表现为企业的经营杠杆收益；当企业的销售下降 1 个单位，息税前利润将下降 2 个单位，表现为企业的经营风险。

3. 影响营业杠杆利益与风险的其他因素

由以上分析可知，企业的固定成本越大，经营杠杆系数就越大，企业的经营杠杆收益或经营风险也就越大。影响企业经营杠杆系数的因素除固定成本外，还有其他因素。

（1）产品销售量

【例 4-9】 承例 4-8，假定其他因素不变，产品销售量由 4 000 件变为 4 500 件，则经营杠杆系数为

$$\text{DOL} = \frac{4\,500\times(100-60)}{4\,500\times(100-60)-80\,000} = 1.8$$

此例说明，在其他因素不变的情况下，销售量（额）越大，企业的经营杠杆系数越小，表明企业的经营风险越小。

（2）单位产品售价

【例 4-10】 承例 4-8，假定其他因素不变，单位产品售价由 100 元变为 110 元，则经营杠杆系数为

$$DOL = \frac{4\,000\times(110-60)}{4\,000\times(110-60)-80\,000} = 1.67$$

此例说明，其他因素不变的情况下，单位产品售价越大，企业的经营杠杆系数越小，表明企业的经营风险越小。

（3）单位产品变动成本

【例4-11】承例4-8，假定其他因素不变，单位产品变动成本由60元变为70元，则经营杠杆系数为

$$DOL = \frac{4\,000\times(100-70)}{4\,000\times(100-70)-80\,000} = 3$$

此例说明，其他因素不变的情况下，单位产品变动成本越大，企业的经营杠杆系数越大，表明企业的经营风险越大。

（4）固定成本总额

【例4-12】承例4-8，假定其他因素不变，固定成本总额由8万元变为9万元，则经营杠杆系数为

$$DOL = \frac{4\,000\times(100-60)}{4\,000\times(100-60)-90\,000} = 2.29$$

此例说明，其他因素不变的情况下，固定成本总额越大，企业的经营杠杆系数越大，表明企业的经营风险越大。

由以上分析可知，当企业产品销售量、单位产品售价、单位变动成本和固定成本总额发生变动时，都会引起经营杠杆系数的变动，从而产生不同程度的经营杠杆收益或经营杠杆风险。经营杠杆系数影响着息税前利润，也就影响着企业的筹资能力和资本结构。因此，经营杠杆系数是资本结构决策的一个重要因素。

4.2.3 财务杠杆

1. 财务杠杆的含义

在资本结构一定的条件下，企业从息税前利润中支付的债务利息等资本成本是相对固定的。当息税前利润增长时，每一元利润所负担的固定债务成本就会减少，从而使普通股的每股收益以更快的速度增长；当息税前利润减少时，每一元利润所负担的固定成本就会相应增加，从而使普通股的每股收益以更快的速度下降。这种由于固定的债务资本成本而引起的普通股每股收益的变动幅度大于息税前利润的变动幅度的现象称为财务杠杆。企业利用债务筹资产生了固定的利息支出，由于财务杠杆的存在，给企业带来的额外收益被称为财务杠杆收益。企业利用债务筹资而给企业带来的收益下降甚至破产的可能性，被称为财务风险或筹资风险。

下面举例说明企业的财务杠杆收益和财务风险。

　　由表 4-4 可知，在企业资本成本一定、债务利息保持不变的情况下，随着息税前利润的增长，税后利润以更快的速度增长。2020 年同 2019 年相比，E 公司息税前利润增加了 20%，同期税后利润增加了 27.27%；2021 年同 2020 年相比，E 公司息税前利润增加了 26.67%，同期税后利润增加了 34.29%。这样 E 公司有效地利用了财务杠杆，获得了财务杠杆收益，使得税后利润增长率高于息税前利润的增长率。

表 4-4　E 公司财务杠杆收益测算表

单位：万元

年份	息税前利润	息税前利润增长率	债务成本	所得税（25%）	税后利润	利润增长率
2019	2 500	—	500	625	1 375	—
2020	3 000	20%	500	750	1 750	27.27%
2021	3 800	26.67%	500	950	2 350	34.29%

　　由表 4-5 可知，在 F 公司资本成本一定、债务利息保持不变的情况下，随着息税前利润的下降，税后利润以更快的速度下降。2020 年同 2019 年相比，F 公司息税前利润下降了 21.05%，同期税后利润下降了 25.53%；2021 年同 2020 年相比，F 公司息税前利润下降了 16.67%，同期税后利润下降了 21.43%。由此可知，F 公司没有有效地利用财务杠杆，导致了财务风险，使得税后利润的降低幅度高于息税前利润的降低幅度。

表 4-5　F 公司财务杠杆收益测算表

单位：万元

年份	息税前利润	息税前利润降低率	债务成本	所得税（25%）	税后利润	利润降低率
2019	3 800	—	500	950	2 350	—
2020	3 000	21.05%	500	750	1 750	25.53%
2021	2 500	16.67%	500	625	1 375	21.43%

2. 财务杠杆系数的测算

　　企业只要存在固定借款利息或优先股股利，就存在财务杠杆作用。财务杠杆系数（degree of financial leverage，DFL）反映了财务杠杆的作用程度，可以表述为普通股每股收益变动率与息税前利润变动率的比率。其计算公式为

$$DFL = \frac{\Delta EPS / EPS}{\Delta EBIT / EBIT} \qquad (4-14)$$

　　由于 $EPS = \dfrac{(EBIT - I)(1 - T)}{N}$，则 $\Delta EPS = \dfrac{\Delta EBIT(1 - T)}{N}$，从而可导出

$$DFL = \frac{\dfrac{\Delta EBIT(1 - T)}{N}}{\dfrac{(EBIT - I)(1 - T)}{N}} \cdot \frac{EBIT}{\Delta EBIT} = \frac{EBIT}{EBIT - I} \qquad (4-15)$$

式中符号含义同前文。

　　可见，若 EBIT 保持不变，则 I 越大，DFL 越大。只要 I 大于 0，则 DFL 就大于 1。

【例 4-13】 G 公司的全部资本为 8 000 万元，债务资本的比例为 0.25，负债年利率为 10%，公司所得税税率为 25%，息税前利润为 1 000 万元。则其财务杠杆系数计算如下：

$$DFL = \frac{1\,000}{1\,000 - 8\,000 \times 0.25 \times 10\%} = 1.25$$

当息税前利润增加 1 个单位时，普通股每股收益增加 1.25 个单位，表现为财务杠杆收益；当息税前利润下降 1 个单位时，普通股每股收益下降 1.25 个单位，表现为财务风险。

3. 影响财务杠杆收益与风险的因素

影响企业财务杠杆收益与风险的因素除企业固定债务成本和优先股股利外，还有其他许多因素。

（1）资本规模的变动

【例 4-14】 承例 4-13，假设 G 公司的全部资本成本由 8 000 万元变为 10 000 万元，其他因素保持不变，则其财务杠杆系数为

$$DFL = \frac{1\,000}{1\,000 - 10\,000 \times 0.25 \times 10\%} = 1.33$$

此例说明，在其他因素不变的情况下，企业资本规模越大，财务杠杆系数越大，表明企业的财务杠杆收益越大。

（2）资本结构的变动

【例 4-15】 承例 4-13，假设 G 公司的债务资本的比例由 0.25 变为 0.5，其他因素保持不变，则其财务杠杆系数为

$$DFL = \frac{1\,000}{1\,000 - 8\,000 \times 0.5 \times 10\%} = 1.67$$

此例说明，在其他因素不变的情况下，企业债务资本的比例越高，财务杠杆系数越大，表明企业的财务风险越大。

（3）债务利率的变动

【例 4-16】 承例 4-13，假设企业的负债年利率由 10% 变为 15%，其他因素保持不变，则其财务杠杆系数为

$$DFL = \frac{1\,000}{1\,000 - 8\,000 \times 0.25 \times 15\%} = 1.43$$

此例说明，在其他因素不变的情况下，企业债务年利率越高，财务杠杆系数越大，表明

企业的财务风险越大。

（4）息税前利润的变动

【例 4-17】承例 4-13，假设企业的息税前利润由 1 000 万元变为 1 500 万元，其他因素保持不变，则其财务杠杆系数为

$$DFL = \frac{1\ 500}{1\ 500 - 8\ 000 \times 0.25 \times 10\%} = 1.15$$

此例说明，在其他因素不变的情况下，企业息税前利润越高，财务杠杆系数越小，表明企业的财务风险越小。

由以上分析可知，当企业资本规模、资本结构、债务利率、息税前利润发生变动时，都会引起财务杠杆系数的变动，从而产生不同程度的财务杠杆收益或财务风险。因此，财务杠杆系数是资本结构决策的一个重要因素。

4.2.4　复合杠杆

复合杠杆（combined leverage），也称总杠杆或联合杠杆，是经营杠杆与财务杠杆的综合。在经营杠杆和财务杠杆的作用下，企业销售量的较小变动会导致每股收益发生较大的变动。

复合杠杆系数（degree of combined leverage，DCL）是指每股收益变动率与销售量变动率的比率，即

$$DCL = DOL \cdot DFL = \frac{\Delta EPS / EPS}{\Delta Q / Q} \qquad (4-16)$$

【例 4-18】H 公司的经营杠杆系数为 2，财务杠杆系数为 1.25，则该公司的复合杠杆系数为

$$DCL = 2 \times 1.25 = 2.5$$

H 公司 DCL=2.5 的含义是：当公司的销售量（额）增加 1 个单位时，普通股每股收益会增加 2.5 个单位，表现为公司的复合杠杆收益；反之，当公司的销售量（额）下降 1 个单位时，普通股每股收益会下降 2.5 个单位，表现为公司的复合杠杆风险。

在实际工作中，经营杠杆和财务杠杆可以按多种方式联合以得到一个理想的复合杠杆系数和企业总风险水平。在复合杠杆系数一定的情况下，经营杠杆系数与财务杠杆系数此消彼长。复合杠杆系数效应的意义在于：第一，能够说明产销业务量对普通股每股收益的影响，据以预测未来的每股收益水平；第二，揭示了财务管理的风险管理策略，即要保持一定的风险状况水平，需要维持一定的复合杠杆系数，经营杠杆和财务杠杆可以有不同的组合。合适的企业总风险水平需要在企业总风险和期望报酬率之间权衡，这一权衡过程必须与企业价值最大化的财务管理目标相一致。

思考与练习

1. 东北公司发行面值为 2 000 元、票面年利率为 10%、期限为 10 年、每年年末付息的债券。在公司决定发行债券时，认为 10% 的年利率是合理的。如果到债券正式发行时，市场上的年利率发生变化，那么就要调整债券的发行价格。试按以下 3 种情况分别计算债券的发行价格。

（1）资金市场上的年利率保持不变，东北公司的债券年利率为 10%。

（2）资金市场上的年利率有较大幅度的上升，达到 15%。

（3）资金市场上的年利率有较大幅度的下降，达到 5%。

2. 某公司需筹集 100 万元长期资金，可以使用以下 3 种方式：长期借款，年利率为 8%；发行债券，年利率为 10%；发行普通股，必要报酬率为 12%。现提出 3 个融资方案（见表 4-6），试选择最优融资方案。

表 4-6　3 个融资方案

方案	贷款	债券	普通股
Ⅰ	40%	40%	20%
Ⅱ	30%	40%	30%
Ⅲ	20%	30%	50%

3. 某公司现有的资本结构为 100% 的普通股，账面价值为 1 000 万元，息税前利润为 400 万元。假设无风险报酬率为 6%，市场证券组合的平均报酬率为 10%，所得税税率为 40%，该公司准备通过发行债券调整其资本结构。不同负债水平下的债务成本率及 β 系数如表 4-7 所示。求综合资本成本率及最优资本结构。

表 4-7　公司资本成本计算条件表

债务市场价值/万元	债务成本率/%	β 系数
0	0	1.5
200	8	1.6
800	10	2.1
1 000	12	2.3
1 200	15	2.5

第 5 章 固定资产投资

5.1 投 资 概 述

5.1.1 投资的作用

投资是经济主体为获得预期经济利益而预先支出一定量的资金从事某项事业的经济行为，也是经济主体实际资本形成的经济运行过程。投资是企业财务活动的重要环节，投资决策是财务决策的重要组成部分，企业通过投资活动选择所需的生产要素，并将其有效整合，创造出更高的价值。因此，可以说投资是企业价值的源泉，其作用表现为以下几个方面。

1. 投资是企业生存和发展的直接动力

维系简单再生产是一个企业生存的基本前提，而投资为企业的生存提供了物质保证：使企业设备得以更新，产品与工艺得以改进；职工的文化科学水平、管理水平得以提高。同时，投资也是企业发展的必要前提，企业为了增强在市场上的竞争能力，必须扩大生产经营规模，没有投资的增加，企业则无从扩张。因此，投资直接推动了企业的成长与发展。

2. 投资是降低企业风险的重要方法

企业把资金投向生产经营中的关键、薄弱环节，可以使企业的各种生产经营能力配套、平衡，从而提高企业的综合能力。企业若将资金投入主业以外的行业或产品，则可以调整企业的产品结构，增强企业销售和盈余的稳定性，降低企业生产经营的风险。

3. 投资是企业获取利润的基本前提

企业财务管理的目标是不断提高企业价值，使其价值最大化。为此，企业必须采取各种措施增加利润，降低风险，而这一切必须依赖一定数量的资金。企业通过投资形成各种资产，并有效地组织生产经营，实现利润。

4. 企业投资对宏观经济的发展产生影响

企业投资规模的大小，在一定条件下会影响总需求与总供给的平衡关系，同时也影响社会现行的生产与消费。企业投资方向的选择，在一定条件下会导致宏观经济部门结构变化、地区结构变化。企业投资形成的生产能力效应与投资效益直接影响甚至决定宏观经济的增长与发展速度。由此可见，企业投资不仅仅是微观经济行为，同时也直接或间接地影响了宏观经济。

5.1.2 投资的种类

为了进一步了解各种投资的特点，加强投资管理，提高投资效益，并分清投资的性质，必须对投资进行科学分类。

1. 按性质不同，投资可分为生产性资产投资和金融性资产投资

生产性资产投资是指把资源投放于生产经营性资产，以获取利润的投资，也称为直接投资或项目投资，如购置设备、兴建工厂、开办商店等。

金融性资产投资是指将资金投放于有价证券等金融性资产，以获取股利或利息等收入的投资，又称间接投资或证券投资。它包括企业对政府债券（国库券、建设债券）、企业债券、股票、金融债券及票据等方面的投资。

2. 按期限不同，投资可分为短期投资和长期投资

短期投资是指投资期限在 1 年以内的投资，主要包括应收账款、存货、短期有价证券等的投资。短期投资又称流动资产投资或营运资金投资。短期投资是企业为保证日常生产经营活动的正常运行而进行的投资，具有时间短、变现力强、波动性大等特点。

长期投资是指投资期限在 1 年以上的投资，主要包括企业对厂房、设备等固定资产的投资，也包括企业对长期有价证券（长期持有的股票、债券等）和无形资产的投资。长期投资又称资本性投资。长期有价证券投资在必要时可以出售变现，真正较难改变的是生产经营性的固定资产投资，因此通常意义上又把长期投资专指固定资产投资。

长期投资对企业的长远发展和长期盈利能力起着至关重要的作用。长期投资金额大、回收期长，并且较难变现，一旦决策失误将给企业带来巨大的损失，甚至导致企业破产。因此，长期投资决策是企业财务决策的核心，制定科学合理的长期投资决策程序与决策方法是保证长期投资决策成功的关键。

3. 按范围不同，投资可分为对内投资和对外投资

对内投资是指企业为了保证生产经营活动的正常进行和企业发展壮大而进行的内部投资活动，包括直接形成或为提高企业生产经营能力而进行的固定资产投资和流动资产投资，属于直接投资范畴。对内投资又可分为维持性投资和扩张性投资两大类。前者是为了保证企业已有的生产经营活动得以进行所做的投资，如设备的维修、更新改造等。这类投资一般不扩大企业现有的生产经营规模，也不改变企业目前的经营方向。后者是企业为了未来的生存与发展而进行的投资，如增加固定资产、新产品的试制与开发等。这类投资或扩大了生产经营规模，或改变了企业的生产经营方向，对企业的前途有较重大的影响。这类投资一般数额大、风险高，并将在较长时期内对企业产生影响。

对外投资是指企业将其资产投放于企业外部的投资活动。企业既可以以现金、实物、无形资产等形式对其他企业进行直接投资，也可以以购买股票、债券等有价证券方式向其他单位进行间接投资。在直接对外投资中，企业根据出资比例或合同规定，在接受投资的单位中享有相应的权利并承担相应的义务。在间接对外投资中，企业通过有价证券等投资获得收益，并承担证券波动带来的风险。

4. 按对未来影响的程度不同，投资可分为战术性投资和战略性投资

战术性投资是指不影响企业全局和发展方向的投资，是为实现某一特定目的，不会影响整个经营活动的投资。这类投资往往只涉及一些局部问题，如更新设备、改善工作环境、降低产品成本、提高劳动生产率等。因此，这类投资通常金额小、风险较低、见效较快、投资过程短，而且发生的频率较高，一般由企业中层管理人员分析提出，经高层管理人员批准后即可实施。

战略性投资是指对企业全局及未来有重大影响的投资，如新产品的开发、增设分支机构、转产投资等。这类投资数额大、投资过程长、投资风险大，一般由企业高层管理人员提出，经企业最高层权力机构（如董事会或股东大会）批准后，方可实施。

5. 按风险程度不同，投资可分为确定性投资和风险性投资

确定性投资是指投资风险小、对未来收益可以进行准确预测的投资，如企业的设备更新改造等。企业进行这类投资决策时，因风险小而暂时不考虑风险对投资项目的影响。

风险性投资是指投资风险大、未来收益难以准确预测的投资，如开发新产品等。一般来讲，企业的战略性投资大多为风险性投资，因此这类投资一定要充分估计风险对投资项目的影响，采用科学的分析方法做出正确的投资决策。

5.2　投资现金流量

现金流量是进行投资决策分析的基础，估算投资项目的现金流量和估计预期现金流量的风险是项目投资决策的关键问题。

5.2.1　投资项目现金流量构成

在投资决策中，资金无论是投向公司内部形成各种资产，还是投向公司外部形成联营投资，都需要用特定指标对投资的可行性进行分析，这些指标的计算都是以投资项目的现金流量为基础的。因此，现金流量是评价投资方案是否可行时必须事先计算的一个基础性数据。

按照现金流动的方向，可以将投资活动的现金流量分为现金流入量、现金流出量和净现金流量。一个方案的现金流入量是指该方案引起的企业现金收入的增加额；现金流出量是指该方案引起的企业现金收入的减少额；净现金流量是指一定时间内现金流入量与现金流出量的差额。现金流入量大于现金流出量，净现金流量为正值；反之，净现金流量为负值。

按照现金流量的发生时间，投资活动的现金流量又可分为初始现金流量、营业现金流量和终结现金流量。因为使用这种分类方法计算现金流量比较方便，所以下面将详细分析这 3 种现金流量包括的主要内容。

1. 初始现金流量

初始现金流量一般包括以下几个部分。

① 投资前费用。投资前费用是指在正式投资之前为做好各项准备工作而花费的费用，主要包括勘察设计费、技术资料费和其他费用。投资前费用的总额要在综合考虑以上费用的基础上，合理地进行预测。

② 设备购置费用。设备购置费用是指为购买投资项目所需各项设备而花费的费用。企业财务人员要根据所需设备的数量、规格、型号、性能、价格、运输费用等预测设备购置费的多少。

③ 设备安装费用。设备安装费用是指为安装各种设备所需的费用。这部分费用主要根据安装设备的多少、安装的难度、安装的工作量、当地安装的收费标准等因素进行预测。

④ 建筑工程费。建筑工程费是指进行土建工程所花费的费用。这部分费用要根据建筑类型、建筑面积的大小、建筑质量的要求、当地的建筑造价标准进行预测。

⑤ 营运资本的垫支。投资项目建成后，必须垫支一定的营运资本才能投入运营。这部分垫支的营运资本一般要到项目寿命终结时才能收回。所以，这种投资应看作长期投资，而不属于短期投资。

⑥ 原有固定资产的变价收入扣除相关税金后的净收益。变价收入主要是指固定资产更新时变卖原有固定资产所得的现金收入。

⑦ 不可预见费。不可预见费是指在投资项目正式建设之前不能完全估计到的，但又很可能发生的一系列费用，如设备价格的上涨、出现自然灾害等。这些因素也要合理预测，以便为现金流量预测留有余地。

2. 营业现金流量

营业现金流量一般以年为单位计算。这里，现金流入一般是指营业现金收入，现金流出是指营业现金支出和交纳的税金。如果一个投资项目的每年销售收入等于营业现金收入，付现成本（指不包括折旧的成本）等于营业现金支出，那么年营业净现金流量（NCF）可用下列公式计算：

$$年营业净现金流量（NCF）=年营业收入-年付现成本-所得税$$
$$=税后净利+折旧$$

3. 终结现金流量

终结现金流量主要包括：固定资产的残值收入或变价收入（指扣除了所需交纳的税金等支出后的净收入）；原有垫支在各种流动资产上的资金的收回；停止使用的土地的变价收入等。

下面用一个例子说明投资项目现金流量的计算过程。

【例5-1】甲公司准备购入一台设备以扩大生产能力，现有A、B两个方案供选择。A方案需要投资100 000元，一年后建成投产，使用寿命为5年，采用直线法计提折旧，5年后设备无残值。5年经营期每年的销售收入为65 000元，每年的付现成本为30 000元。

B方案需投资150 000元，一年后建成投产时需另外增加流动资金12 000元，使用寿命为5年，采用直线法计提折旧，5年后有残值2 000元。5年中每年的销售收入为80 000元，经营期第1年付现成本为32 000元，以后每年增加维修费用1 000元。假设企业所得税税率为40%，试计算A、B两个方案的现金流量。

解 为计算每年的现金流量，先计算两个方案每年的折旧额：

$$A方案每年的折旧额=100 000/5=20 000（元）$$
$$B方案每年的折旧额=（150 000-2 000）/5=29 600（元）$$

下面先计算两个方案的营业现金流量（见表5-1），然后再结合初始现金流量和终结现金流量编制两个方案的全部现金流量（见表5-2）。

表5-1 投资方案的营业现金流量　　　　　　　　单位：元

	第2年	第3年	第4年	第5年	第6年
A方案：					
销售收入	65 000	65 000	65 000	65 000	65 000
付现成本	30 000	30 000	30 000	30 000	30 000
折旧	20 000	20 000	20 000	20 000	20 000

续表

	第2年	第3年	第4年	第5年	第6年
税前利润	15 000	15 000	15 000	15 000	15 000
所得税	6 000	6 000	6 000	6 000	6 000
税后利润	9 000	9 000	9 000	9 000	9 000
营业现金流量	29 000	29 000	29 000	29 000	29 000
B方案					
销售收入	80 000	80 000	80 000	80 000	80 000
付现成本	32 000	33 000	34 000	35 000	36 000
折旧	29 600	29 600	29 600	29 600	29 600
税前利润	18 400	17 400	16 400	15 400	14 400
所得税	7 360	6 960	6 560	6 160	5 760
税后利润	11 040	10 440	9 840	9 240	8 640
营业现金流量	40 640	40 040	39 440	38 840	38 240

表5-2 投资方案的现金流量   单位：元

	CF_0	CF_1	CF_2	CF_3	CF_4	CF_5	CF_6
A方案：							
固定资产投资	（100 000）						
营业现金流量			29 000	29 000	29 000	29 000	29 000
A方案现金流量合计	（100 000）	0	29 000	29 000	29 000	29 000	29 000
B方案：							
固定资产投资	（150 000）						
流动资产投资		（12 000）					
营业现金流量			40 640	40 040	39 440	38 840	38 240
固定资产残值							2 000
流动资金回收							12 000
B方案现金流量合计	（150 000）	（12 000）	40 640	40 040	39 400	38 840	52 240

5.2.2 投资决策中使用现金流量的原因

传统的财务会计按照权责发生制的原则计算企业的收入和成本，并以收入减去成本后的余额作为收益来评价企业的经济效益。而在投资决策中以现金流入作为项目的收入，以现金流出作为项目的支出，以净现金流量作为项目的净收益，并在此基础上评价投资项目的经济效益。投资决策之所以要以按现金收付实现制计算的现金流量作为评价项目经济效益的基础，主要有以下 4 个方面的原因。

① 利润是按照权责发生制确定的,而现金流量是根据收付实现制确定的。在投资项目的整个使用期内,利润总额与净现金流量总额是相等的,因此净现金流量可以取代利润作为评价净收益的指标。

② 考虑时间价值因素。科学的投资决策必须考虑资金的时间价值,现金流量的确定为不同时点的价值相加及折现提供了前提。

③ 使用现金流量才能使投资决策更符合客观实际情况,原因如下。

利润在各期间的分布受固定资产折旧及其他资产摊销方法等人为因素的影响,而现金流量的分布不受这些人为因素的影响,可以保证评价的客观性。利润的计算没有一个统一的标准,在一定程度上要受存货估价、费用摊配和折旧计提等不同方法的影响。例如,购置固定资产付出大量现金时不直接一次性计入成本;将固定资产的价值以折旧或损耗的形式逐期计入成本时,并不需要付出现金;项目寿命终了时,以现金形式回收的固定资产残值和垫支的流动资产在计算利润时也得不到反映。

利润反映的是某一会计期间"应计"的现金流量,而不是实际的现金流量。例如,只要销售行为已经确定,就计算为当期的销售收入,尽管其中有一部分并未于当期收到现金。若以未实际收到现金的收入作为收益,具有较大风险,容易高估投资项目的经济效益,存在不科学、不合理的成分。

④ 在投资分析中,现金流动状况比盈亏状况更重要。一个项目能否维持下去,并不取决于一定期间是否盈利,而取决于有没有现金用于各种支付。因此,在投资决策分析中更要重视现金流量的分析。

5.3 投资决策指标

投资项目的评价指标按其是否考虑货币时间价值因素,可分为非贴现指标和贴现指标。非贴现指标,即没有考虑货币时间价值因素的指标,主要包括平均收益率、回收期等;贴现指标,即考虑了货币时间价值因素的指标,主要包括净现值、现值指数、内含报酬率等。根据评价指标的类别,投资项目评价分析的方法可分为非贴现方法和贴现方法。

5.3.1 非贴现方法

1. 平均收益率法

平均收益率法是指通过测算各投资方案的年平均投资收益率,来评价投资方案可行性的方法,又称为会计收益率法。平均收益率的计算公式为

$$平均收益率 = \frac{年平均净收益}{原始投资额}$$

【例 5-2】某企业的一个投资项目有 A、B、C 三个方案可供选择,相关资料见表 5-3。

表5-3　投资项目三个方案的相关资料　　　　　　　　　　　　单位：元

期间	A方案		B方案		C方案	
	净利润	净现金流量	净利润	净现金流量	净利润	净现金流量
0		（15 000）		（15 000）		（15 000）
1	750	3 750	2 500	7 500	3 750	6 750
2	1 500	4 500	2 500	7 500	3 000	6 000
3	2 250	5 250	2 500	7 500	2 250	5 250
4	3 000	6 000			1 500	4 500
5	3 750	6 750			750	3 750
合计	11 250	11 250	7 500	7 500	11 250	11 250

根据表中提供的资料，三个投资方案的年平均收益率计算如下。

$$A\text{方案的平均收益率} = \frac{(750+1\,500+2\,250+3\,000+3\,750)/5}{15\,000} = 15\%$$

$$B\text{方案的平均收益率} = \frac{(2\,500+2\,500+2\,500)/3}{15\,000} = 16.67\%$$

$$C\text{方案的平均收益率} = \frac{(3\,750+3\,000+2\,250+1\,500+750)/5}{15\,000} = 15\%$$

由计算结果可以看出，B方案具有较高的年平均收益率，A方案与C方案的年平均收益率相同。从平均收益率角度来看，B方案最佳。

平均收益率法具有计算简单、容易为决策者理解的优点，其主要缺点是没有考虑货币时间价值。比如，A方案和C方案具有相同的平均收益率，但两者的净利润分布不同。A方案的净利润表现为递增数列，C方案的净利润表现为递减数列，即前者第1年的净利润只占第5年的1/5，以后每年递增750元，后者第1年的净利润是第5年的5倍，以后每年递减750元。由此看出，C方案比A方案有更好的效果，但这种差别无法通过平均收益率法反映出来。

2. 投资回收期法

投资回收期法是指通过测算各投资方案收回全部投资所需的时间，来评价投资方案可行性的一种方法。各投资方案的投资回收期确定以后，进行决策的标准是：投资回收期最短的方案为最佳方案。因为回收期越短，投资项目的变现能力就越强，风险就越小。

投资回收期法下的相关计算公式为

$$投资总额 = \sum_{t=1}^{n} 净现金流量$$

式中：n表示投资回收期；t表示年份。使上述等式成立的n，即为投资回收期。

为便于计算投资回收期，可根据表5-3提供的资料，分别计算三个方案的"累计净现金流入量"，见表5-4。

从表中提供的数据可以看出，A方案原投资额15 000元的投资回收期介于第3期和第4

期之间，投资回收期计算为

$$A\text{ 方案的投资回收期}=3+\frac{15\,000-13\,500}{19\,500-13\,500}=3.25\text{（年）}$$

表 5-4　投资方案累计净现金流入量

单位：元

期间	A 方案	B 方案	C 方案
0			
1	3 750	7 500	6 750
2	8 250	15 000	12 750
3	13 500	22 500	18 000
4	19 500		22 500
5	26 250		26 250

同理，B、C 方案的投资回收期可分别计算为

$$B\text{ 方案的投资回收期}=2+0=2\text{（年）}$$

$$C\text{ 方案的投资回收期}=2+\frac{15\,000-12\,750}{18\,000-12\,750}=2.43\text{（年）}$$

从以上计算可以看出，当投产后每年净现金流量相等时，投资回收期可直接采用以下公式计算：

$$\text{投资回收期}=\frac{\text{投资总额}}{\text{每年的净现金流量}}$$

据此公式，B 方案投资回收期可计算为：

$$B\text{ 方案的投资回收期}=\frac{15\,000}{7\,500}=2\text{（年）}$$

由计算结果可知，B 方案的投资回收期最短，其次是 C 方案，再次是 A 方案，因此若以投资回收期作为评价标准，则 B 方案为最佳方案。

投资回收期法的主要缺点有两个：一是没有考虑货币时间价值，这一点与平均收益率法相同；二是只考虑了净现金流量中小于和等于原始投资额的部分，没有考虑大于原始投资额的部分，实际上忽略了回收期后的现金流量，从而导致注重短期行为、忽视长期效益。事实上，具有战略意义的长期投资往往前期收益低，中后期收益较高。比如 C 方案和 B 方案的投资回收期接近，但累计净现金流量却比 B 方案多 3 750 元。如果只考虑投资回收期，就据以判断 B 方案优于 C 方案，显然过于简单化了。

为了弥补投资回收期法未考虑货币时间价值的缺陷，有些企业引入了贴现投资回收期法。该方法是将未来各期现金流量予以贴现，然后再计算投资回收期。尽管它克服了投资回收期法的第一个缺点，但第二个缺点仍然存在。

5.3.2 贴现方法

1. 净现值法

净现值（net present value，NPV）法是指以净现值作为投资决策分析指标的一种评价方法。所谓净现值，是指在投资项目的整个寿命期间，按设定的贴现率计算的各年现金流量的现值之和与原始投资额的差。其计算公式为

$$NPV = \sum_{t=1}^{n} \frac{C_t}{(1+i)^t} - C_0 \tag{5-1}$$

式中：C_0 表示原始投资额；C_t 表示第 t 年的现金流量；i 表示贴现率；n 表示投资项目的寿命周期。

净现值法的决策标准是：如果投资项目的净现值大于零，接受该项目；如果投资项目的净现值小于零，放弃该项目；如果有多个互斥的投资项目相互竞争，选择净现值最大的投资项目。

根据例 5-2 提供的资料，如果企业要求的贴现率为 10%，则三个方案的净现值可分别计算如下。

$$NPV_A = \frac{3\,750}{(1+0.1)} + \frac{4\,500}{(1+0.1)^2} + \frac{5\,250}{(1+0.1)^3} + \frac{6\,000}{(1+0.1)^4} + \frac{6\,750}{(1+0.1)^5} - 15\,000 = 4\,361.33（元）$$

B 方案每年的现金流量相等，可按年金现值计算：

$$NPV_B = 7\,500 \times (P/F,10\%,3) - 15\,000 = 3\,651.75（元）$$

$$NPV_C = \frac{6\,750}{(1+0.1)} + \frac{6\,000}{(1+0.1)^2} + \frac{5\,250}{(1+0.1)^3} + \frac{4\,500}{(1+0.1)^4} + \frac{3\,750}{(1+0.1)^5} - 15\,000 = 5\,441.03（元）$$

三个方案的净现值均大于零，表明这三个方案的报酬率都高于 10%，都可以接受。如果三者之间只能选择一个，则应选择净现值最大的 C 方案。

净现值法的优点是：考虑了货币时间价值，能够反映投资方案的净收益额；考虑了风险，因为贴现率由企业根据一定风险确定期望收益率或资本成本率确定。

净现值法的缺点是：贴现率的确定比较困难；净现值法说明了未来的盈亏数，但并不能揭示各个投资方案本身可能达到的实际收益率。这样，容易出现决策趋向于投资大、收益大的方案，而忽视了收益总额虽小，但投资效益更好的方案。

2. 现值指数法

现值指数（profitability index，PI）法是指以现值指数作为投资决策的评价指标来判断投资方案优劣的方法。现值指数又称获利能力指数，是指投资项目未来各期现金流量的现值之和与原始投资额的比值，反映了每 1 元原始投资所获得的未来现金流量的现值，比值越高，说明投资效率越高。其计算公式为

$$PI = \frac{\sum_{t=1}^{n} \frac{C_t}{(1+i)^t}}{C_0} \tag{5-2}$$

式中符号含义同前文。

现值指数法的决策标准是：如果投资项目的现值指数大于1，表明该方案的投资效益高于基准收益率，接受该项目；如果投资项目的现值指数小于1，放弃该项目；如果有多个互斥项目并存，选择现值指数最大的项目。

上例中三个方案的现值指数分别为

$$PI_A = \frac{19\,361.33}{15\,000} = 1.29$$

$$PI_B = \frac{18\,651.75}{15\,000} = 1.24$$

$$PI_C = \frac{20\,441.03}{15\,000} = 1.36$$

由计算结果可以看出，C方案的现值指数最大，其次是A方案，再次是B方案。由于这三个方案的原始投资额相同，因而其排序同净现值法是一致的。

由于现值指数反映了单位投资的未来收益状况，从而使原始投资额不同的方案具有了共同的可比基础，所以现值指数法可用于原始投资额不等的方案之间的比较。现值指数法与净现值法一样，只能基于预先给定的基准收益率来对项目的可行与否做出判断，两者虽然考虑了货币时间价值，可以说明投资方案高于或低于某一特定的投资收益率，但是两者均不能揭示方案本身可以达到的收益率是多少。因此，对于具体方案的评价，还要进一步测算投资项目本身实际的投资收益率，即内含报酬率。

3. 内含报酬率法

内含报酬率（internal rate of return，IRR）法是以内含报酬率为评价指标的决策方法。内含报酬率是指投资收益现值与其原始投资额相等时的收益率，即净现值为零时的贴现率，如图5-1所示。

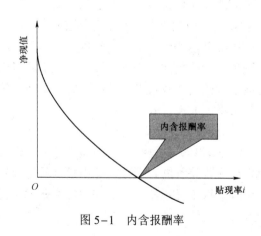

图5-1 内含报酬率

内含报酬率法的计算公式为

$$\sum_{t=1}^{n} \frac{C_t}{(1+\mathrm{IRR})^t} - C_0 = 0 \tag{5-3}$$

当投资项目各期现金流量相等时，式（5-3）可改写为

$$C(P/A,\mathrm{IRR},n) - C_0 = 0$$

解出年金现值系数为

$$(P/A,\mathrm{IRR},n) = \frac{C_0}{C}$$

例 5-2 中，B 方案的内含报酬率据此公式计算为

$$(P/A,\mathrm{IRR},n) = \frac{C_0}{C}$$

查年金现值系数表，当 $n=3$、利率为 23% 时，年金现值系数为 2.011 4；而当利率为 24% 时，年金现值系数为 1.981 3，说明 B 方案的内含报酬率介于 23% 与 24% 之间，可用内插法求出近似的内含报酬率。

$$\left.\begin{array}{c} 23\% \\ X \\ 24\% \end{array}\right\} \quad \left.\begin{array}{c} 2.0114 \\ 2 \\ 1.9813 \end{array}\right\}$$

$$\frac{23\% - X}{23\% - 24\%} = \frac{2.0114 - 2}{2.0114 - 1.9813}$$

$$X = 23.38\%$$

如果投资项目各期现金流量不相等，则需要先采用试错法找出接近零的正、负两个净现值，然后再用内插法求出相应的内含报酬率。

以例 5-2 中的 A 方案为例。已知 A 方案的净现值为正数，说明其投资收益率大于 10%，因此应提高贴现率进一步测试。假设以 18% 为贴现率进行测试，其结果净现值为正数 654 元，说明贴现率仍然偏低。下一步将贴现率提高到 20% 进行再次测试，结果净现值为负数 108 元。测试过程见表 5-5。

表 5-5 A 方案内含报酬率测试 单位：元

年份	净现金流量	贴现率=18%		贴现率=20%	
		贴现系数	现值	贴现系数	现值
0	（15 000）				
1	3 750	0.848	3 180	0.833	3 123.75

年份	净现金流量	贴现率＝18%		贴现率＝20%	
		贴现系数	现值	贴现系数	现值
2	4 500	0.718	3 231	0.694	3 123
3	5 250	0.609	3 197.25	0.579	3 039.75
4	6 000	0.516	3 096	0.482	2 892
5	6 750	0.437	2 949.75	0.402	2 713.5
净现值			654		（108）

为了使结果较精确，可以使用内插法计算。

$$\left.\begin{matrix}18\% \\ X \\ 20\%\end{matrix}\right\} \qquad \left.\begin{matrix}654 \\ 0 \\ -108\end{matrix}\right\}$$

$$\frac{18\%-X}{18\%-20\%}=\frac{654-0}{654-(-108)}$$

$$X=19.7\%$$

C 方案可以参照 A 方案的测试过程进行内含报酬率的求解，其测试过程见表 5-6。

表 5-6　C 方案内含报酬率测试　　　　　　　　　　　单位：元

年份	净现金流量	贴现率＝24%		贴现率＝28%	
		贴现系数	现值	贴现系数	现值
0	（15 000）				
1	6 750	0.807	5 447.25	0.781	5 271.75
2	6 000	0.650	3 900	0.610	3 660
3	5 250	0.525	2 756.25	0.477	2 504.25
4	4 500	0.423	1 903.5	0.373	1 678.5
5	3 750	0.341	1 278.75	0.291	1 091.25
净现值			285.75		（794.25）

$$\left.\begin{matrix}24\% \\ X \\ 28\%\end{matrix}\right\} \qquad \left.\begin{matrix}285.75 \\ 0 \\ -794.25\end{matrix}\right\}$$

$$\frac{24\%-X}{24\%-28\%}=\frac{285.75-0}{285.75-(-794.25)}$$

$$X=25.06\%$$

　　经过计算，3 个方案中内含报酬率最高的为 C 方案，其次为 B 方案，再次为 A 方案，因此 C 方案为最佳方案。毫无疑问，插值计算的内含报酬率并非实际的内含报酬率，只是其近似值，如图 5-2 所示。

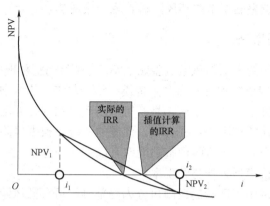

图 5-2　实际的 IRR 与插值计算的 IRR

　　上面给出的内含报酬率的计算过程略显复杂，但在实际工作中，依靠计算机可以很方便地计算出包括内含报酬率在内的各项评价指标。企业计算出各个方案的内含报酬率之后，就可以根据企业的资本成本或者要求的最低投资报酬率对方案进行比较取舍。

　　内含报酬率不仅具备净现值法的一些优点，如考虑了货币时间价值及项目的全部现金流量等，而且在计算内含报酬率时不必事先知道所要求的最小收益率，从而避免了在采用净现值法和现值指数法时要确定折现率这一既困难又容易引起争议的难题。另外，内含报酬率是一个用百分数表示的相对指数，反映了投资项目的真实收益率。从经济意义上讲，类似于利率，而一般决策者对利率较为敏感，因此内含报酬率更容易使人产生强烈的直观感觉，很多决策者都非常重视这个指标。

　　内含报酬率的缺点主要有以下几点。

　　① 内含报酬率中包含一个不现实的假设，即假定投资每期收回的款项都可以进行再投资，且再投资收到的利率与内含报酬率一致，这一假定具有较大的主观性，与实际情况并不相符。

　　② 由于内含报酬率只是一个相对值，它不能说明投资收益总额。对于投资者而言，其目的是获得最大利润而非最大利润率，如果只用内含报酬率来评价投资项目，可能会使决策者更加关注投资额少、利润率高的项目，而不愿意进行较大规模的投资，结果会使企业的整体利益受损。

　　③ 如果一个投资项目的现金流量呈不规则变化，则该项目可能有多个内含报酬率，从而使决策者难以做出判断。比如，矿山开采、石油开发等项目，在其寿命期内净现金流量不止一次改变符号，而是改变多次。这样，在内含报酬率的求解过程中会由于公式的数学特性而具有多个内含报酬率，在这种情况下，很难选择以哪一个内含报酬率作为评价对象。

5.4　风险投资决策

　　前面在讨论投资决策时曾假定现金流量是确定的，即可以确定现金流量的金额分布及其发生时间。实际上投资活动充满了不确定性。如果投资决策面临的不确定性比较小，一般可以忽略它们的影响，把决策视为确定情况下的决策。如果投资决策面临的不确定性比较大，足以影响方案的选择，那么就应对风险因素进行计量，并在决策时加以考虑。风险投资决策分析的常用方法是风险调整贴现率法和风险调整现金流量法。

5.4.1 风险调整贴现率法

投资风险分析最常用的方法是风险调整贴现率法。风险调整贴现率（risk adjusted discount rate，RADR）法是将净现值法和资本资产定价模型结合起来，依据项目的风险程度调整基准折现率的一种方法。这种方法的基本思路是：对于高风险的项目采用较高的贴现率去计算净现值，然后根据净现值法的规则来选择方案。问题的关键是根据风险的大小确定风险因素的贴现率，即风险调整贴现率。按风险调整贴现率有以下 3 种方法。

（1）用资本资产定价模型来调整贴现率

在资本资产定价模型中，证券的风险可分为两部分：可分散风险和不可分散风险。不可分散风险由贝塔系数衡量，而可分散风险属于公司特有风险，可以通过合理的证券投资组合来消除。

在进行项目投资的资本预算时，可以引入与证券总风险模型大致相同的模型，用公式表示为

$$总资产风险 = 不可分散风险 + 可分散风险$$

可分散风险可通过企业的多元化经营消除，投资时应注意不可分散风险。特定投资项目按风险调整的贴现率可按下式计算：

$$K_j = R_F + \beta_j (R_m - R_F)$$

式中：K_j 表示项目 j 按风险调整的贴现率或项目的必要报酬率；R_F 表示无风险收益率；R_m 表示所有项目平均的贴现率或期望收益率；β_j 表示项目 j 不可分散风险的贝塔系数。

（2）按投资项目的风险等级来调整贴现率

这种方法是对影响投资项目风险的各因素进行评分，根据评分来确定风险等级，再根据风险等级来调整贴现率，如表 5-7 所示。

表 5-7　按风险等级调整的贴现率表

相关因素	投资项目的风险状况及得分									
	A		B		C		D		E	
	状况	得分	状况	得分	状况	得分	状况	得分	状况	得分
市场竞争	无	1	较弱	3	一般	5	较强	8	很强	12
战略上的协调	很好	1	较好	3	一般	5	较差	8	很差	12
投资回收期	1.5 年	4	1 年	1	2.5 年	7	3 年	10	4 年	15
资源供应	一般	8	很好	1	较好	5	很差	15	较差	10
总分	—	14	—	8	—	22	—	41	—	49

续表

	风险等级	调整后的贴现率
0～8	很低	7%
8～16	较低	9%
16～24	一般	12%
24～32	较高	15%
32～40	很高	17%
40 分以上	最高	25%以上

$$K_A = 9\%，K_B = 9\%，K_C = 9\%，K_D = 9\%，K_E \geqslant 25\%$$

表 5-7 中的得分数、分数等级、贴现率都由企业管理人员根据以往的经验设定，具体的评分工作则由销售、生产、技术、财务等部门组成专家小组来进行。所列的影响风险的因素可能会更多，风险状况也可能会列出更多的情况。

（3）用风险报酬率模型来调整贴现率

一项投资的总报酬率可分为无风险报酬率和风险报酬率两部分，即

$$K = R_F + bV \tag{5-4}$$

式中：K 表示投资的总报酬率；b 表示风险报酬系数；V 表示预期标准离差率。

因此，特定项目按风险调整的贴现率可按式（5-4）计算，即

$$K_i = R_F + b_i V_i \tag{5-5}$$

式中：K_i 表示项目 i 按风险调整的贴现率；b_i 表示项目 i 的风险报酬系数；V_i 表示项目 i 的预期标准离差率。

风险报酬系数是经验数据，可根据历史资料用高低点法或直接回归法求出。风险程度用变化系数来衡量，是标准离差与期望值的比值，是用相对数来表示风险大小。按风险调整贴现率以后，具体的评价方法与无风险的基本相同。

5.4.2　风险调整现金流量法

风险的存在使得各年的现金流量变得不确定，因此就需要根据风险程度对各年的现金流量进行调整。风险调整现金流量法就是先根据风险调整现金流量，然后再根据投资决策指标进行投资决策的评价方法。具体调整办法很多，其中最常用的是肯定当量法。

肯定当量法又称确定当量法，是指把不确定的各年现金流量，按照一定的系数（通常称为肯定当量系数或确定当量系数或约当系数）折算为大约相当于确定的现金流量的数量，然后利用无风险贴现率来评价风险投资项目的决策分析方法。该方法的关键在于如何根据风险的大小确定各年的肯定当量系数。

肯定当量法的基本思路是：先用一个系数将有风险的现金收支调整为无风险的现金收支，然后用无风险的贴现率计算净现值。这个系数称为肯定当量系数，其含义是不肯定的 1 元现金流量期望值相当于使投资满意的肯定金额的系数，它可以把各年不肯定的现金流量换算成肯定的现金流量。肯定的 1 元比不肯定的 1 元更受欢迎；不肯定的 1 元只相当于不足 1 元的

金额，两者的差额与不确定性程度有关。

肯定当量系数是肯定的现金流量与与之相当的、不肯定的现金流量的比值，通常用 d 来表示，即

肯定的现金流量＝期望现金流量×约当系数

在进行评价时可根据各年现金流量风险的大小，选用不同的肯定当量系数。当现金流量确定时，可取 $d=1.00$；当现金流量的风险很小时，可取 $1.00＞d≥0.80$；当现金流量的风险很大时，可取 $0.40＞d＞0$。

肯定当量系数的选用可能会因人而异，敢于冒险的分析者会选用较高的肯定当量系数，而不愿冒险的投资者会选用较低的肯定当量系数。可以根据标准离差率来确定肯定当量系数，因为标准离差率是衡量风险大小的一个很好的指标，因而用它来确定肯定当量系数是合理的。根据经验，肯定当量系数与表示不确定性程度的变化系数的关系如表 5-8 所示。

表 5-8　肯定当量系数与变化系数的关系

变化系数	0～0.07	0.08～0.15	0.16～0.23	0.24～0.32	0.33～0.42	0.43～0.54
肯定当量系数	1	0.9	0.8	0.7	0.6	0.5

肯定当量法的主要困难在于难以确定合理的肯定当量系数。变化系数与肯定当量系数之间并没有一致公认的客观标准，它取决于企业管理部门对风险的好恶程度。肯定当量系数除了可以按上述每档规定一个系数外，也可以由经验丰富的分析人员主观判断确定。

风险调整贴现率法用调整净现值计算公式中的分母（即复利现值系数）来考虑风险，肯定当量法用调整净现值计算公式中的分子（即各年现金流量）来考虑风险。前者将风险调整贴现率与时间价值混在一起，对现金流量进行贴现，意味着风险随时间的推移而增大，夸大了远期风险；后者克服了风险调整贴现率法夸大远期风险的缺陷，而是根据各年不同的风险程度，确定不同的肯定当量系数，当然如何确定合理的肯定当量系数是一个较困难的问题。

阅读材料：投资运作程序

案例分析：欧洲隧道项目的投资决策

思考与练习

一、问答题

企业投资决策中使用现金流量的原因。

二、计算题

1. 某企业的固定资产投资项目在建设起点需要一次性投入购置费等 1 100 000 元，另外需要投入 100 000 元流动资金，建设期为 1 年。该固定资产可使用 10 年，按直线法折旧，期

末有净残值 100 000 元。投入使用后，可使营业期每年增加现金收入 803 900 元，增加经营成本 370 000 元。该企业所得税税率为 25%，试确定该投资项目各年的净现金流量。

2. 某公司各年的现金流量（NCF）和肯定当量系数（d）如表 5-9 所示，无风险报酬率为 10%，试判断此项目是否可行。

表 5-9　某公司各年的现金流量和肯定当量系数　　　　　　单位：元

时间/年	0	1	2	3	4
NCF	−20 000	8 000	8 000	8 000	8 000
d	1.0	0.95	0.9	0.8	0.8

第6章 证券投资

6.1 证券投资概述

6.1.1 证券投资的概念和分类

1. 证券投资的概念

要了解证券投资的概念，首先必须对证券的概念有所了解。

（1）证券的概念

证券是有价证券的简称，是具有一定票面金额、代表财产所有权或债权，可以在证券市场上有偿转让的一种信用凭证或金融工具，它表明证券持有人或第三者有权取得该证券拥有的特定权益。

（2）证券的分类

证券的种类有很多，可以按照不同的标准进行分类。

① 按期限不同，证券可分为短期证券和长期证券。短期证券是指期限在 1 年以内的证券，如国库券、商业票据、银行承兑汇票等。长期证券是指期限在 1 年以上的证券，如股票、债券等。一般而言，短期证券的风险小、变现能力强，但收益率相对较低。长期证券的收益一般较高、但时间长、风险大。

② 按发行主体不同，证券可分为政府证券、金融证券和企业证券。政府证券是指中央政府或地方政府为筹集资金而发行的证券，如我国政府发行的国库券、国家重点建设债券、特种国债等。国库券是政府证券的主要形式，2021 年我国国债发行规模达 6.7 万亿元人民币。金融证券是指银行或其他非银行性金融机构为筹集资金而发行的证券，如定期存单式的金融债券、累计利息金融债券、贴现金融债券等。企业证券是指企业为筹集资金而发行的证券。我国许多企业都发行或正在发行债券，例如 2021 年我国共发行企业债券 491 只，总体发行规模达到 4 399.40 亿元。政府证券的风险小，金融证券次之，企业证券的风险则视企业的规模、财务状况和其他情况而定。

③ 按收益状况不同，证券可分为固定收益证券和变动收益证券两种。固定收益证券是指在证券的票面上规定有固定收益率的证券，如债券票面上一般有固定的利息率，优先股票面上一般有固定的股息率，这些证券都属于有固定收益的证券。变动收益证券是指证券的票面不标明固定的收益率，其收益情况随企业经营状况而变动的证券。普通股股票是最典型的变动收益证券。一般来说，固定收益证券风险较小，但收益不高，而变动收益证券风险大，但收益较高。

④ 按照所体现的权益关系和经济内容不同，证券可分为权益性证券、债权性证券、混合

性证券和投资基金。权益性证券是一种既不定期支付利息，又无偿还期的证券，它表明了投资者在被投资企业所占权益的份额，在被投资企业盈利的情况下，投资者可按其权益比例分享企业净收益，获得股利收入。普通股股票是典型的权益性证券。债权性证券是一种必须定期支付利息、按期偿还的证券，如公司证券、政府证券和金融证券等。当一个证券发行单位破产时，债权性证券要优先清偿，而权益性证券在最后清偿，所以权益性证券一般都要比债权性证券承担更大的风险。混合性证券是兼有股票特点和债券特点的证券，主要指优先股。一方面它可以像债券那样，定期获得固定的收入；另一方面它没有偿还期，也表示占有被投资企业的一定权益份额，在特定条件下也可分享被投资企业的部分红利。投资基金是一种集合投资制度，由基金发起人以信托、契约或公司的形式，通过发行基金证券将众多投资者的资金集中起来，委托由投资专家组成的专门投资机构进行专业的资金投放和投资管理，投资者按出资比例分享投资收益，并共同承担投资风险的一种证券。基金证券，也称基金单位，是指由投资基金组织向社会公开发行的，证明持有人按其持有份额享有资产所有权、收益分配权和剩余资产权的证券凭证。

可见，证券的种类是多种多样的，除上述分类外，还可以按证券是否在证券交易所注册并挂牌交易，将证券分为上市证券和非上市证券；按收益的决定因素，证券可分为原生证券和衍生证券；按募集方式的不同，证券可分为公募证券和私募证券等。证券的各种分类之间会相互交叉，因此需要从多方面、多角度认识证券。由于证券性质、期限、偿还条件、各期收益等都有所不同，因此企业在进行证券投资时，需要权衡风险与收益，慎重决策。

下面通过图 6-1 来总结证券的分类。

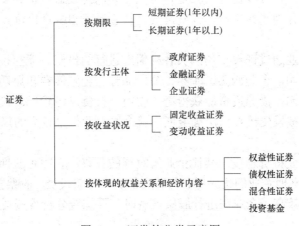

图 6-1　证券的分类示意图

（3）证券的特点

证券具有流动性、收益性和风险性的特点，具体如下。

① 流动性。流动性是指证券可随时抛售变现的能力，证券（如股票和债券等）均可以在证券市场上随时出售而回笼资金，因而证券，特别是短期证券具有非常强的流动性。

② 收益性。收益性是指给证券持有者带来相应的回报。这种收益包括两个部分：一部分收益属于证券持有收益，如股票股利、债券利息；另一部分收益属于证券的出售收益，是由证券价格的变动而产生的收益，又称为资本利得。

③ 风险性。风险性是指证券持有者达不到预期的收益或遭受各种损失的可能性。持有证

券可能获得巨大的收益，同时也可能遭受巨大的损失，具有很大的不确定性。

一般情况下，证券的流动性与收益性成反比，流动性越强收益就越低；而风险性与收益性成正比，风险越大则收益越高。

（4）证券投资的概念

证券投资是以金融市场为依托的一种投资形式。金融市场的发展和完善为金融投资者提供了日益规范的投资环境和丰富多样的金融产品，投资者可以根据需要自由地转移投资对象，随时寻找最有利的投资机会。但是，金融商品品种的选择和转移时机的确定并非一件容易的事，企业在进行金融投资时，必须在充分了解各类金融商品的功能和特点的基础上，根据优劣互补、扬长避短和规避风险的原则进行调整和组合，这样才能做出正确的投资决策。

证券投资又称间接投资，是指企业为特定经营目的或获取投资收益，将资金用于购买股票、债券、基金及衍生证券等金融资产的投资行为。

证券投资是企业对外投资的重要组成部分。对外投资是企业在本身主要经营业务以外，以现金、实物、无形资产方式或以购买股票、债券等有价证券方式向其他单位进行的投资，以期在未来获得投资收益的经济行为。对外投资按照投资方式的不同，可以分为实物投资和证券投资。实物投资又称直接投资，是企业以现金、实物、无形资产等投入其他企业进行的投资。实物投资包括联营投资、兼并投资等。实物投资具有投资回收期长、变现速度慢等特点。与实物投资相比，证券投资具有投资方便、变现能力强等特点。

2. 证券投资的分类

证券投资的种类较多，按不同标准有不同的分类：按照投资期限的长短，可以分为长期投资和短期投资；按照投资收益是否固定，可以分为固定收益投资和变动收益投资；按照证券投资的对象，可以分为债券投资、股票投资、基金投资和组合投资。

（1）债券投资

债券投资是指企业通过证券市场购买各种债券进行的投资。债券投资表明企业拥有证券发行单位的债权。例如，企业购买国库券、公司债、金融债券和短期融资券等都属于债券投资。与股票投资相比，债券投资能获得稳定收益，投资风险较低。投资时，要注意投资对象的信用状况，如果被投资债券信用等级低，就会给企业带来较大的风险。

（2）股票投资

股票投资是指企业将资金投向其他企业所发行的股票，表明企业拥有证券发行公司的所有权。例如企业购买其他企业的优先股、普通股都属于股票投资。股票投资与债券投资比较，风险较大，收益一般较高。企业在进行股票投资时，要综合分析投资对象的财务状况。

（3）基金投资

基金投资是指企业将资金投向投资基金组织所发行的基金证券。企业投资于基金证券，委托专家管理和运作，一般可以达到分散风险和获得规模效益的目的。基金按照受益凭证是否可赎回分为封闭式基金和开放式基金。封闭式基金在信托契约期满之前，不得向基金公司要求赎回，投资者的收益主要来自年终分红。而开放式基金可以随时赎回，但要支付一定的手续费，投资者的收益主要来自不定期的基金分红。

（4）组合投资

组合投资是指企业将资金同时投资于多种证券。例如，企业将资金分别投资于股票、债券和基金。组合投资可以分散风险。

可见，企业通过科学的证券投资，可以实现资源的合理配置，增加企业的收益，减少风险，有利于实现企业的财务管理目标。

6.1.2 证券投资的目的

证券投资是指投资者（法人或自然人）购买股票、债券、基金券等有价证券以及这些有价证券的衍生品以获取红利、利息及资本利得的投资行为和投资过程。证券投资具有投资方便、变现力强等特点，如果运用得当，可以起到扩大投资范围、分散投资风险、促进企业稳定发展的作用。但是，证券投资同时又是一种专业性很强、风险很高的投资活动，如果运用不当，也会给企业带来巨大的损失。企业进行证券投资，最重要的是要明确投资的目的，以正确的投资目的指导自己的投资行为。一般来讲，常见的企业证券投资的目的包括以下几种。

1. 为保证未来的资金支付进行证券投资

为保证企业生产经营活动中未来的资金需要（如为了保证按时偿还某些不可延展的债务），企业可以事先将一部分资金投资于债券等收益稳定的证券，只要经过适当的投资组合，这种证券投资可以保证投资者在未来某一时期或某一期间内得到稳定的现金收入，从而保证企业的资金支付。

2. 进行多样化投资，分散投资风险

为减少投资风险，企业需要进行多样化投资。在某些情况下，直接进行实业方面的多样化投资有一定的困难，而利用证券市场，则可以较方便地投资于其他行业，达到投资对象多样化的目的。

3. 为影响或控制某一企业而进行证券投资

企业为了扩大经营范围、市场份额或影响力，需要控制某些特定的其他企业。如果企业的控制目标是上市公司，就可以通过在证券市场上购入目标公司的股票来达到自己的目的。

4. 为盈利而进行证券投资

企业会有一些资金处于闲置状态，为了充分利用这些资金，企业也可以将其投资于证券市场，争取获得较高的收益。

总体而言，证券投资在各项投资活动中是处于从属地位的，是为企业的整体经营目标服务的。

6.1.3 证券投资分析

证券投资分析是通过各种专业性的分析方法和分析手段对来自各个渠道的、能够对证券价格产生影响的各种信息进行综合分析，并判断其对证券价格发生作用的方向和力度。证券投资分析作为证券投资过程必不可少的一个组成部分，是进行证券投资决策的依据，在证券投资过程中占有相当重要的地位。

证券投资分析有 3 个基本要素：信息、步骤和方法，其中证券投资分析的方法直接决定了证券投资分析的质量。目前，进行证券投资分析所采用的方法主要有两大类：基本分析和技术分析。

基本分析是指通过对各公司的经营管理状况、行业的动态及一般经济情况的分析，来研究证券的价值，即解决"应该购买何种证券"的问题。据此，基本分析试图预测这些现金流量的时间和数量，再利用适当的折现率把它们折算成现值。具体来说，不仅需要预测折现率，而且还必须预测这种证券未来的收益（股息、利息）（对于股票投资者来说，这相当于预测公司的每股平均收益和派息率）。如果预测的证券真实价值低于其当前的市场价格，则该证券的

价格被高估；反之，则该证券的价格被低估。真实价值和市场价值的差异也影响着投资者对证券价格偏离的判断。分析人士相信，任何较大的价格偏差都会被市场纠正，即被低估的证券价格会有较大幅度的上升，被高估的证券价格会有较大幅度的下跌。基本分析主要适用于周期相对较长的证券价格预测、相对成熟的证券市场及预测精度要求不高的领域。

技术分析是指以证券的市场价格、成交量、价和量的变化及完成这些变化所经历的时间等市场指标作为证券投资分析与投资决策的基础，通过预测证券价格涨跌的趋势，解决"何时买卖证券"的问题。技术分析偏重证券价格的分析，并认为证券价格是由供需关系决定的。不过，技术分析并不研究影响供需状况的各种因素，而只是就供需状况、证券市场行情上的变化加以分析。从理论上讲，技术分析既可以用于长期的行情预测，也可以用于短期的行情预测。就我国国内现实市场条件来说，技术分析更适用于短期的行情预测，要进行周期较长的分析必须结合其他的分析方法，这是应用技术分析最应该注意的问题。技术分析所得到的结论仅仅具有一种建议的性质，并且以概率的形式出现。

6.2　债　券　投　资

债券投资作为企业证券投资的重要组成部分，与股票投资相比，具有投资风险小、收益稳定等特点。随着企业债券发行规模的不断扩大和管理体制的不断完善，企业在进行债券投资时，首先必须了解债券的特性，正确地评估债券的价值，权衡收益和风险，方能做出客观的投资决策。

6.2.1　债券及债券投资

1. 债券

债券是发行人按照法定程序发行，并约定在一定期限内还本付息的有价证券。具体包括以下几个方面的含义：发行人是借入资金的经济主体；投资者是出借资金的经济主体；发行人需要在一定时期还本付息；债券反映了投资者和发行人之间的债权债务关系，而且是这一关系的法律凭证。债券具有以下特征。

① 偿还性。债券有规定的偿还期限，债务人必须按期向债权人支付利息和偿还本金，债务人不能无限期占用债券购买者的资金。

② 安全性。债券购买者的收益相对固定，不随发行者经营收益的变动而变动，可按期收回本金；与股票相比，债券的投资风险较小。

③ 收益性。收益性表现在债券能为投资者带来一定的收入。这种收入主要表现为利息，即债券投资的报酬。另外，通过债券市场投资者可能获得超过购入时债券价格的价差收入。

④ 流动性。债券持有人可以按自己的需要和市场的实际状况，转让债券，收回本息。市场对转让所提供的条件越便利，债券流动性越强。

2. 债券投资

短期债券投资的目的主要是合理利用暂时闲置资金调节现金余额，获得收益。在企业生产经营中，除了必须留存一定数量的现金用于满足日常经营管理的需要外，多余的现金留存是一种浪费。企业为了获取更多的收益，就可以在证券市场上购买流动性较强的债券，既可以随时出售变现，满足现金需求，又可以获得一定的利息收益。因此短期债券称为企业现金的替代品。长期债券投资的目的主要是获得稳定的收益。当企业存在大量的闲置资金，在较长时期内没有大量的现金支出时，企业就可以将这笔资金投于长期的债券，一方面可以降低投资风险，另一方面又可以获得较多的利息收益。债券投资的特点如下。

① 属于债权性投资。债券是债权凭证，企业进行债券投资，作为债券的持有者，与债券的发行方之间是债权、债务关系。企业拥有定期收取利息和到期收回本金的权利，也可以在合适的时候出售债券获得买卖差价。但是作为债权人的企业一般无权参与公司的经营管理，因此在企业各种投资方式中，债券的权利最小，这是由证券的权属关系决定的。

② 风险小。企业投资于债券，一般情况下，本金和利息可以得到保证，还可在债券价格上涨时抛售债券获得买卖差价。债券的特性决定了作为债券持有人的企业不会面临本息无法收回的窘境，特别是国库券。即使债券发行方到期无力偿还本息而面临破产倒闭，债券持有人仍有优先清偿的权利，而股东的权益要在最后清偿。按我国证券市场的现状，股票的风险最大，基金次之，债券最小。

③ 收益稳定。债券票面有固定的利率，投资债券的企业可获得固定的利息，而与债券发行方的生产经营状况无关，因此投资债券的收益具有较强的稳定性，并且通常是事前预定的。相反投资基金和股票的红利不固定，一般视公司经营情况而定，其收益是不确定的。

④ 价格波动性小。在政治、经济环境不变的情况下，影响债券价格的主要因素是利率，而市场利率在一定时期内相对比较稳定。股票的价格受市场供求关系和企业状况的影响较大，价格波动较大，而债券价格相对来说波动性较小。

⑤ 市场流动性好。从 1981 年国家恢复发行国债开始，经过 40 多年的发展，我国债券市场已经成为企业投融资的重要场所。债券的发行方有政府、大中型企业等。债券一般交易活跃，容易出售变现，因此具有良好的流动性。

6.2.2　债券的分类

债券的种类很多，不同种类的债券共同构成了一个完整的债券体系。按照不同的标准，债券可以分为不同的类型。

1. 根据发行主体不同，债券可分为政府债券、金融债券和公司债券

（1）政府债券

政府债券是由政府作为主体发行的，其主要目的是解决由政府投资的公共设施或重点建设项目的资金需要和弥补国家财政赤字。中央政府发行的债券可以称为国债。自 1949 年新中国成立以后，我国国债发行基本上分为两个阶段：20 世纪 50 年代是第一阶段，80 年代以来是第二阶段。20 世纪 50 年代我国发行过人民胜利折实公债和国家经济建设公债；进入 80 年代以后，随着改革开放的不断深入，我国国民收入分配格局发生了很大变化，政府财政收入占国民收入的比重不断下降，为了缓解国家投资的资金缺口和弥补国家财政赤字，我国发行国债的力度加强，品种也更多，方式也更灵活。主要品种有国库券、国家重点建设债券、财政债券、特种债券、保值债券、基本建设债券等。

政府债券由政府作为发行主体，具有安全性高、流通性强、收益稳定，并享受利息收入免税等优点，是一种风险很小（可近似认为一种无风险）的投资方式。

（2）金融债券

金融债券的发行主体是银行或非银行金融机构。金融机构一般有雄厚的资金实力，信用度较高，因此金融债券往往也具有良好的信誉。对于金融机构而言，吸收存款和发行债券都是资金的来源，都构成它的负债。但存款主动性在于存款户，金融机构只能通过提供优质服务吸引存款，而不能完全控制存款。发行债券是金融机构的主动负债，金融机构有较大的主动性和灵活性，但发行金融债券筹集的资金一般是专款专用，用于定向的特别贷款；而吸收的存款则无特定的用途，可用于一般性贷款。

（3）公司债券

公司债券是公司依照法定程序发行，约定在一定期限还本付息的有价证券。由于公司的情况千差万别，有些公司经营有方，资金雄厚、信用好，有些公司经营无方甚至可能破产清算，因而公司债券比政府债券和金融债券的风险要大得多，投资者要求的回报率也大一些。我国为了保护投资者的权益，制定了《企业债券管理条例》，规定企业进行有偿筹集资金活动，必须通过公开发行企业债券的形式进行。发行债券必须符合一定的条件，并通过审批，未经批准不得擅自发行和变相发行。另外，公司发行债券必须通过证券经营机构承销，不得自行销售。

2. 根据计息方式不同，债券可分为单利债券、复利债券、贴现债券和累进利率债券

（1）单利债券

单利债券是指在计算利息时仅按本金计息，所生利息不再加入本金计算下期利息的债券。

（2）复利债券

复利债券是指计算利息时，按一定期限将所生利息加入本金，再计算利息的逐期滚算的债券。当名义利率相同时，复利债券比单利债券收益大。

（3）贴现债券

贴现债券是一种以折价方式发行的债券，是指在票面上不规定利率，发行时按某一折扣率，以低于票面金额的价格发行，到期按面额偿还本息的债券，其发行价格与票面金额之间的差额，构成了实际的利息。

（4）累进利率债券

累进利率债券是指以利率逐年累进方法计息的债券。随着时间的推移，后期的利率将比前期利率更高，呈累进状态，而且这种债券的期限往往也是浮动的，但应明确最短持有期和最长持有期。

3. 按照偿还期限不同，债券可分为到期偿还债券、期中偿还债券和展期偿还债券

（1）到期偿还债券

到期偿还又叫满期偿还，是指按发行债券时规定的还本时间，在债券到期时一次全部偿还本金的偿债方式。由于这种方式计算简单、手续简便，因此大多数债券都是到期偿还债券。

（2）期中偿还债券

期中偿还债券是指在债券最终到期日之前，偿还部分或全部本金，这种债券事先要确定债券的宽限期和偿还率。债券的宽限期是指债券发行后不允许提前偿还、转换的时间，一般根据债券偿还期的长短来确定。偿还率是指每次偿还的债券金额占发行额的比例。比如我国1981 年发行的十年期国债，其个人购买的部分宽限期为 5 年，偿还率为 20%。意思就是从发行后第六年开始分 5 年、5 次偿还，每次偿还发行额的 20%，这种国债即为期中偿还债券。

（3）展期偿还债券

展期偿还债券是指债券期满后又延长规定的还本付息日期的债券，又叫延期偿还债券。

此外，按照利率是否固定，债券还可分为浮动利率债券和固定利率债券；按券面形态的差异，债券可分为实物债券、凭证式债券和记账式债券等。

6.2.3　债券的票面要素

债券是债权的表现形式之一，一般都具有一定的票面要素。

1. 票面价值

票面价值是指设定的票面金额，它代表发行人借入并且承诺于未来某一特定日期偿付给债券持有人的金额。在确定票面价值时包含两种含义：一是以何种货币表现；二是所记载的货币金额。

2. 偿还期限

偿还期限是指债券从发行之日起至偿清本息之日止的时间。不同债券的偿还期限有所不同。一般认为期限在 1 年以内的债券为短期债券；期限在 1 年以上、10 年以下的债券为中期债券；期限在 10 年以上的债券为长期债券。总的来说，期限越长，债券的流动性越差，所承受的通货膨胀风险越大，所要求的利息率较高。一般而言，长期债券利率会高于短期债券利率，但有时也会出现短期债券利率高于长期债券利率的情况。这种情况一般是由于市场利率呈下降趋势，购买短期债券的投资者在债券到期时找不到获得更高收益的投资机会，还不如当期投资于长期债券，因而人们都热衷寻求长期投资机会，从而导致短期利率高于长期利率。

3. 票面利率

票面利率是指一年内产生的债券利息占债券票面价值的比率。债券利率是债权人让渡资金使用权而取得的投资收益，利率越高债权人获利越丰厚，债务人筹资负担越重。票面利率不同于实际利率，实际利率通常是指按复利计算的一年期的利率。债券的计息方式有很多种，可能是按单利或复利计算；可能是半年计息一次、一年计息一次或到期一次计算利息，这都会使票面利率与实际利率不等。

4. 债券发行者名称

债券一般都要求标明该债券的债务主体，为债权人到期追索本金和利息提供依据。

6.2.4　债券的投资价值评价

1. 影响债券投资价值的因素

① 偿还期限的长短。一般而言，债券的期限越长，其市场价格变动的可能性就越大。

② 票面利率。债券的票面利率越低，债券价格的易变性也就越大，在市场利率提高时，票面利率较低的债券的价格下降较快，但在市场利率下降时，它们的升值潜力也较大。

③ 流通性。流通性反映债券的变现能力，流通性好的债券与流通性较差的债券相比，具有较高的内在价值。

④ 债券发行主体的信用。债券发行主体的信用不佳时，可能给投资者带来违约风险，因而信用越低的债券，投资者要求的收益率越高，债券的内在价值也就越低。

⑤ 税收待遇。一般而言，免税债券的到期收益率比类似的应纳税债券的到期收益率要低；另外能延迟纳税的债券比不能延迟纳税的债券具有更高的内在价值。

⑥ 无风险债券利率。无风险债券利率是一个影响债券价格的重要因素，又称基础利率。政府债券因其风险最小可以看作现实中的无风险债券，金融债券的信用也很高，因此常常使用银行利率代替基础利率。

⑦ 市场利率。市场利率风险是所有债券都面临的风险，当市场利率总体下降时，债券的收益率水平下降，从而使债券的内在价值增加；当市场利率总体上升时，债券的收益率水平

随之上升，从而使债券的内在价值下降。

⑧ 其他因素。通货膨胀、外汇汇率变动以及债券是否具有其他附属条件，如可转换为普通股或附新股认股权等，都会影响债券的内在价值。

2. 债券价值计算

债券投资必然有一定量的现金流出和相应的现金流入，债券未来现金流入的现值就称为债券的价值或债券内在价值。只有当债券的价值大于债券购入价格（即现金流出）时，才值得购买。

（1）一年付息一次债券的估价

典型的债券是固定利率债券，每年计算并支付一次利息，到期归还本金。按照这种模式，债券价值的计算公式为

$$V = \frac{I_1}{(1+i)^1} + \frac{I_2}{(1+i)^2} + \cdots + \frac{I_n}{(1+i)^n} + \frac{M}{(1+i)^n} \qquad (6-1)$$

式中：V 表示债券的内在价值；I_n 表示第 n 年的利息；M 表示到期的本金，即票面金额；i 表示贴现率，一般采用当时的市场利率或投资者要求的最低报酬率；n 表示债券期数。

在固定利率下，$I_1 = I_2 = \cdots = I_n$。因此式（6-1）可写成

$$V = \sum_{t=1}^{n} \frac{I_n}{(1+i)^t} + \frac{M}{(1+i)^n} \qquad (6-2)$$

【例 6-1】 2020 年 1 月 1 日，某投资者拟购买一张面值为 10 000 元、票面利率为 9% 的公司债券，该债券每年 1 月 1 日计算并支付一次利息，并于 5 年后的 12 月 31 日到期，当时市场利率为 10%，债券的市价为 9 400 元，请问是否应该购买？

解
$$V = \sum_{t=1}^{5} \frac{10\,000 \times 9\%}{(1+10\%)^t} + \frac{10\,000}{(1+10\%)^5} = 9\,620.92\,(\text{元})$$

9 620.92 > 9 400，因而债券的内在价值大于债券价格，应该购买，可获得大于 10% 的收益率。

（2）半年付息一次债券的估价

相对典型债券而言，半年付息一次的债券同样是固定利率，但每半年计算并付息一次，到期偿还本金，因而估价公式有所变动：

$$V = \sum_{t=1}^{n} \frac{I/2}{(1+i/2)^t} + \frac{M}{(1+i/2)^n} \qquad (6-3)$$

式中：$I/2$ 表示半年的利息；t 表示期数；n 表示到期年数乘以 2；i 表示贴现率；M 表示债券面值；V 表示债券价值。

【例 6-2】 某公司拟发行一种债券，票面利率为 10%，面值为 1 000 元，每半年付息一次，

5 年后到期偿还本金。该公司若想顺利发行此债券，当市场利率为 8% 时，债券最高限价为多少，投资者才会有兴趣购买？

解
$$V = \sum_{t=1}^{10} \frac{1\,000 \times (10\% / 2)}{\left[1 + (8\% / 2)\right]^t} + \frac{1\,000}{\left[1 + (8\% / 2)\right]^{10}} = 1\,081.15（元）$$

债券价格一旦超过 1 081.15 元，投资者无法获得 8% 的收益率，就不会去购买该债券。要想顺利发行，价格必须小于或等于 1 081.15 元。

（3）零息债券的估价

零息债券就是前面讲到的贴现债券。零息债券无票面利息，无需偿还利息，但发行时以低于票面金额的价格发行，到期时按面额偿还本金。

零息债券的价值为

$$V = \frac{M}{(1+i)^n} \tag{6-4}$$

式中：M 表示债券面值；i 表示贴现率；V 表示债券价值；n 表示计息周期。

3. 债券到期收益率的计算

债券到期收益率是指购进债券后，一直持有该债券至到期日可获取的收益率。计算债券到期收益率的方法是求解含有贴现率的方程：

$$V = I \times (P/A, i, n) + M \times (P/F, i, n) \tag{6-5}$$

式中：I 表示每年利息；i 表示贴现率；n 表示到期的年数；M 表示债券面值；V 表示债券价值。

【例 6-3】 某投资者于 2021 年 1 月 1 日平价购买了一家公司 2021 年 1 月 1 日发行的债券，面值为 1 000 元，票面利率为 9%，偿还期限为 5 年，每年付息一次。试计算该投资者持有此债券至到期日时可获得的到期收益率。

解
$$1\,000 = 1\,000 \times 9\% \times (P/A, i, 5) + 1\,000 \times (P/F, i, 5)$$

用"试误法"求解，先用 $i = 9\%$ 试算：

$$90 \times (P/A, 9\%, 5) + 1\,000 \times (P/F, 9\%, 5) = 350.1 + 649.9 = 1\,000（元）$$

所以到期收益率为 9%。

可见，平价发行每年付息一次的债券，其到期收益率等于票面利率。那么当债券的价格低于面值折价发行时情况又会怎样呢？

例 6-3 中买价改为 960 元，其他条件不变，则

$$960 = 1\,000 \times 9\% \times (P/A, i, 5) + 1\,000 \times (P/F, i, 5)$$

还是用"试误法"求解，先用 $i = 10\%$ 试算：

$$90 \times (P/A, 10\%, 5) + 1\,000 \times (P/F, 10\%, 5) = 341.17 + 620.9 = 962.07 \text{ （元）}$$

再用 $i=12\%$ 试算：

$$90 \times (P/A, 12\%, 5) + 1\,000 \times (P/F, 12\%, 5) = 324.45 + 567.4 = 891.85 \text{ （元）}$$

用插补方法计算近似值：

$$i = 10\% + \frac{962.07 - 960}{962.07 - 891.85} \times (12\% - 10\%) = 10.06\%$$

可见，购买折价出售、每年付息一次的债券时，到期收益率大于票面利率。用同样的方法可求得购买溢价发行、每年付息一次的债券时，到期收益率小于票面利率。

就半年付息一次的债券而言，将半年到期收益率乘以 2 求得的年到期收益率是名义年到期收益率，这种方法虽然简便，但低估了实际的年收益率。正确的方法应是：

$$\text{实际收益率} = (1 + \text{半年收益率})^2 - 1$$

若一年内支付利息多次，则可表示为

$$\text{实际收益率} = (1 + \text{周期性收益率})^m - 1$$

式中：m 表示每年支付利息的次数。

4. 债券定价原理

综合以上对一年付息一次债券价格的计算，可得到以下结论。

① 当债券到期收益率大于其票面利率时，债券的价格将小于债券的面值，该债券以折价出售；当债券到期收益率小于其票面利率时，债券的价格将大于债券的面值，该债券以溢价出售；当债券到期收益率等于其票面利率时，债券的价格将等于债券的面值，该债券以平价出售。

② 如果债券的市场价格上升，则其到期收益率必然下降；若债券的市场价格下降，则其到期收益率必然提高。

③ 如果债券的收益率在整个期限内没有发生变化，则债券的价格折扣会随着到期日的接近而减少，或者说，其价格日益接近面值，并且其减少的比率在不断增加。

例如，债券 A 期限为 5 年，面值为 1\,000 元，年利息为 60 元，现行市价为 883.31 元，说明其收益率为 9%。一年后，若收益率仍为 9%，其价格将提高到 902.81 元，其价格折扣从 116.69 元（1\,000－883.31）减少至 97.19 元（1\,000－902.81），减少了 19.5。两年后，债券 A 的收益率仍为 9%，其售价为 924.06 元，其价格折扣减少至 75.94 元（1\,000－924.06）。债券价格折扣变动的货币金额从 5 年期到 4 年期时为 19.5 元，相当于面值的 19.5%；债券期限从 4 年期减至 3 年期时，价格折扣减少额为 21.25 元（97.19－75.94），相当于面值的 21.25%。

④ 债券收益率下降会引起债券价格的提高，债券价格提高的金额在数量上会超过债券收益率以相同幅度提高所引起的价格下跌的金额。

例如，某债券期限为 5 年，票面利率为 8%，售价等于面值，为 1\,000 元，因此其收益率也为 8%。如果收益率提高至 10%，则售价只为 924.18 元，价格下降 75.82 元。如果债券收益率下降为 6%，则售价将为 1\,084.29 元，价格上升 84.29 元，即债券收益率下降 2% 时所引起的价格上升变动的金额大于债券收益率上升 2% 时所引起的价格下降变动的金额。

6.2.5 债券投资风险因素

1. 利率风险

利率与债券价格呈负相关关系,利率升高,债券价格下降,利率降低,债券价格上升。债券期限越长,债券价格受利率影响越大。表 6-1 反映了某债券在各种情况下债券价格与市场利率之间的关系。

表 6-1 某债券在各种情况下债券价格与市场利率之间的关系

单位: 元

利率波动	当前价格	过了 0.5 年	过了 1 年	过了 1.5 年	过了 2 年
-1%	111.15	111.07	110.95	110.81	110.63
-0.50%	107.13	107.19	107.23	107.25	107.24
-0.25%	105.18	105.32	105.43	105.53	105.59
0.00%	103.29	103.49	103.67	103.84	103.98
0.25%	101.44	101.70	101.94	102.18	102.39
0.50%	99.63	99.95	100.26	100.56	100.84
1%	96.14	96.57	96.99	97.42	97.83

由表 6-1 中数据可以看出,债券价格与市场利率之间是相反的关系,利率越高,债券价格越低;利率越低,债券价格越高。如果投资者能准确预测市场利率的走向,就能避免由于利率波动给自己带来的资本利得的损失。另外,利率上下波动造成的债券价格的升幅与降幅是不一致的,由利率下降带来的债券价格的升幅要大于利率上升造成的债券价格的跌幅。

2. 购买力风险

通货膨胀将使债券代表的购买力降低。投资债券的实际收益率=名义收益率-通货膨胀率。在通货膨胀的条件下,随着商品价格的上涨,债券价格也会上涨,投资者的货币收入有所增加,会忽视通货膨胀风险的存在,并产生错觉。其实,由于货币贬值,货币购买力水平下降,债券的实际收益率也会下降。当货币的实际购买能力下降时,就会造成有时候即使投资收益在量上增加了,但在市场上能购买的东西却相对减少。当通货膨胀率超过债券利率时,债券的实际购买力就会下降到低于原来投资金额的购买力。

3. 再投资风险

再投资风险是指原购买的债券到期后,不能再投资于相同或更高收益率债券的风险。例如,长期债券利率为 10%,短期债券利率为 8%,为减少风险而购买短期债券。但在短期债券到期收回现金时,如果利率降低到 6%,就不容易找到高于 6%的投资机会,从而产生再投资风险。

4. 违约风险

违约风险是指债券发行人在债券到期时无力偿还本金及利息而产生的风险。一般政府债券的违约风险为零,金融债券的违约风险较小,企业债券的违约风险较高。债券发行人在债券到期日无法还本付息,而使投资者遭受损失的风险为信用风险。这种风险主要存在于公司债券中，公司如果因为某种原因不能完全履约支付本金和利息，则债券投资者就会承受较大的亏损，就算公司的经营状况非常好，但也不能排除存在财务状况不佳的可能性，在这种情况下公司的还本付息能力就会下降，就会发生不能按约定偿还本息，从而产生信用风险。

5. 经济周期风险

债券市场基本上随经济增长和经济周期作同向变化。在经济繁荣时期，由于经济持续增长，公众收入增加，商品需求旺盛，企业的经营环境良好，盈利增加，资金比较充足，债券的风险减小，因而债券投资需求增加，促使债券价格上涨；在经济衰退时期，企业的经营环境恶化，债券的风险增加，债券投资需求减小，从而使债券价格下跌。

6. 流动性风险

流动性风险是指债券能否顺利地按目前合理的市场价格出售的风险。如果一种债券能在较短的时间内按市场价格出售，说明这种债券的流动性较强，投资于这种债券所承担的流动性风险较小；反之，则较大。当投资者急于将手中的债券转让出去时，有时候不得不在价格上打折扣或是要支付一定的佣金，因这种付出所带来的收益变动就会产生风险。对于有回收性条款的债券，常常有强制收回的可能，而这种可能又常常是市场利率下降、投资者按债券票面的名义利率收取实际增额利息的时候，而发行公司提前收回债券，投资者的预期收益就会遭受损失，从而产生风险。

7. 货币金融、财税政策风险

政策风险是指政府有关债券市场的政策发生重大变化或是有重要的法规出台，引起债券价格的波动，从而给投资者带来的风险，特别是货币金融、财税政策的变化。货币金融政策对证券市场的影响比较复杂。一般来说，紧缩的货币政策会减少市场的货币供给量，从而造成企业资金紧张，使企业的经济效益下降，这样就会增加公司的风险，同时公众的收入也会下降，因而会导致债券市场价格下跌；反之，宽松的货币政策往往会使债券市场价格上升。财政政策同货币金融政策一样是政府进行宏观经济调控的重要手段，但对证券市场的影响不像货币金融政策那样直接。财政政策可以通过增加或减少财政收支规模、提高或降低税率、发行国债等方式来影响经济增长、公众收入、社会就业及经济运行等。

6.3 股 票 投 资

改革开放以来，我国由计划经济体制逐步转向开放的市场经济体制，1990 年 11 月 26 日，上海证券交易所（简称上交所）成立，同年 12 月 19 日开始正式营业；1991 年 4 月深圳证券交易所（简称深交所）成立，同年 7 月 3 日正式营业。随着我国证券市场 30 多年的发展，企业可选择的金融产品特别是股票的品种越来越多，要在众多的股票中选择适合的投资对象，在适合的时机进行投资，企业必须了解股票的功能、特点、内在价值和预期收益状况，以便做出正确的投资决策。

6.3.1 股票投资的特点

股票是有价证券的一种主要形式，是股份有限公司签发的证明股东所持股份的凭证。股票代表着股东对股份公司的所有权，股东凭借股票可以获得公司的股息和红利，参加股东大会并行使自己的权力，同时也承担相应的责任与风险。与债券投资相比，股票投资具有以下特点。

（1）无期性

企业的股票投资没有明确的投资期限。其原因在于：股票是发行企业发行的永久性证券，依据法律规定，企业作为投资者一旦买进某一企业发行的股票，就不可能通过退股的办法收回投资。但是，只要存在二级市场，企业就可以通过转让股票的办法收回投资。无期性是股票投资相对于债券投资的最为明显的特点。

（2）权责性

企业的股票投资能够使企业作为股东依法享有相应的权利并承担相应的责任。企业所享有的权利及承担责任的大小，取决于企业所掌握的股票在发行企业总股本中所占的比例。在股票投资中，企业作为股东的权利，主要是经营管理参与权；企业作为股东的责任，主要是分担发行企业的经营风险。

（3）风险性

企业的股票投资在获得投资收益方面有很大的不确定性。这是因为，股票投资使企业所具有的发行企业所有者的身份，决定了企业至少要面临两个方面的风险：一是股票发行企业经营亏损，甚至破产倒闭的风险；二是股票市场价格变动所形成的价差损失风险。

（4）流通性

企业的股票投资所形成的金融资产可以随时在二级市场上售出变现。股票是一种流动性很强的有价证券，股票持有者虽然不能直接向股份发行公司退股，但可以自由地在股票交易市场上转让，迅速兑现。

6.3.2 股票价值的几个基本概念

1. 票面价值

票面价值是指在股票票面上标明的金额，是初次发行时的参考价格，一般发行价不得低于面值。随着时间的推移，股票的市场价格会逐渐背离票面价值，使其逐渐失去原有的意义。

2. 内在价值

内在价值又称理论价值，是指股票预期的未来收益的现值，取决于股息收入和市场收益率。股票的内在价值决定股票的市场价格，但市场价格又受供求关系、投资心理等因素影响，不完全等于其内在价值。

3. 清算价值

清算价值是指公司清算时每一股份所代表的实际价值，大多数情况下股票的清算价值小于其账面价值。

4. 股票价格

股票价格是股票内在价值的外在体现，内在价值决定股票价格，股票价格围绕内在价值上下波动，一般用收盘价来评价股票的价格。

5. 股利

股利是公司从税后利润中分配给股东的报酬。

6.3.3 股票内在价值的计算

判断一种股票是否值得投资，就是要判断股票内在价值与股票市价孰高孰低。内在价值高于市价时买入股票，低于市价时抛出股票或不购买股票，等于市价时继续持有股票或持观望态度暂不买入。

1. 股票内在价值计算的一般模型

股票的内在价值是股票预期的未来现金流入的现值，对于股票而言，未来的现金流入就是预期收到的股利。因此，股票内在价值计算的一般模型为

$$V = \frac{D_1}{(1+i)^1} + \frac{D_2}{(1+i)^2} + \cdots + \frac{D_\infty}{(1+i)^\infty} = \sum_{t=1}^{\infty} \frac{D_t}{(1+i)^t} \tag{6-6}$$

式中：D_t 表示第 t 年的股利；i 表示贴现率，即必要的收益率；t 表示年份。

贴现率的确定以投资者所要求的收益率为准。收益率可以采用多种办法确认：根据股票历史上长期的平均收益率来确认；参照债券的收益率再加上一定的风险报酬率确认；直接使用市场利率，市场利率是投资于股票的机会成本，可以作为贴现率看待。

一般模型很难在实际中运用，因为未来无限期股利的估算实际上不可能做到，因此在讨论时尽量把问题简化。下面分别介绍股利按固定比率增长模型、股利阶段性增长模型、股利零增长模型。

2. 股利按固定比率增长模型

一般而言，股利的增长率应与公司盈余的增长幅度保持一致。如果公司盈余增长按固定比率递增，此时股利也将按固定比率增长。在这种情况下，假设某公司今年的每股股利为 D_0，则 t 年后的股利为

$$D_t = D_0 \times (1+g)^t \tag{6-7}$$

式中：g 表示股利的增长率。

将式（6-7）代入式（6-6），则式（6-6）可转化为

$$V = \sum_{t=1}^{\infty} \frac{D_0 \times (1+g)^t}{(1+i)^t} = D_0 \sum_{t=1}^{\infty} \frac{(1+g)^t}{(1+i)^t} \tag{6-8}$$

运用数学中无穷级数的性质，如果 $i > g$，可知：$\sum_{t=1}^{\infty} \frac{(1+g)^t}{(1+i)^t} = \frac{1+g}{i-g}$，由此可得

$$V = D_0 \times \frac{1+g}{i-g} = \frac{D_1}{i-g} \tag{6-9}$$

【例 6-4】假设某公司去年支付的每股股利为 2 元，预计在未来的日子里该公司股票股利将按每年 5% 的速度增长，假设必要报酬率为 12%，试计算该公司股票的内在价值；如果目前每股价格为 40 元，则已持有该股票的投资者该做何打算？

解
$$V = \frac{D_1}{i-g} = \frac{2 \times (1+5\%)}{12\% - 5\%} = 30(元)$$

该股票目前的内在价值为 30 元，股票被高估 10 元，已持有该股票的投资者应果断抛售。

---

3. 股利阶段性增长模型

股利阶段性增长是指股利一段时间内高速增长，接着在另一段时间内正常固定增长或固定不变。在这种情况下，就要分阶段来讨论，最后确定股票的内在价值。

【例 6-5】 某投资者持有 X 公司的股票，必要报酬率为 10%。预计 X 公司未来 5 年股利将高速增长，年增长率为 8%，在此以后转为正常增长，增长率为 4%，公司最近支付的股利是 2 元。请计算该公司股票的内在价值。

解
$$V = \sum_{t=1}^{5} \frac{D_0 \times (1+8\%)^t}{(1+10\%)^t} + \left[\sum_{t=6}^{\infty} \frac{D_5 \times (1+4\%)^{t-5}}{(1+10\%)^{t-5}} \right] \times (1+10\%)^{-5}$$

首先计算前半部分，即高速增长时期的股利现值。

年份	股利（D_t）	贴现系数（10%）	现值
1	$2 \times 1.08 = 2.16$	0.909	1.96
2	$2.16 \times 1.08 = 2.33$	0.826	1.92
3	$2.33 \times 1.08 = 2.52$	0.751	1.89
4	$2.52 \times 1.08 = 2.72$	0.683	1.86
5	$2.72 \times 1.08 = 2.94$	0.621	1.83
合计			9.46

其次，计算后半部分，即第 5 年底的股票内在价值。

$$V_5 = \sum_{t=6}^{\infty} \frac{D_5 \times (1+4\%)^{t-5}}{(1+10\%)^{t-5}} = \frac{D_5 \times (1+4\%)}{10\% - 4\%} = 50.96 \text{（元）}$$

计算其现值为

$$50.96 \times (1+10\%)^{-5} = 31.64 \text{（元）}$$

最后，计算股票目前的内在价值。

$$V = 9.46 + 31.64 = 41.1 \text{（元）}$$

此时，该公司股票的内在价值为每股 41.1 元。

---

4. 股利零增长模型

股利零增长模型是假设未来股利固定不变，其支付过程是一个永续年金。这种模型对普通股而言受到很多限制，但在决定优先股价值时十分有用，因为大多数优先股的股利是固定的，因而股利零增长模型又称为优先股定价模型。此时股票的内在价值为

$$V = \frac{D}{i} \qquad\qquad (6-10)$$

式中：D 表示未来无限期每年每股股利；i 表示必要报酬率。

【例 6-6】某投资者拟购买 X 公司发行的优先股，预期每股股利为 2 元，必要报酬率为 10%，现时该优先股市价为 12 元。问该投资者是否该购买？

解
$$V = \frac{2}{10\%} = 20 \text{（元）}$$

此优先股的内在价值为 20 元，高于市价，该投资者应该购买。

6.3.4 股票预期收益率的计算

评价股票价值使用的收益率是预期的未来的报酬率，而不是过去的或现实的报酬率。股票的预期报酬率包括两个部分：预期股利收益率和预期资本利得收益率。

1. 永久持有时的股票预期报酬率

打算永久持有某公司股票意味着放弃股票的资本利得，只获取股利。现金流入就是股利收入，现金流出就是购买成本。现金流入的现值等于现金流出时的贴现率即为股票的预期报酬率，其计算公式为

$$P = \frac{D_1}{(1+R)^1} + \frac{D_2}{(1+R)^2} + \cdots + \frac{D_\infty}{(1+R)^\infty} \qquad (6-11)$$

式中：P 表示股票的购入价格；D_t 表示第 t 年的每股股利；R 表示股票预期报酬率。

（1）股利按固定比率增长时的预期报酬率

股利按固定比率增长时的股票内在价值为

$$V = \frac{D_1}{i-g}$$

股票的内在价值正是股票未来现金流入的现值。当 $V=P$ 时，可以推算出预期报酬率 R：

$$R = \frac{D_1}{P} + g$$

【例 6-7】已知某公司股利年增长率为 5%，每股股利为 2 元，必要报酬率为 12%，请问若以 30 元/股的价格购入，该股票的预期报酬率是多少？若以 40 元购入，预期报酬率又是多少？20 元呢？

解 以 30 元/股、40 元/股、20 元/股购入该股票的预期报酬率分别为

$$R_{30} = \frac{2 \times (1+5\%)}{30} + 5\% = 12\%$$

$$R_{40} = \frac{2 \times (1 + 5\%)}{40} + 5\% = 10.25\%$$

$$R_{20} = \frac{2 \times (1 + 5\%)}{20} + 5\% = 15.5\%$$

由此可见，当购买价格等于股票内在价值时，可获得与必要报酬率相等的报酬率；当购买价格小于股票内在价值时，实际报酬率高于必要报酬率，投资有利可图；当购买价格大于内在价值时，只能取得小于必要报酬率的实际报酬率，不应投资。

（2）股利呈阶段性增长时的预期报酬率

计算非固定成长股票的预期报酬率，相对比较复杂，但原理与其他形式相同，即运用"内在价值=购买价格"求解贴现率，用"试误法"求解即可，在此不再赘述。

（3）零成长股票的预期报酬率

求解零成长股票的预期报酬率相对比较简单，由 $V = \dfrac{D}{i}$ 推算出：$R = \dfrac{D}{P}$。如例 6-6 中，该投资者投资的实际报酬率为

$$R = \frac{2}{12} = 16.67\%$$

R 大于必要报酬率 10%，显然这次投资是明智的。

2. 中途转让时的股票预期报酬率

股票对于发行人而言具有永久性，但对于投资者来说，具有流动性，即投资者能够通过证券交易市场进行转让。一旦投资者并不打算永久持有某种股票而进行中途转让，股票的预期报酬率就等于预期股利报酬率加上预期资本利得报酬率，用公式表示为

$$R = \frac{\sum D}{P_0} + \frac{P_1 - P_0}{P_0} \tag{6-12}$$

式中：$\sum D$ 表示持有期间获得的股利之和；P_0 表示购买价；P_1 表示转让价。

【例 6-8】某投资者以 30 元/股的价格购入 A 公司股票 1 万股，持有两年，每股累计获得股利 3 元。两年后以 40 元/股的价格转让。试计算投资者投资 A 公司股票的报酬率。

解
$$R = \frac{3}{30} + \frac{40 - 30}{30} = 43.33\%$$

6.4　基　金　投　资

基金投资是以证券市场上的投资基金为投资对象的投资方式。投资基金是证券市场的一种金融投资工具，它采用集腋成裘、集中托管的方式运作。具体来说，就是信托投资公司通

过发行基金证券，将分散的众多小额资金集中起来，通过证券专家的审慎选择，规模性地投资于股票、债券、货币或贵金属市场，获得的收益按基金证券的份额平均分配给投资者。因此，投资基金又称为共同基金、互惠基金、证券投资信托基金等。

6.4.1　证券投资基金的含义

证券投资基金（以下简称基金）是一种利益共享、风险共担的集中证券投资方式，即通过发行基金单位，集中投资者的资金，由基金托管人托管，由基金管理人管理和运用资金，从事股票、债券等金融工具投资，并把投资收益按基金投资者的投资比例进行分配的一种间接投资方式。基金是一种积少成多的整合投资方式，即投资者把资金委托给基金管理人管理，基金管理人根据法律、法规、基金契约规定的投资原则和投资组合的原理，进行分散投资，以达到分散投资风险，同时兼顾资金的流动性、安全性和盈利性的目的。

投资基金的称谓各有不同，美国称为共同基金或者互惠基金，英国称为单位信托基金，日本称为证券投资信托基金。尽管称谓有所不同，但是投资基金的组建构架和操作过程基本上是相同的。基金与股票、债券存在明显的差异，表现在以下 3 个方面。

① 反映的关系不同。股票反映的是所有权关系，债券体现的是债权债务关系，而基金反映的是基金持有人与管理人之间的委托代理关系。

② 筹集资金的投向不同。股票和债券所筹集的资金大部分流向实业，而基金的主要投向是包括股票、债券在内的各种有价证券。

③ 风险水平不同。债券的直接收益取决于事先确定的债券利率，投资风险较小；股票的直接收益取决于公司的经营效益，不确定性大，投资风险也较大；而基金主要投资于有价证券，具有规模优势，投资方式灵活多样。对那些资金不多或没有时间、精力或缺乏证券投资专门知识的投资者而言，基金是很好的投资选择。

6.4.2　基金的分类

（1）按组织形式，基金可分为契约型基金和公司型基金

① 契约型基金。契约型基金又称为单位信托基金，是把投资者、管理人、基金托管人作为基金的当事人，通过签订基金契约的形式发行受益凭证而设立的一种基金。契约型基金是基于契约原理而组织起来的代理投资行为，没有基金章程，也没有公司董事会，而是通过基金契约来规范三方当事人的行为。

② 公司型基金。公司型基金是以公司形态组建的，以发行股份的方式筹集资金，一般投资者为了认购基金而购买该公司的股份，也就成为该公司的股东，享有股东的基本权利和义务。

历史上，投资基金最早以"投资信托"的形式出现，即使是现在，契约型基金仍为很多国家所采纳，而公司型基金则以美国的投资公司为代表。我国目前设立的证券投资基金是一种契约型基金。公司型基金的优点是法律关系明确、清晰，监督约束机制较为完善；但契约型基金在设立上更为简单易行，二者的区别主要体现在法律形式上，如表 6-2 所示。

表 6-2　契约型基金与公司型基金的区别

比较项目	契约型基金	公司型基金
资金性质	信托资产	公司法人的资本
投资者的地位	投资者是受益人，没有管理基金资产的权利	投资者是股东，通过股东大会和董事会享有管理公司的权利
基金的运营依据	依据基金契约运营基金	依据基金公司的章程运营基金

（2）按可否自由赎回，基金可分为封闭式基金和开放式基金

① 封闭式基金。封闭式基金是指基金发起人在设立基金时，限制了基金的发行总额，筹集到这个总额后，基金即宣告成立，并进行封闭，不再接受新的投资，投资者日后买卖基金单位都必须通过证券交易所在二级市场上竞价交易。另外，封闭式基金一般在成立之初就设定了存续期，存续期满则基金终止。

② 开放式基金。开放式基金是指基金发起人在设立基金时，不固定基金单位总数，可视投资者需求追加发行，投资者可以根据市场状况和各自的投资决策，或要求发行机构赎回基金单位或增持基金单位份额。与封闭式基金相比，开放式基金没有固定的存续期，具有发行规模不受限制、可要求发行机构赎回等特点。

从历史上看，投资基金在早期的发展中主要以封闭式基金为主，目前开放式基金则成为投资基金的主流。美国 97% 以上的基金都是开放式基金。目前我国开放式基金的资产规模也占到证券投资基金资产规模的 90% 以上。

封闭式基金与开放式基金的区别见表 6-3。

表 6-3　封闭式基金与开放式基金的区别

比较项目	封闭式基金	开放式基金
期限	有固定封闭期。根据《中华人民共和国证券投资基金法》规定，封闭式基金的存续期不得少于 5 年	没有固定封闭期。投资者可以随时向基金经理人提出赎回要求，故没有设定基金期限的必要
基金发行单位的规模要求	在招募说明书中列明其基金规模	没有发行规模的限制
基金单位的转让方式	基金单位在封闭期内不能要求基金公司赎回	可以在首次发行结束一段时间后，随时向基金管理人或中介机构提出购买或赎回的申请
基金单位的交易价格	买卖价格受市场供求关系的影响，并不必然反映公司的净资产值	交易价格取决于基金的每单位净资产值的大小，基本不受市场需求的影响
投资策略	基金单位不变，资本不会减少，可进行长期投资	基金单位可随时赎回，为应对投资者随时赎回兑现，基金资产不能全部用来投资，必须保持基金资产的流动性

6.4.3　基金的价值分析

在对基金价值进行评价前，必须明确一个重要的概念，即基金资产净值。基金资产净值是指在某一时点上某一投资基金每份基金单位实际代表的价值，是基金单位价格的内在价值。基金资产净值是衡量一个基金经营好坏的主要指标，也是基金交易价格的计算依据。一般情

况下基金单位价格与资产净值趋于一致，即随着资产净值的增长，基金价格也将随之提高。

基金资产净值和基金单位资产净值的计算公式如下。

$$基金资产净值 = 基金资产总值 - 基金负债总值$$
$$基金单位资产净值 = \frac{基金资产净值}{已售出基金单位总数}$$

基金资产总值包括基金投资资产组合的所有内容，具体如下。

① 基金拥有的已上市的股票、认股权证和债券，以计算日或最近集中交易市场的收盘价为准。

② 所拥有的未上市的股票、认股权证，以有资格的会计师事务所或资产评估机构测算为准。

③ 所拥有的未上市债券，以债券面值加上至计算日时的应收利息为准，所拥有的短期票据以买进成本加上自买进日起至计算日止的应收利息。

④ 现金与相当于现金的资产，包括存放在其他金融机构的存款。

⑤ 有可能无法收回的资产及或有负债所提留的准备金。

⑥ 已订立契约但尚未履行的资产。

基金负债总值包括：

① 依基金契约规定的至计算日止托管人或管理人应付未付的报酬。

② 其他应付款等。

下面分别讨论封闭式基金和开放式基金的价值分析。

1. 封闭式基金的价值分析

封闭式基金的价格与股票价格一样，可以分为发行价格和交易价格。发行价格由基金面值和发行费用组成，但对二级市场的投资者而言意义不大。交易价格又称为市场价格，一般用收盘价表示。通过衡量交易价格和基金单位资产净值的大小，可以做出较科学的投资决策。

封闭式基金的交易价格由基金单位资产净值决定，并受如市场供求关系、宏观经济状况、证券市场状况、基金管理人的管理水平等因素的影响，因而交易价格与基金单位净值并不保持完全的一致。

2. 开放式基金的价值分析

开放式基金一般不进入证券交易所流通买卖，而主要在场外交易，其价格一般有两种：申购价格和赎回价格。

开放式基金的价格与基金单位资产净值呈正比例关系，基金单位资产净值越高，其基金单位价格越高；基金单位资产净值越低，基金单位价格越低。

开放式基金的申购价格包括基金单位资产净值和一定的销售附加费用。对于一般投资者来说，该附加费是一笔不小的成本，会增加投资者的风险。

开放式基金承诺可以在任一赎回日根据投资者的个人意愿赎回其所持基金单位，一般情况下赎回时不收取任何费用，此时赎回价格等于基金资产净值。

显然，开放式基金的投资者更应关注基金的内在价值，即基金资产净值。2021 年 6 月 30 日我国开放式基金净值前 10 名见表 6-4。

表 6-4　开放式基金净值前 10 名（2021 年 6 月 30 日）

序号	基金代码	基金简称	单位净值/元	累计净值/元	净值增长率
1	968022	中银香港环球股票基金 A 类—人民币	230.784	230.784	0.01%
2	968013	施罗德亚洲高息股债 M	143.421	143.421	0.18%
3	511010	国泰上证 5 年期国债 ETF	123.347	1.246	0.05%
4	968024	东亚联丰亚太区多元收益 A 人民币对冲累积	122.18	122.18	0.04%
5	159926	嘉实中证中期国债 ETF	115.265	1.153	0.00%
6	511310	富国中证 10 年期国债 ETF	112.944	1.129	0.10%
7	511260	上证 10 年期国债 ETF	112.675	1.127	0.04%
8	511280	华夏 3～5 年中高级可质押信用债 ETF	111.725	1.117	−0.02%
9	968021	东亚联丰亚洲债券及货币 A 人民币对冲累积	110.95	110.95	0.04%
10	159972	鹏华中证 5 年期地方政府债 ETF	106.58	1.068	0.10%

（资料来源：新浪财经，http://vip.stock.finance.sina.com.cn/mkt/）

6.4.4　投资基金的优缺点

1. 优点

投资基金的最大优点是能够在不承担太大风险的情况下获得较高收益，原因如下。

① 投资基金具有专家理财优势。投资基金的管理人都是投资方面的专家，他们在投资前均进行了多种研究，能够降低风险，提高收益。

② 投资基金具有资金规模优势。我国的投资基金一般拥有资金 20 亿元以上，西方大型投资基金一般拥有资金百亿美元以上，这种资金规模可以进行充分的投资组合，从而降低风险，提高收益。

2. 缺点

① 无法获得很高的投资收益。投资基金在投资组合过程中，在降低风险的同时，也丧失了获得巨额收益的机会。

② 在大盘整体大幅度下跌的情况下，投资者可能承担较大的风险。

思考与练习

一、问答题

1. 简述证券投资的目的及分类。

2. 如何确定债券到期收益率？

3. 简述债券投资与股票投资的优缺点。

二、计算题

1. 长江公司于 2022 年 3 月 5 日发行面值为 1 000 元的债券，票面利率为 7%，每年 3 月

5 日支付一次利息，5 年后的 3 月 4 日到期。当时的投资必要报酬率为 10%，问当债券的市场价格为多少时，企业可以购买？

2. 星光公司拟购买某上市公司债券，该债券面值为 1 000 元，期限为 3 年，票面利率为 6%，单利计息，假设投资必要报酬率为 9%，问该债券的市场价格为多少时，才值得购买？

3. 东方公司发行贴现债券，面值为 1 000 元，期限为 5 年，到期按面值偿还，市场利率为 7%，问该债券价格为多少时，企业才能购买？

4. 新华公司 2022 年 6 月 1 日以 1 105 元购买面值为 1 000 元、票面利率为 8% 的 5 年期债券，每年 6 月 1 日计算并支付一次利息，将持有至到期日，试计算该债券的收益率。

5. 某企业购买 G 公司的股票，G 公司今年的股利为 0.6 元/股，预计 G 公司今后 5 年的股利以 14% 的速度增长，然后以 8% 的正常速度增长，该企业要求的预期报酬率为 12%，则 G 公司股票的价值是多少？

第 7 章 流动资产管理

7.1 流动资产的特征与分类

7.1.1 流动资产的特征

流动资产，是指可以在 1 年以内或超过 1 年的一个营业周期内变现或耗用的资产。流动资产具有占用时间短、周转快、易变现等特点，企业拥有较多的流动资产，可在一定程度上降低财务风险。与长期投资、固定资产、无形资产、递延资产等各种长期资产相比，流动资产具有以下几个突出的特点。

① 周转速度快。企业投资于流动资产的资金周转一次所需要的时间较短，通常会在 1 年或一个营业周期内收回；固定资产等长期资产的价值则需要经过多次转移才能逐步收回或得以补偿。

② 变现能力强。流动资产中的现金、银行存款本身就可以随时用于支付和偿债，其他的短期金融资产、存货、应收账款等也能在较短时间内变现。

③ 财务风险小。企业拥有较多的流动资产，由于周转快、变现快，可在一定程度上降低财务风险，但流动资产过多，也会影响企业的利润。流动资产不足，则表明企业资金周转不灵，会影响企业的经营。因此，合理配置流动资产需要量在财务管理中具有重要地位。

7.1.2 流动资产的分类

按照不同的标准，可将流动资产划分为不同的类别。

① 按照实物形态，可以将流动资产分为现金、短期金融资产、应收及预付款项和存货。

现金，是指可以立即用来购买物品、支付各项费用或偿还债务的交换媒介或支付手段。主要包括库存现金和银行活期存款，有时也将即期或到期的票据看作现金。现金是流动资产中流动性最强的资产，可直接支用，也可以立即投入流通。拥有大量现金的企业具有较强的偿债能力和承担风险的能力。但因为现金不会带来收益或只有极低的收益，所以财务管理比较健全的企业并不会持有过多的现金。

短期金融资产，是指各种准备随时变现的有价证券及不超过 1 年的其他投资，其中主要是指有价证券投资。企业通过持有适量的短期金融资产，一方面能获得较好的收益；另一方面又能增强企业整体资产的流动性，降低企业的财务风险。因此，适当持有短期金融资产是一种较好的财务策略。

应收及预付款项，是指企业在生产经营过程中所形成的应收而未收的或预先支付的款项，包括应收账款、应收票据、其他应收款和预付账款。在市场经济条件下，为了加强市场竞争能力，企业拥有一定数量的应收及预付款项是不可避免的。企业应力求加快账款的回收，减少坏账损失。

存货，是指企业在生产经营过程中为销售或者耗用而储存的各种资产，包括商品、产成品、半成品、在产品、原材料、辅助材料、低值易耗品、包装物等。由于存货在流动资产中所占的比重较大，因此加强存货的管理与控制，使存货保持在最优水平上，便成为财务管理的一项重要内容。

② 按照在生产经营循环中所处的流程，可把流动资产划分为生产领域中的流动资产、流通领域中的流动资产及生息领域中的流动资产。

生产领域中的流动资产是指在产品生产过程中发挥作用的资产，如原材料、辅助材料、低值易耗品等。

流通领域中的流动资产是指在商品流通过程中发挥作用的流动资产。商品流通企业的流动资产均为流通领域中的流动资产，工业企业的流动资产中的产成品、现金、外购商品等也属于流通领域中的流动资产。

生息领域中的流动资产是指为获取利息收入而持有的流动资产，包括定期存款、短期有价证券等短期金融资产。企业将短期闲置的现金资产存入银行或者购买短期金融资产，可以在保持资产流动性的同时获得一定的利息收入。

7.2　现　金　管　理

现金是指企业以各种货币形态占用的资产，包括库存现金、银行存款及其他货币资金等。现金管理的目标是在现金的流动性和收益性之间进行合理选择，即在保证正常业务经营需要的同时，尽可能降低现金的占用量，并从暂时闲置的现金中获得最大的投资收益。现金是变现能力最强的资产，代表着企业直接的支付能力和应变能力，可以满足企业生产经营的各种开支需要，也是履行纳税义务和偿还债务的保证。现金管理的过程就是管理人员在现金的流动性与收益性之间进行权衡选择的过程，即既要维护适度的流动性，又要尽可能提高其收益性。

7.2.1　持有现金的动机

企业持有一定数量的现金，主要基于以下 3 个方面的动机。

1. 交易动机

交易动机是指持有现金，以便满足日常支付的需要。企业为了组织日常生产经营活动，必须保持一定数额的现金余额，以购买原材料、支付工资、缴纳税款、偿付到期债务、派发现金股利等。尽管企业每天都会有一定的现金收入或现金支出，但收入和支出很少同时发生，而且即使同时发生，收支数额也难以相等。因此，企业保留一定数额的现金余额以应付日常频繁支出的需要是十分必要的。

2. 预防动机

预防动机是指持有现金，以便应付一些意外事件对现金的需求。企业预计的现金余额一般是指正常情况下的需求量，但有许多意外事件会影响现金的收入和支出。例如，地震、水灾、火灾等自然灾害，生产事故、坏账等，都会使预计现金需要量与实际情况发生偏差，使现金收支出现不平衡，进而影响企业正常的生产经营秩序。因此，在正常业务活动现金需要量的基础上，追加一定数量的现金余额以应对未来现金收支的随机波动，是企业在确定必要现金持有量时应当考虑的因素。

　　企业为预防需要而持有的现金余额的多少取决于以下 3 个因素：企业现金收支预测的可靠程度；企业临时融资能力；企业愿冒现金短缺风险的程度。希望尽可能减少风险的企业倾向于保留大量的现金余额，以应付其交易性需求和大部分预防性资金需求。现金收支预测可靠性程度高、信誉良好、与银行关系较好的企业，预防性需求的现金持有量一般较低。

3. 投机动机

　　投机动机是指持有现金以便当市场上出现较有利的机会时，进行投机活动，从中获得收益。投机机会一般有：供应商资金周转困难，廉价出售原材料；某些企业破产，廉价处理资产；银行抵押贷款对象无力偿还贷款，银行廉价处理抵押品；新产品的发明人急需出让专利等。投机需要只是企业确定现金余额时所需要考虑的次要因素之一，其持有数量往往与企业在金融市场上的投资机会和企业对待风险的态度有关。

　　此外，银行要求企业的存款账户中必须维持一个最低存款额，即补偿性余额，也是企业持有现金的原因之一。企业在确定现金余额时，一般应综合考虑各方面的持有动机。但由于各种条件的变化，每种动机需要的现金数量是很难确定的，而且往往一笔现金余额可以服务于多个动机，如出于预防动机或投机动机持有的现金就可以在需要时用于企业采购。企业持有的现金总额并不等于各种所需现金余额的简单相加，前者通常小于后者。另外，各种所需的现金，并不要求必须是货币形态，可以是能够随时变现的有价证券及能够随时融入现金的其他各种存在形态，如可以随时介入的银行信贷资金等。

7.2.2　现金管理的目的与内容

1. 现金管理的目的

　　现金管理的核心是在企业的资产流动性和盈利能力之间做出选择，以获取最大的利润。从长期来看，盈利能力越强，企业履行债务的能力也越强，流动性也越好。但从短期来看，由于流动资产的盈利能力较差，二者往往是负相关的。一个盈利能力很强的企业可能由于对长期项目的过度投资而导致流动资金不足，甚至导致企业破产。而一个盈利能力很差的企业在一定时间内却可以依靠以前积累的大量现金保持其偿债能力。企业流动性高低的关键在于它的现金管理水平。

　　现金管理的目的是在保证企业生产经营活动现金需求的基础上，尽量减少现金的持有量，提高现金的利用效率。现金管理关注的是如何决定企业正常运营所应保持的最低现金余额，如何管理现金的收入和支出以保证企业有效地运营，以及为增加收益如何把多余的现金投资于其他流动资产。

2. 现金管理的内容

　　根据现金管理的目的，企业现金管理的内容主要包括以下几个方面。

　　① 编制现金预算，合理估计现金需求。通过现金预算的编制，企业可以对未来的现金流入和流出情况进行合理规划，保证生产经营过程中的现金需求。

　　② 确定最佳现金余额。这是现金管理的重要组成部分。现金余额过多，会造成资金的浪费；现金余额过少，会增加财务风险。因此，现金管理的一项重要内容就是利用特定的模型和方法估算理想的现金余额，并在实际的现金余额偏离理想现金余额时，采用短期融资策略或归还借款、投资于有价证券等策略调整实际现金余额，使其回到理想状态。

　　③ 对日常的现金收支活动进行控制。为保证现金流的正常周转速度，应严格控制现金流

出，尽量做到收支相匹配。

7.2.3 现金的成本的构成

1. 持有成本

持有成本，也称机会成本，是指企业因保留一定现金余额而增加的管理费用及丧失的再投资收益。其中，管理费用是固定成本，再投资收益是变动成本，现金持有量越大，持有成本越高。

2. 转换成本

转换成本是指企业现金与有价证券转换过程中所发生的成本，如委托买卖佣金、委托手续费、债券过户费、实物交割手续费等。该项成本可分为以下两种情况。

① 固定转换成本与转换次数关系不大，具有固定成本性质，属于决策无关成本，如委托佣金或手续费。

② 变动转换成本与证券转换次数呈线性关系，即转换成本＝证券变现次数×每次的转换成本。在现金需要总量确定的前提下，每次转换的现金越少，现金持有量就越少，需要转换的次数就越多，相应的转换成本就越大；相反，转换成本就越少。

3. 短缺成本

短缺成本是指现金持有量不足而又无法及时通过有价证券变现加以补充而给企业造成的损失，如不能及时支付材料款而停工待料给企业造成的经济损失。现金的短缺成本随现金持有量的增加而下降，随现金持有量的减少而上升，即与现金持有量呈负相关关系。

7.2.4 最佳现金持有量的确定

企业因交易动机、预防动机、投机动机而持有一定量的现金余额，但是现金基本上是一种非盈利性资产，过多地持有现金，必然造成资源浪费。因此企业必须确定现金的最佳持有量。最佳现金持有量的确定方法主要有成本分析模型、现金周转模型、存货模型、因素分析模型和随机模型。

1. 成本分析模型

成本分析模型是根据现金有关成本分析预测其总成本最低时现金持有量的一种方法。运用成本分析模型确定现金最佳持有量时，只考虑因持有一定量的现金而产生的持有成本及短缺成本，而不考虑转换成本和管理费用。在这种模型下，持有现金而产生的持有成本与短缺成本之和最小时的现金持有量为最佳现金持有量。

【**例 7-1**】某企业有 A、B、C、D 四种现金持有方案，它们各自的持有成本率、短缺成本的有关资料见表 7-1。

表 7-1 现金持有方案
单位：元

方案	A	B	C	D
现金持有量	30 000	40 000	50 000	60 000
持有成本率	8%	8%	8%	8%
短缺成本	3 000	1 000	500	0

要求：计算该企业的最佳现金持有量。

解　根据表 7-1，计算各方案持有现金的总成本见表 7-2。

表 7-2　持有现金总成本

单位：元

方案	A	B	C	D
持有成本	30 000×8%=2 400	40 000×8%=3 200	50 000×8%=4 000	60 000×8%=4 800
短缺成本	3 000	1 000	500	0
总成本	5 400	4 200	4 500	4 800

将以上各方案的总成本加以比较可知，B 方案的总成本最低，也就是说当企业持有 40 000 元现金时，各方面的总代价最低，故 40 000 元是该企业的最佳现金持有量。

成本分析模型的优点是适用范围广，尤其适用于现金收支波动较大的企业；缺点是企业持有现金的短缺成本较难预测。

2. 现金周转模型

现金周转模型是根据现金周转期来确定最佳现金持有量的方法。现金周转期是指从现金投入生产经营活动开始，经过生产经营过程，最终又转化为现金所需要的时间，包括应付账款周转期、存货周转期、应收账款周转期。应付账款周转期是指从收到尚未付款的材料开始到偿还货款支付现金所需要的时间；存货周转期是指从生产投入材料开始到产成品出售所需要的时间；应收账款周转期是指将应收账款转换为现金所需要的时间。例如，购买材料生产产品，1 月 1 日购进材料（赊购），2 月 1 日支付材料款，则 1 月 1 日至 2 月 1 日为应付账款周转期；3 月 1 日加工成产成品，对外销售（赊销），则 1 月 1 日至 3 月 1 日为存货周转期；4 月 1 日收回赊销款，则 3 月 1 日至 4 月 1 日为应收账款周转期，2 月 1 日至 4 月 1 日为现金周转期，如图 7-1 所示。

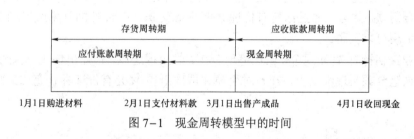

图 7-1　现金周转模型中的时间

从图 7-1 中可以看出，企业营业周期的长度（天数）等于存货周转期（天数）加上应收账款周转期（天数），而一个营业周期所经历的天数减去应付账款周转期（天数）才是现金周转期（天数），因此可得现金周转期的计算公式为

$$现金周转期＝应收账款周转期－应付账款周转期＋存货周转期$$

根据现金周转期可以计算出现金周转率，即在一年中现金周转的次数。其计算公式为

$$现金周转率＝360/现金周转期$$

现金周转率越高，说明企业现金周转的速度越快，在全年现金需求总量一定的情况下，

企业所需的现金持有量就越小。假定企业一定时期（如 1 年）内的现金需求量已知，且企业经营是持续均衡的，即存货、应收账款与应付账款的周转速度保持稳定，则该企业的最佳现金持有量可通过下式来求得：

$$最佳现金持有量=年现金需求总量/现金周转率$$

或者

$$最佳现金持有量=（年现金需求总量/360）\times 现金周转期$$

【例 7-2】某公司预计存货周转天数为 80 天，应收账款周转天数为 40 天，应付账款周转天数为 30 天，预计全年需要现金 720 万元，求最佳现金持有量。

解
$$现金周转天数=80+40-30=90（天）$$
$$最佳现金持有量=\frac{720}{360}\times 90=180（万元）$$

现金周转模型的操作虽然比较简单，但运用该模型有一定的前提条件。首先，未来年度的现金总需求应该能够根据产销计划比较准确地加以预计；其次，必须能够根据以往年度的历史资料测算出未来年度的现金周转期。

3. 存货模型

存货模型是把现金管理视作存货管理，在这一模型下，对现金持有量的确定是建立在持有现金的成本和把有价证券转换为现金的成本基础上的。最佳现金持有量就是使这些成本之和最小的现金持有量。

存货模型应用的基本前提是：① 企业的现金流入量是稳定并可预测的。也就是企业在一定时期内，其现金收入是均匀发生的，并能够可靠地预测其数量。② 企业的现金流出量是稳定并可预测的。即现金支出也是均匀发生的，并能可靠地预测其数量。③ 在预测期内，企业不能发生现金短缺，并可以通过出售有价证券来补充现金。④ 证券的利率或报酬率及每次的固定性交易费用可以获悉。

假定企业期初持有 M 元现金，当这笔现金在 t_1 时用掉之后，企业出售 M 元有价证券予以补充，然后这笔金额又逐渐支出，在 t_2 时用掉并再次出售 M 元有价证券补充，如此反复，如图 7-2 所示。

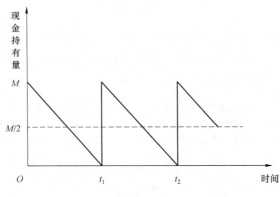

图 7-2　存货模型现金流量示意图

从图 7-2 中可以看出，当企业持有的现金趋于零时，就需要将有价证券转换为现金，以用于日常开支。但现金转换为有价证券及持有现金均要发生成本。

现金持有成本和现金转换成本之和可用公式表示为

$$TC = \frac{N}{2}i + \frac{T}{N}b$$

式中：TC 为总成本；b 为现金与有价证券的转换成本；T 为一定时期的现金总需求量；N 为最佳现金持有量；i 为短期有价证券的投资报酬率。

运用微积分求最小值的原理，将总成本函数对 N 求导并令其结果为零，即可推出：

$$\frac{\mathrm{d}(TC)}{\mathrm{d}N} = \frac{i}{2} - \frac{T \times b}{N^2} = 0 \Rightarrow N = \sqrt{\frac{2Tb}{i}} \Rightarrow TC = \sqrt{2T \times b \times i}$$

【例 7-3】A 公司预计全年现金需要总量为 200 000 元，其收支状况比较稳定。有价证券预期报酬率为 10%，每次变现的固定费用为 400 元。试计算最佳现金持有量、最低现金持有总成本，并确定有价证券的变现次数。

解　最佳现金持有量 $= \sqrt{\dfrac{2 \times 400 \times 200\,000}{0.1}} = 40\,000$（元）

最低现金持有总成本 $= \sqrt{2 \times 200\,000 \times 400 \times 0.1} = 4\,000$（元）

年度有价证券变现次数 $= \dfrac{200\,000}{40\,000} = 5$（次）

4. 因素分析模型

因素分析模型是根据上年现金实际占用额及本年有关因素的变动情况，来确定最佳现金持有量的方法。这种方法在实际工作中具有较强的实用性。一般来说，现金持有量与企业的销售收入呈正比例关系，销售收入增加，企业的现金需要量就会随之增加。因此，因素分析模型的计算公式可以表示如下。

最佳现金持有量 =（上年现金平均占用额 - 不合理占用额）×（1±预计销售收入变化的百分比）

【例 7-4】某公司 2021 年现金平均占用额为 1 000 万元，经分析其中有 50 万元为不合理占用额，2022 年预计销售收入比 2021 年增长 20%，则

2022 年最佳现金持有量 =（1 000 - 50）×（1 + 20%）= 1 140（万元）

因素分析模型考虑了影响现金持有量高低的最基本因素，计算也比较简单。但是这种模型假设现金需求量与营业量呈正比例关系，有时情况并非完全如此。

5. 随机模型

随机模型也称米勒-奥尔模型，是在现金需求量难以预知的情况下进行现金持有量控制

的方法。对企业来讲，现金需求量往往波动较大且难以预知，但企业可以根据历史经验和现实需要，测算出一个现金持有量的控制范围，即确定现金持有量的上限和下限，将现金持有量控制在上、下限的区域内。当现金持有量达到该区域上限时，以现金购入有价证券从而使现金持有量下降；当现金持有量降至该区域下限时，抛售有价证券换回现金从而使现金持有量回升。若现金持有量在上、下限之内，则不必进行现金与有价证券的转换，如图7-3所示。

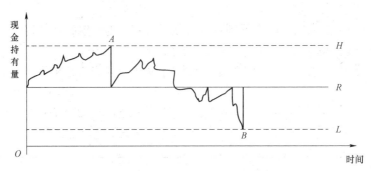

图7-3　随机模型的现金持有量

图7-3中，H 为现金控制上限，L 为现金控制下限，R 为最优现金返回线。从图7-3中可以看到，企业的现金持有量（表现为每日现金余额）是随机波动的，当其达到 A 点时，即达到了现金控制的上限，企业应用现金购买有价证券，使现金持有量回落到最优现金返回线的水平；当现金持有量降至 B 点时，即达到了现金控制的下限，企业应转让有价证券换回现金，使现金持有量回升至最优现金返回线的水平。现金持有量在上、下限之间的波动属于控制范围内的变化，是合理的。以上关系中的上限、最优现金返回线可按下列公式计算：

$$R = \sqrt[3]{\frac{3b\delta^2}{4i}} + L, \quad H = 3R - 2L$$

式中：i 为有价证券日利率；b 为每次固定转换成本；δ 为标准差；R 为最优现金返回线；H 为现金控制上限；L 为现金控制下限。下限的确定，要受到企业每日的最低现金需要、管理人员的风险承受倾向等因素的影响。

【例7-5】假定某公司有价证券年利率为9%，每次固定转换成本为50元，公司认为任何时候银行活期存款及现金余额不能低于1 000元，又根据以往经验测算出现金余额波动的标准差为800元。试计算最优现金返回线和现金控制上限。

解　依据题意，有价证券的日利率为 $i=9\%/360=0.025\%$，现金控制下限为 $L=1 000$ 元，$b=50$ 元。根据最优现金返回线计算公式得

$$R = \sqrt[3]{\frac{3b\delta^2}{4i}} + L = \sqrt[3]{\frac{3\times 50\times 800^2}{4\times 0.025\%}} + 1 000 = 5 579 \ （元）$$
$$H = 3R - 2L = 3\times 5 579 - 2\times 1 000 = 14 737 \ （元）$$

结论：公司的现金持有量应维持在5 579元，不超过14 737元，不低于1 000元。

以上各种模型分别从不同角度来计算最佳现金持有量，各有优缺点，在实际工作中，可

结合起来加以运用。另外，现金持有量的多少是多种因素作用的结果，数学模型并不能把各种因素的变化都考虑进去，所以在多数情况下，还需财务管理人员根据经验加以确定。

7.2.5 现金的日常控制

企业在确定了最佳现金持有量后，还应采取各种措施，加强对现金的日常控制，其主要目的是降低现金的运营成本，提高现金的周转速度。现金的日常控制主要包括现金回收控制、现金支出控制和综合控制。

1. 现金回收控制

为了提高现金的使用效率，加速现金周转，企业应尽量加速账款的回收。一般来说，企业账款的收回包括客户开出票据、企业收到票据、银行收到票据、企业收到现金等环节。企业账款收回的时间包括票据邮寄时间、票据在企业停留时间及票据结算的时间。前两个环节所需时间不但和客户、企业与银行之间的距离有关，而且还与收款的效率有关。一个高效率的收款系统能使收款成本和收款浮动期达到最小，同时还能保证与客户汇款及其他现金流入来源相关的信息的质量。

2. 现金支出控制

企业在加强现金收入管理的同时，还应当严格控制现金支出。与现金收入的加速收款相反，现金支出管理的主要任务是尽可能延缓现金支出的时间，当然这种延缓必须是合理合法的。延期支付账款的方法主要有：① 合理利用现金的"浮游量"。所谓现金的"浮游量"，是指企业账户上银行存款余额与银行账户上所示的存款余额之间的差额。② 推迟支付应付款。③ 采用汇票付款。④ 改进工资支付方式等。

3. 综合控制

为了减少现金的闲置浪费，企业应采取有效措施使现金流入与现金流出同步，这样可以大大提高现金的利用效率。企业的现金流入与流出一般来说是很难准确预测的，为了使现金流入与现金流出同步，企业应合理编制现金预算，并依照现金预算中的计划安排来筹划现金流入和现金流出。现金流动同步化可以使企业的现金持有量减到最小，从而减少持有成本，提高企业的盈利水平。

7.3 应收账款管理

应收账款是企业因对外赊销产品、材料、供应劳务等应向购货或接受劳务的单位收取的款项。应收账款的发生意味着企业有一部分资金被客户占用，由此将发生一定的管理成本、机会成本和坏账成本。然而，商品与劳务的赊销与赊购在强化企业市场竞争能力、扩大销售、增加收益、节约存货资金占用以及降低存货管理成本等方面有着其他任何结算方式都无法比拟的优势。相对于现销方式，赊销商品毕竟意味着应计现金流入量与实际现金流入量在时间上不一致，所以产生拖欠甚至坏账损失的可能性自然也比较高。因此，企业应在发挥应收账款强化竞争、扩大销售功能的同时，尽可能降低应收账款投资的机会成本，减少坏账损失与管理成本，提高应收账款投资的收益率。

7.3.1 应收账款的功能与成本

1. 应收账款的功能

应收账款的功能是指应收账款在企业生产经营过程中所具有的作用。应收账款具有以下功能。

（1）促进销售的功能

在激烈竞争的市场经济中，采用赊销方式为客户提供商业信用，可以扩大产品销售，提高产品的市场占有率。通常为客户提供的商业信用是不收利息的，所以对于接受商业信用的企业来说，实际上等于得到一笔无息贷款，这对客户具有较大的吸引力。与现销方式相比，客户更愿意购买采用赊销方式的企业的产品。因此，应收账款具有促进销售的功能。

（2）减少存货的功能

企业持有产成品存货，要增加管理费、仓储费和保险费支出；相反，赊销促进了产品销售，自然就减少了企业库存产品的数量，加快了企业存货的周转速度。因此，企业通过赊销的方式将产品销售出去，资产由存货形态转化为应收账款形态，可以节约企业的费用支出。

2. 应收账款的成本

持有应收账款所要付出的代价称为应收账款的成本。应收账款的成本包括以下几种。

（1）机会成本

机会成本是指企业的资金因投放于应收账款而必须放弃其他投资机会所丧失的收益。

$$应收账款机会成本＝维持赊销业务所需要的资金×资金成本率$$
$$维持赊销业务所需要的资金＝应收账款平均余额×变动成本率$$
$$应收账款平均余额＝赊销收入净额/应收账款周转率$$
$$应收账款周转率＝日历天数/应收账款周转期$$

（2）管理成本

管理成本是指企业因管理应收账款而发生的各项费用，如对客户的资信调查费用、收集相关信息的费用、应收账款账簿的记录费用、收账费用、数据处理成本、相关管理人员工资、从第三方购买信用信息的成本等。

（3）坏账成本

坏账成本是指企业的应收账款因故不能收回而发生的损失，一般与应收账款数量成正比。为避免发生坏账成本，财务制度规定企业应以应收账款余额的一定比例或按应收账款账龄等标准提取坏账准备。

坏账成本一般用下列公式测算：

$$应收账款的坏账成本＝赊销额×预计坏账损失率$$

7.3.2 信用政策

信用政策即应收账款的管理政策，是指企业对应收账款投资进行规划与控制而确立的基本原则与行为规范。制定合理的信用政策是加强应收账款管理、提高应收账款投资效益的重要前提。信用政策具体包括信用标准、信用条件和收账政策三部分内容。

1．信用标准

信用标准是企业同意向顾客提供商业信用而提出的基本要求，通常以预期的坏账损失率作为判断标准。如果企业的信用标准较严，只对信誉好、坏账损失率低的顾客给予赊销，则虽然会减少坏账损失，减少应收账款的机会成本，但不利于扩大销售，甚至会使销售量减少，不利于企业提高市场竞争能力；相反，如果信用标准较宽，虽然会增加销售量，但也会相应地增加坏账损失和应收账款的机会成本与管理成本。因此，企业必须在扩大销售与增加成本之间权衡利弊，制定一个比较合理的信用标准。

（1）影响信用标准的因素

① 同行业竞争对手情况。如果行业竞争激烈、企业处于相对弱势，则企业应采取较低的信用标准；反之，企业可采用较高的信用标准。

② 企业承担违约风险的能力。当企业承担违约风险的能力较强时，可以采取较低的信用标准，以扩大销售；当企业承担违约风险的能力较弱时，可以采取较高的信用标准，以降低应收账款的成本和风险。

③ 客户资信程度。客户资信程度的高低取决于客户的 5 个方面，即品质、能力、资本、抵押和条件。企业对客户资信程度的确定可以通过以上 5 个方面进行。其中，品质是指客户的信誉，即履行偿债义务的可能性，这一点经常被视为评价客户信用的首要因素。能力是指客户的现实偿债能力。资本是指客户的财务能力和财务状况，企业可以分析客户的资本构成情况、可能偿还债务的背景等。抵押是指客户拒付款项或无力支付款项时能被用作抵押的资产。条件是指可能影响客户经营状况与付款能力的经济环境。

（2）确立信用标准

① 设定信用等级的评价标准。即选用一组具有代表性、能说明企业财务状况和支付能力的财务指标和其他统计指标，设定其标准值、评分标准及各指标分值的权数，作为判定客户信用等级的标准。

② 计算客户财务指标值。利用客户（包括潜在客户）的信息资料，根据企业设定的信用等级评价标准，计算每个客户的信用评分。

③ 确定客户信用等级。根据客户的信用评分，确定客户的信用等级。根据客户的信用等级，给予客户不同的信用额度和优惠条件。

2．信用条件

信用条件是指企业要求客户支付赊销款项的条件，包括信用期限、现金折扣和折扣期限。

（1）信用期限

信用期限即企业允许客户从购货到付款之间的时间，或者说企业给予客户的付款时间。例如，若某企业允许客户在 30 天内付款，则信用期限即为 30 天。延长信用期限，可以在一定程度上扩大销售，从而增加毛利。但不当地延长信用期限，会给企业带来不良后果：一是使平均收账期延长，使占用在应收账款上的资金相应增加，从而引起机会成本增加；二是引起坏账损失和收账费用的增加。因此，企业是否给客户延长信用期限，应视延长信用期限增加的边际收入是否大于增加的边际成本而定。

（2）现金折扣和折扣期限

现金折扣是指企业为了提前收回货款，往往给予客户一定的现金折扣；折扣期限是指规定客户可享受现金折扣的付款时间。例如账单中的"2/10，n/30"就是一个信用条件，它规定如果在发票开出后 10 天内付款，可享受 2%的现金折扣；如果不想取得折扣，这笔货款必须在 30 天内付清。在这里，30 天为信用期限，10 天为折扣期限，2%为现金折扣率。又如"5/10，3/20，n/50"信用条件的含义为：5/10 表示 10 天内付款，可享受 5%的优惠，3/20 表示超过 10 天但在 20 天内付款，则优惠 3%；n/50 表示超过 20 天付款，不再优惠，但可在 50 天内付款，此时的 50 天即为信用期限。

现金折扣能给企业增加销售量，但同时也会增加成本，其增加的成本是指价格折扣损失。企业是否愿意提供现金折扣以及提供多大程度的现金折扣，应当结合信用期限考虑折扣所能带来的收益与成本，权衡利弊，做出选择。决策原则是：选择扣除信用成本后收益最大的方案。

【例 7-6】某企业 2021 年 A 产品销售收入为 4 000 万元，总成本为 3 000 万元，其中固定成本为 600 万元。2022 年该企业有两种信用政策可供选用：甲方案给予客户 60 天信用期限（n/60），预计销售收入为 5 000 万元，货款将于第 60 天收到，其信用成本为 140 万元；乙方案的信用政策为"2/10，1/20，n/90"，预计销售收入为 5 400 万元，将有 30%的货款于第 10 天收到，20%的货款于第 20 天收到，其余 50%的货款于第 90 天收到（前两部分货款不会产生坏账，后一部分货款的坏账损失率为该部分货款的 4%），收账费用为 50 万元。该企业 A 产品的销售额为 3 000 万～6 000 万元，企业的资金成本率为 8%（为简化计算，本题不考虑增值税因素）。要求：

（1）计算该企业 2021 年的下列指标：① 变动成本总额；② 以销售收入为基础计算的变动成本率；

（2）计算乙方案的下列指标：① 应收账款平均收账天数；② 应收账款平均余额；③ 维持应收账款所需资金；④ 应收账款的机会成本；⑤ 坏账成本；⑥ 采用乙方案的信用成本。

（3）计算以下指标：① 甲方案的现金折扣；② 乙方案的现金折扣；③ 甲、乙两方案信用成本前收益之差；④ 甲、乙两方案信用成本后收益之差。

（4）为该企业做出采取何种信用政策的决策，并说明理由。

解

（1）

① 变动成本总额=3 000-600=2 400（万元）

② 以销售收入为基础计算的变动成本率=2 400/4 000×100%=60%

（2）

① 应收账款平均收账天数=10×30%+20×20%+90×50%=52（天）

② 应收账款平均余额=5 400×52/360=780（万元）

③ 维持应收账款所需资金=780×60%=468（万元）

④ 应收账款机会成本=468×8%=37.44（万元）

⑤ 坏账成本=5 400×50%×4%=108（万元）

⑥ 采用乙方案的信用成本=37.44+108+50=195.44（万元）

（3）

① 甲方案的现金折扣=0

② 乙方案的现金折扣=5 400×30%×2%+5 400×20%×1%=43.2（万元）

③ 甲、乙两方案信用成本前收益之差=5 000×（1-60%）-[5 400×（1-60%）-43.2]=-116.8（万元）

④ 甲、乙两方案信用成本后收益之差=−116.8−（140−195.44）=−61.36（万元）

（4）乙方案信用成本后收益大于甲方案的，企业应选用乙方案。

---

3. 收账政策

收账政策是指当客户违反信用政策条件，拖欠甚至拒付账款时企业所采取的收账策略与措施。企业如果采用较积极的收账策略，可能会减少应收账款投资，减少坏账损失，但要增加收账成本；如果采用较消极的收账策略，则可能会增加应收账款投资，增加坏账损失，但会减少收账费用。

催收账款要发生费用，某些催款方式的费用还很高。一般而言，收账费用支出越多，坏账损失越少，但两者并不一定存在线性关系。通常情况是：开始花费一些收账费用，应收账款和坏账损失有小部分降低；收账费用继续增加，应收账款和坏账损失明显减少；收账费用达到某一限度以后，应收账款和坏账损失的减少就不再明显了（这个限度称为饱和点）。超过这一限度后，催账费用的增加对进一步降低坏账损失的效应便会渐趋减弱。因此，在制定信用政策时要在收账费用和减少坏账损失之间进行权衡。

4. 综合信用政策

综合信用政策是信用标准、信用条件及收账政策的结合。综合信用政策要求分析不同的信用标准、信用条件和收账政策对利润的影响，以确定最佳组合。但是，由于计算过程过于复杂，而且几个变量的变化都是预计的，因此有较大的不确定性。在实际工作中信用政策的制定主要不是依靠数据分析，而是在很大程度上由管理经验决定。

7.3.3　应收账款日常管理

对于已经发生的应收账款，企业还应进一步强化日常的管理工作，采取有效措施进行分析、控制，以便及时发现问题、解决问题。这些措施主要包括应收账款追踪分析、应收账款账龄分析、应收账款收现保证率分析和建立应收账款坏账准备制度。

1. 应收账款追踪分析

应收账款一旦为客户所欠，赊销企业就必须考虑如何按期足额收回。要实现这一目的，赊销企业有必要在收账之前对该项应收账款的运行过程进行追踪分析。应收账款收回是存货变现过程的中间环节，所以对应收账款实施追踪分析的重点应放在赊销商品的销售与变现方面。市场供求关系具有瞬变性，使得客户所赊购的商品不能顺利地销售与变现，经常出现的情形有两种：积压和赊销。无论哪一种情形出现，对客户而言都意味着与应付账款相对的现金支付能力匮乏。在这种情况下，客户能否严格履行赊销企业的信用条件，取决于两个因素：其一，客户的信用品质；其二，客户的现金持有量与调剂程度。如果客户的信用品质良好，一般会想方设法偿还欠款，不愿以损失市场信誉为代价而拖欠赊销企业的账款。如果客户信用品质不佳，那么赊销企业的账款遭受拖欠也就在所难免。

2. 应收账款账龄分析

账龄分析是指根据企业已发生的应收账款时间的长短，按顺序进行排序分析。一般来说，时间越长，款项收回的可能性越小，形成坏账的可能性越大。因此，企业有必要在收账之前，对应收账款的回收情况进行全面了解，为收账政策的制定奠定基础。应收账款回收情况分析可以通过编制账龄分析表进行。一般而言，账款的逾期时间越短，收回的可能性越大，发生坏账损失的可能性相对越小；反之，收款的难度及发生坏账损失的可能性也就越大。因此，对不同拖欠时间的账款及不同信用品质的客户，企业应采取不同的收账方法，制定出经济可行的不同收账政策。对可能发生的坏账损失，需提前做好准备，充分估计其对企业的影响。对尚未过期的应收账款，也不能放松管理监督，以防止沦为新的拖欠。通过应收账款的账龄分析，可以提示财务人员在把过期款项视为工作侧重点的同时，有必要进一步研究与制定新的信用政策。

3. 应收账款收现保证率分析

企业当期现金支付需要量与当期应收账款收现额之间存在非对称性矛盾，并呈现出预付性与滞后性的差异特征，这就决定了企业必须对应收账款收现水平制定一个必要的控制标准，即应收账款收现保证率。

应收账款收现保证率是为了适应企业现金收支匹配关系的需要，所确定的有效收现的账款应占全部应收账款的百分比，是二者应当保持的最低比例，其计算公式如下。

$$应收账款收现保证率 = \frac{当期必要现金支付总额 - 当期其他稳定可靠的现金流入总额}{当期应收账款总额}$$

其中，其他稳定可靠的现金流入总额是指从应收账款收现以外的途径可以取得的各种稳定可靠的现金流入金额，包括短期有价证券变现净额、可随时取得的银行贷款额等。企业应定期计算应收账款实际收现率，看其是否达到了既定的控制标准，如果发现实际收现率低于应收账款收现保证率，则应查明原因，采取相应措施，确保企业有足够的现金满足同期所必需的现金支付要求。

4. 建立应收账款坏账准备制度

无论企业采取怎样严格的信用政策，只要存在商业信用行为，坏账损失的发生总是不可避免的。债务单位已撤销、破产、资不抵债、现金流量严重不足、发生重大的自然灾害等导致停产而在短时间内无法偿还的债务，以及 3 年以上的应收账款，均可作为坏账损失处理。需要注意的是，企业的应收账款作为坏账损失处理后，并非意味着企业放弃了对该项应收账款的索取权。实际上，企业仍然拥有继续收款的法定权利，企业与债务单位之间的债权和债务关系不会因为企业已做坏账处理而解除。

既然应收账款的坏账损失无法避免，那么就应遵循谨慎性原则对坏账损失的可能性预先进行估计，并建立弥补坏账损失的准备制度，即提取坏账准备金。

7.4 存 货 管 理

存货是指企业在生产经营过程中为销售或生产而储备的物资，主要包括原材料、燃料、低值易耗品、在产品、半成品、产成品等。存货是企业流动资产的重要组成部分，在流动资产中所占的比重较大。一般而言，企业持有充足的存货，不仅有利于生产过程的顺利进行，节约采购费用和生产时间，而且能够迅速满足客户各种订货的需要，从而为企业的生产与销售提供较大的机动性。因此，如何在存货的成本与收益之间进行利弊权衡，实现二者的最佳组合，成为存货管理的基本目标。

7.4.1　存货的功能与成本

1. 存货的功能

企业持有存货的主要功能是：防止停工待料；适应市场变化；降低进货成本；维持均衡生产。

2. 存货成本

企业持有存货的成本主要有以下几种。

（1）订货成本

订货成本是指企业为组织订购存货而发生的各种费用支出，如为订货而发生的差旅费、邮资、通信费、专设采购机构的经费等。订货成本分为变动性订货成本和固定性订货成本。变动性订货成本与订货次数成正比，而与每次订货数量关系不大，订货次数越多，变动性订货成本越高，如采购人员的差旅费、通信费等；固定性订货成本与订货次数无关，如专设采购机构的经费支出等。

（2）采购成本

采购成本也称进货成本，是存货成本的主要组成部分，它是指构成存货本身价值的进价成本，主要包括买价、运杂费等。采购成本一般与采购数量呈正比例关系，它等于采购数量与单位采购成本的乘积。

（3）储存成本

储存成本是指企业为储存存货而发生的各种费用支出，如仓储费、保管费、搬运费、保险费、存货占用资金支付的利息费、存货残损和变质损失等。存货的储存成本也分为变动性储存成本和固定性储存成本。变动性储存成本与存货的数量有关，如存货资金的应计利息等。固定性储存成本与存货的数量无关，如仓库折旧、仓库职工的工资等。

（4）缺货成本

缺货成本是指因为存货不足而给企业造成的停产损失、延误发货的信誉损失及丧失销售机会的损失等。缺货成本一般难以准确计量，需要管理人员凭经验加以估计。

7.4.2　存货日常控制

存货日常控制是指在日常生产经营过程中，按照存货计划的要求，对存货的使用和周转情况进行的组织、调节和监督。存货日常控制的方法主要有以下几种。

1. 归口分级

存货的归口分级控制是加强存货日常管理的一种重要方法。这一管理方法包括以下内容。

① 在厂长、经理的领导下，财务部门对存货资金实行统一管理。企业必须加强对存货资金的集中、统一管理，促进供、产、销互相协调，实现资金使用的综合平衡，加速资金周转。

② 实行资金的归口管理。根据使用资金和管理资金相结合、物资管理和资金管理相结合的原则，每项资金由哪个部门使用，就归哪个部门管理。

③ 实行资金的分级管理。各归口的管理部门要根据具体情况将资金计划指标进行分解，分配给所属单位或个人，层层落实，实行分级管理。

2. 经济批量

（1）经济批量的概念

在存货决策中，财务部门要做的是决定进货时间和进货批量。使存货总成本最低的进货批量，称为经济批量或经济订货量。

（2）经济批量的基本模型

要确定经济批量的基本模型，需要有以下几个假设条件。

① 企业在一定时期的进货总量可以较为准确地预测。

② 存货的耗用或者销售比较均衡。

③ 存货的价格稳定，且不存在数量折扣，进货日期完全由企业自行决定，并且当存货量降为零时，下一批存货均能马上、一次到位。

④ 仓储条件及所需现金不受限制。

⑤ 不允许出现缺货情形。

⑥ 所需存货市场供应充足，不会因买不到所需存货而影响其他方面。

在以上假设条件下，进货费用与储存成本总和最低时的进货批量，就是经济批量。其计算公式为

$$经济批量(Q) = \sqrt{\frac{2AB}{C}}$$

$$经济批量的存货总成本(TC) = \sqrt{2ABC}$$

$$年度最佳进货批次(N) = \frac{A}{Q}$$

式中：A 为全年需求量；B 为平均每次进货费用；C 表示每件存货的年储存成本。

【例 7-7】新宇公司全年需要甲零件 1 200 件，每次订货的成本为 400 元，每件存货的年储存成本为 6 元。试计算新宇公司的经济批量、经济批量的存货总成本和经济进货批次。

解
$$经济批量(Q) = \sqrt{(2 \times 1\,200 \times 400)/6} = 400 \ （件）$$
$$经济批量的存货总成本(TC) = \sqrt{2 \times 1\,200 \times 400 \times 6} = 2\,400 \ （元）$$
$$经济进货批次(N) = 1\,200/400 = 3 \ （批）$$

（3）有数量折扣的经济批量模型

基本经济批量模型假设存货采购单价不随批量变动。但事实上，许多企业在销售时都有数量折扣，即对大批量采购在价格上给予一定的优惠。在这种情况下，除考虑订货成本和储存成本外，还应考虑采购成本。

【例 7-8】承例 7-7，假设所需零件的价格为 10 元/件，但如果一次订购超过 600 件，可给予 2% 的批量折扣，请问应以多大批量订货？

解 此时确定最优订购批量，就要按以下两种情况分别计算 3 种成本的合计数。

（1）按经济批量采购，不取得数量折扣。此时的总成本合计数为

$$总成本 = 订货成本 + 储存成本 + 采购成本$$
$$= (1\,200/400) \times 400 + (400/2) \times 6 + 1\,200 \times 10$$
$$= 14\,400（元）$$

（2）不按经济批量采购，取得数量折扣。如果想取得数量折扣，每批至少应采购 600 件，此时 3 种成本的合计数为

$$总成本 = 订货成本 + 储存成本 + 采购成本$$
$$= (1\,200/600) \times 400 + (600/2) \times 6 + 1\,200 \times 10 \times (1-2\%)$$
$$= 14\,360（元）$$

将以上两种情况进行对比可知，订购量为 600 件时总成本最低。

3. 订货点控制

一般情况下，企业对存货的补充必须在存货库存量降为零之前进行。为保证生产经营活动不受影响，企业要确定好何时发出订单以及为防止意外情况要准备多少保险性存货储备，即确定订货提前期和安全储备量。

订货点即企业订购下一批存货时本批存货的储存量，用 R 表示。正确确定订货点，需要考虑以下因素。

① 对该种存货的平均每天正常消耗量，用 n 表示。

② 预计每天的最大消耗量，用 m 表示。

③ 提前时间（即从企业发出订单到货物验收完毕入库所用的时间），用 t 表示。

④ 预计最长提前时间，即企业遇到非常情况所需的提前订货时间，用 r 表示。

⑤ 保险储备，指为了防止存货耗用量突然增加或供方交货误期等情况发生而准备的存货储备数量，用 S 表示。由于企业对存货的每日需求量可能是变化的，供方交货时间也会受到其他因素的影响而发生变化，为防止由此造成的损失，企业需要多储备一些存货，以备急需，我们称之为保险储备（或叫安全存量）。这些存货在正常情况下不需动用，只有当存货过量使用或存货延迟交付时才动用。

保险储备（S）的计算公式为

$$S = 1/2(m \times r - n \times t)$$

订货点（R）的计算公式为

$$R = n \times t + S = nt + 1/2(mr - nt) = 1/2(mr + nt)$$

【例 7-9】某公司每天正常消耗乙材料为 20 kg，订货的提前期为 15 天，预计最大耗用量为每天 25 kg，最长提前期为 20 天。求该公司的保险储备和订货点。

解　保险储备 $S = 1/2(m \times r - n \times t) = 1/2 \times (25 \times 20 - 20 \times 15) = 100$ kg

订货点 $R = 1/2(m \times r + n \times t) = 1/2(25 \times 20 + 20 \times 15) = 400$ kg

4. ABC 分类管理法

企业存货品种繁多，但不同的存货对企业财务目标的实现具有不同的意义。有的存货尽管品种很少，但金额巨大，如果管理不善，可能给企业造成极大的损失。相反，有的存货虽然品种繁多，但由于金额较小，即使管理中出现一些问题，也不至于对企业产生较大的影响。因此，无论是从能力还是从经济角度，企业均不可能也没有必要对所有的存货加以同等对待。ABC 分类管理就是基于这一考虑提出的，其目的在于使企业分清主次，突出重点，兼顾一般，舍弃细节，提高存货管理的整体效果。

所谓 ABC 分类管理，就是按照一定的标准，将企业的存货划分为 A、B、C 三类，分别实行按品种重点管理、按类别一般控制和按总额灵活掌握的存货管理方法。ABC 分类的标准主要有两个：一个是金额标准，另一个是品种数量标准。其中金额标准是基本，品种数量标准仅作为参考。

A 类存货的特点是金额大，但品种数量较少；B 类存货金额一般，品种数量相对较多；C 类存货品种数量较多，但金额却很小。一般而言，三类存货的金额比重大致为 A:B:C=0.7:0.2:0.1，而品种数量比重大致为 A:B:C=0.1:0.2:0.7。可见，A 类存货占用企业绝大多数的资金，只要能控制好 A 类存货，基本上也就不会出现较大的问题。同时，由于 A 类存货品种数量较少，企业完全有能力按照每一个品种进行管理。B 类存货金额相对较小，企业不必像 A 类存货那样花费太多的精力。由于 B 类存货的品种数量远远多于 A 类存货，企业通常没有能力对每一个具体品种进行控制，因此可以通过划分类别的方法进行管理。C 类存货尽管品种数量较多，但其所占金额却很小，对此，企业只要把握一个总金额就可以了。

5. 适时制管理

适时制（JIT）起源于 20 世纪 20 年代美国福特汽车公司所推行的集成化生产装配线。后来适时制在日本制造业得到有效的应用，随后又重新在美国推广开来。

适时制强调：只有在使用之前才要求供应商送货，从而将存货数量减到最少；公司的物资供应、生产和销售应形成连续的同步运转过程；消除企业内部存在的所有浪费；不间断地提高产品质量和生产效率等。

适时制原本是为了提高生产质量而提出的，其要旨是将原材料的库存量减少到一个生产班次恰好需要的数量。在适时制下，库存是没有替代品的，其所生产的每一个零部件都必须是合格品。适时制在按订单生产的制造业中使用最为广泛，不过它在零售业中也开始显示其优越性，对零售企业预测消费需求和提高营运效益有一定的作用。

适时制的成功取决于以下几个因素。

① 计划要求。适时制要求具备一份对于整个企业而言协调、完整的计划。通过仔细计划与规划，可以使企业不必持有保险储备，从而节约成本。同时，适时制完备的运行环境也可以在其他方面产生极大的节约，比如缩短存货在途时间、降低仓储成本等。当然，高度的协调对于某些企业来说是很难实现的，适时制也就无法发挥作用。

② 与供应商的关系。为了使适时制有效运行，企业应与其供应商紧密合作。送货计划、数量、质量和及时联系都是制度的组成部分。该制度要求按所需的数额和订单的要求频繁送货，而且要求仔细标记每件货物（通常采用条形码的形式）。

③ 准备成本。通过缩短生产周期，重新设计的生产过程更加灵活。在生产中，每一批产品生产前总存在固定的准备成本，生产的最优批量受准备成本的影响（就像存货的订货成本

受固定的订货成本影响一样）。

④ 其他成本因素。因为适时制要求严格的管理和控制，所以采用适时制的企业常常为了降低成本而限制供应商的数量。为了达到适时制的要求，供应商必须提高质量、经常送货、花费更多成本，所以很多企业在采用适时制降低其存货储存成本的同时，必须承担更高的采购价格。不过，对于很多采用适时制的企业来说，获得的利益远远大于采购价格提高带来的消极影响。

⑤ 信息化。没有信息化，适时制就不能实施，因为在从采购到生产再到销售的过程中，许多环节都是用电子系统处理的。

阅读材料：物资流通企业营运资金管理

思考与练习

一、问答题

1. 企业为什么要持有现金？企业应如何编制现金计划？

2. 应收账款有何功能？应收账款政策应如何制定？

3. 企业应如何进行存货经济批量控制？

4. 什么是信用政策？企业制定信用政策应包括哪些内容？都是如何确定的？

5. 企业持有存货的成本由哪些内容构成？

6. 经济批量基本模型是以哪些假设为前提的？

二、计算题

1. 某厂每年需要某种零件6 480件，日平均需要量为18件。该种零件企业自制，每天的产量为48件，每次生产准备成本为300元，每件年储存成本为0.5元，每件生产成本为50元，试计算最佳生产批量。

2. 某公司2022年的信用条件为30天付款，无现金折扣，平均收现期为40天，销售收入为10万元。预计2023年的销售利润率与2022年相同，仍保持30%。现为了扩大销售，财务部门制定了两个方案。

方案一：信用条件为"3/10，n/20"，预计销售收入将增加3万元，在所增加的销售额中，坏账损失率为4%，客户获得现金折扣的比率为60%，平均收现期为15天。

方案二：信用条件为"2/20，n/30"，预计销售收入将增加4万元，在所增加的销售额中，坏账损失率为5%，客户获得现金折扣的比率为70%，平均收现期为25天。

如果应收账款的机会成本为10%，问上述哪个方案较优？

3. 某企业有A、B、C、D 4种现金持有方案，它们的有关资料如表7-3所示。

表 7-3　现金持有方案的有关资料　　　　　　　　　　单位：元

方案	A	B	C	D
现金持有量	25 000	50 000	75 000	100 000
机会成本	3 000	6 000	9 000	12 000
短缺成本	12 000	6 750	2 500	0

根据上述资料，计算各方案持有现金的总成本。

第8章　流动负债管理

　　企业要持续地进行生产经营活动，会不断产生对资金的需求，企业一般需要从内、外两个方面来筹措资金。根据企业所筹资金的偿还期限，筹资可以分为长期筹资和短期筹资两种形式，短期筹资在企业的资产负债表上表现为流动负债。因此，流动负债管理也就是企业的短期筹资管理。

　　流动负债是指企业将在1年或者超过1年的一个营业周期内偿还的债务。根据提供资金的主体不同，流动负债可分为短期借款和商业信用，商业信用又可分为应付账款、应付票据、商业承兑汇票。短期借款一般由商业银行或金融公司提供，而商业信用则由企业的供应商提供。一般而言，商业信用在企业的日常经营活动中自发形成，是企业利用最多的短期筹资。由于不同种类的流动负债既有相同之处，又有不同的特点，因此流动负债的金额和结构的变化、流动负债和流动资产的不同比例关系，会对企业的财务风险、筹资成本及生产经营产生不同的影响。企业在利用流动负债时，就有必要考虑这些影响。流动负债管理的主要目的就在于尽量消除或避免流动负债对企业的不利影响，降低负债成本，同时满足企业的短期资金需求。

8.1　短期筹资的特点与方式

8.1.1　短期筹资的特点

1. 筹资速度快

　　长期负债的债权人为了保护其债权的安全，往往要对债务人进行全面的财务调查和周密的财务分析，因而长期负债筹资所需时间一般较长。而流动负债由于在较短时间内可归还，其债权人顾虑较少，只对债务人的近期财务状况做调查，因而费时较短。所以，流动负债筹资速度较快。

2. 筹资具有灵活性

　　长期负债所筹资金往往不能提前偿还，而且长期负债债务人往往要受借款合同的限制性契约条款的限制。而流动负债筹资要灵活得多。

3. 资金成本较低

　　流动负债的资金成本比长期负债的资金成本低。因为短期借款的利率比长期借款或债券的利率要低，且筹资费用也比长期负债少得多。此外，流动负债筹资的方式中有的是无成本筹资。

4. 筹资风险较大

　　由于流动负债需要在短期内偿还，如果债务人在短期内拿不出足够的资金偿还债务，就会陷入财务危机。

5. 可以弥补企业资金的暂时不足

企业的流动资产数量随供、产、销的变化而起伏不定，具有波动性，因此企业不可避免地会出现暂时的资金不足。通过流动负债筹资，可以弥补企业资金的暂时不足。

6. 便于企业资金结构的灵活组合

流动负债筹资，可以形成企业资金结构的灵活组合。短期负债借入容易，归还也较随意，可以作为企业的一种调度资金的手段。

8.1.2 短期筹资的方式

短期筹资在成本、风险、弹性等方面的特点在很大程度上取决于实际运用的短期筹资方式。

1. 短期借款

短期借款包括信用借款、担保借款和票据贴现额等。

2. 短期融资券

短期融资券是一种短期债券，它是由大型工商企业发行的短期无担保本票。

3. 商业信用

商业信用是一种自然筹资行为，它是在企业之间正常的业务往来中相互提供信用而形成的一种资金来源。例如，应付账款、预收账款等。

8.2 短期借款筹资

短期借款筹资是指企业向银行和其他非银行金融机构借入的期限在 1 年以内的各种借款，它是筹集短期资金的主要方式。

8.2.1 短期借款筹资种类

短期借款筹资通常是指银行短期借款，又称银行流动资金借款，是企业为解决短期资金需求而向银行申请借入的款项，是筹集短期资金的重要方式。企业短期借款通常包括信用借款、担保借款和票据贴现三类。

1. 信用借款

信用借款又称无担保借款，是指不用保证人担保或没有财产作抵押，仅凭借款人的信用而取得的借款。信用借款一般由贷款人给予借款人一定的信用额度或双方签订循环贷款协议。因此，这种借款又分为两类。

（1）信用额度借款

信用额度借款是商业银行与企业之间商定的在未来一段时间内银行能向企业提供无担保贷款的最高限额的借款。信用额度一般是在银行对企业信用状况进行详细调查后确定的。信用额度借款一般要做出以下规定：① 信用额度的期限。② 信用额度的数量，即规定银行能贷款给企业的最高限额。如果信用额度的数量是 1 200 万元，企业已从该银行借入的尚未归还的金额已达 1 000 万元，那么企业最多还能借 200 万元。③ 应支付的利率和其他一些条款。

（2）循环协议借款

循环协议借款是一种特殊的信用额度借款，在此借款协议下，企业和银行之间也要协商确定贷款的最高限额，在最高限额内，企业可以借款、还款，再借款、再还款，不停地周转使用。

循环协议借款与信用额度借款的区别在于：① 持续时间不同。信用额度借款的有效期一般为一年，而循环协议借款可超过一年。在实际应用中，很多借款是无限期的，因为只要银行和企业之间遵照协议进行，借款可一再延长。② 法律约束力不同。信用额度借款一般不具有法律约束力，不构成银行必须给企业提供贷款的法律责任，而循环协议借款具有法律约束力，银行要承担限额内的贷款义务。③ 费用支付不同。企业采用循环协议借款，除支付利息外，还要支付协议费。协议费是对循环贷款限额中未使用的部分收取的费用。正是因为银行收取协议费，才构成了它为企业提供资金的法定义务。在信用额度借款情况下，一般无须支付协议费。

2. 担保借款

担保借款（guaranteed loan）是指由一定的保证人担保或利用一定的财产作抵押或质押而取得的借款。担保借款又分为以下三类。

（1）保证借款

保证借款是指按《中华人民共和国担保法》规定的保证方式以第三人承诺在借款人不能偿还借款时，按约定承担一般保证责任或连带责任而取得的借款。

（2）抵押借款

抵押借款是指按《中华人民共和国担保法》规定的抵押方式以借款人或第三人的财产作为抵押物而取得的借款。

（3）质押借款

质押借款是指按《中华人民共和国担保法》规定的质押方式以借款人或第三人的动产或权利作为质押物而取得的借款。

3. 票据贴现

票据贴现（discounted note）是指商业票据的持有人把未到期的商业票据转让给银行，贴付一定利息以取得银行资金的一种借贷行为。票据贴现是商业信用发展的产物。银行在贴现商业票据时，所付金额要低于票面金额，其差额为贴现息。贴现息与票面面值的比率就是贴现率。银行通过贴现把款项贷给销货单位，到期向购货单位收款，所以要收取利息。

采用票据贴现形式，企业一方面给购买单位提供临时资金融通，另一方面在自身需要资金时又可及时得到资金，有利于企业把业务搞活，把资金用活。

8.2.2 短期借款筹资的基本程序

银行短期借款的程序与银行长期借款的程序基本相同。下面结合流动资金借款的特点来加以说明。

（1）企业提出申请

企业向银行借入短期借款时，必须在批准的资金计划占用额范围内，按生产经营的需要，逐笔向银行提出申请。企业在申请书上应写明借款种类、借款数额、借款用途、借款原因、还款日期。另外，还要详细写明流动资金的占用额、借款限额、预计销售额、销售收入资金率等有关内容。

（2）银行对企业申请的审查

银行接到企业提出的借款申请书后，应对申请书进行认真审查。审查内容主要包括：借款的用途和原因，做出是否贷款的决策；企业的产品销售和物资保证情况，决定贷款的数额；企业的资金周转和物资耗用状况，确定贷款的期限。

（3）签订借款合同

为了维护借贷双方的合法权益，保证资金的合理使用，企业向银行借入流动资金时，双方应签订借款合同。借款合同主要包括以下 4 个方面的内容。

① 基本条款。这是借款合同的基本内容，主要强调双方的权利和义务。具体包括借款数额、借款方式、款项发放的时间、还款期限、还款方式、利息支付方式、利息率等。

② 保证条款。这是保证款项能顺利归还的一系列条款，包括借款按规定的用途使用、有关的物资保证、抵押财产、保证人及其责任等内容。

③ 违约条款。这是规定双方若有违约现象应如何处理的条款，主要载明对企业逾期不还或挪用借款等如何处理和银行不按期发放贷款的处理等内容。

④ 其他附属条款。这是与借贷双方有关的其他一系列条款，如双方经办人、合同生效日期等条款。

（4）企业取得借款

借款合同签订后，若无特殊原因，银行应按合同规定的时间向企业提供贷款，企业便可取得借款。如果银行不按合同约定按期发放贷款，应偿付违约金。如果企业不按合同约定使用借款，也应偿付违约金。

（5）短期借款的归还

借款企业应按借款合同的规定按时、足额支付借款本息。贷款银行在短期贷款到期一个星期之前，应当向借款企业发送还本付息通知单，借款企业应当及时筹备资金，按期还本付息。

不能按期归还借款的，借款人应当在借款到期日之前向贷款人申请贷款展期，但是否同意展期应由贷款人视情况而定。申请保证借款、抵押借款、质押借款展期的，还应当由保证人、抵押人、出质人出具同意的书面证明。

8.2.3 短期借款利息的支付方式

短期借款利息的支付方式主要有收款法、贴现法和加息法。

1. 收款法

收款法是指在借款到期时向银行支付利息的方法。采用这种方法，借款的名义利率（即约定利率）等于其实际利率（即有效利率）。银行向工商企业发放的贷款大多采用这种方法收息。

2. 贴现法

贴现法是指银行向企业发放贷款时先从本金中扣除利息部分，到期时借款企业再偿还全部本金的一种计息方法。采用这种方法，企业可利用的贷款额只有本金扣除利息后的差额，因此贷款的实际利率高于名义利率。

【例 8-1】某企业从银行取得借款 100 万元，期限 1 年，名义利率为 10%，利息 10 万元。按照贴现法付息，企业实际可动用的借款为 90 万元。则

该项借款的实际利率=［利息/（借款−利息）］×100%=［10/(100−10)］×100%=11.11%

或

该项借款的实际利率=［名义利率/（1−名义利率）］×100%=［10%/(1−10%)］×100%
=11.11%

3. 加息法

加息法是银行发放分期等额偿还贷款时采用的利息收取方法。在分期等额偿还贷款的情况下，银行要将根据名义利率计算的利息加到贷款本金上，计算出贷款的本息和，并要求企业在贷款期内分期偿还本息之和的金额。由于贷款分期均衡偿还，借款企业实际上只平均使用了贷款本金的一半，却支付全额利息，这样企业所负担的实际利率几乎高于名义利率 1 倍。

【例 8−2】某企业以分期付款的方式借入 10 万元，名义利率为 10%，分 12 个月等额偿还本息。则

该项借款的实际利率=（利息/平均借款额）×100%=［(10×10%)/(10/2)］×100%=20%

8.2.4 短期借款筹资的优缺点

1. 短期借款的优点

短期借款是企业为满足正常生产经营中流动资产的周转需要而借入的资金，由于流动资产具有占用量上的波动性和占用时间上的短暂性等特点，因此客观上要求该类借款与流动资产的特征相适应。短期借款正好具有这类优点，主要表现在：筹资效率高，能够迅速满足短期资金需要；借款弹性大，它能随借随还，有利于企业现金流量的调剂与统筹安排，并具有时间上的灵活性。

2. 短期借款的缺点

短期借款的缺点主要在于：① 融资成本较高。与商业信用相比，短期借款融资成本比较高，加上银行的一些限制性条款，融资成本更高。② 限制条件较多。由于银行也是一个经营性企业，同样要考虑收益与风险，为确保贷款的安全性，银行对企业会给予许多限制条件，以便加强对企业的监督和控制。

8.3 商 业 信 用

商业信用是指商品交易中因延期付款或预收货款而形成的借贷关系，它是企业之间一种直接的信用行为。它是由商品交易中"货"与"钱"在时间与空间上的分离而形成的企业间的直接信用行为，因此又称为"自然融资"。其具体形式主要是应付账款、预收账款、应付票据等。

8.3.1 商业信用形式

利用商业信用筹资，主要有以下几种形式。

1. 应付账款

应付账款是卖方提供给买方的商业信用。买卖双方发生了商品交易行为，但卖方允许买方在收到货物后的一定时期内支付货款。买方在延期付款的这段时间内等于向卖方借款，这种负债形成的资金来源一般不出具正式借据，是由卖方根据买方的信誉条件而提供的信贷。采用这种赊购方式既有利于销货方推销商品，又可为买方提供暂时的短期资金来源。

应付账款这种信用形式，按其是否支付代价，可分为免费信用、有代价信用和展期信用三种类型。

（1）免费信用

免费信用是指企业无须支付任何代价而取得的信用，一般包括法定付款期限和销售方允许的折扣期限。前者如银行结算办法规定的允许有 3 天或 10 天的付款期限，即付款人可以在收到付款通知后的 3 天或 10 天内享受免费信用；后者为在一定信用条件的折扣期内享受免费信用。为了促使购货企业按期付款，甚至提前付款，销货企业往往规定一定的信用条件。例如规定 "3/10，n/30"，即若购货企业在 10 天内付款，可以减收货款的 3%；超过 10 天，则付全额，且全部货款应在 30 天内付清。

（2）有代价信用

有代价信用是指企业需要支付一定代价而取得的信用。在有折扣条件下，购货企业要想取得商业信用，就须放弃折扣，而所放弃的折扣就是取得此种信用所付出的代价。如前面所述，购买企业要取得延期 20 天付款的信用，则必须全额付款，即放弃了优惠，这种信用就是有代价信用。企业在选择是否延期付款时，应认真分析其资金成本的高低。

（3）展期信用

展期信用是指购货企业在销货企业提供的信用期限届满后，以拖延付款的方式强制取得的信用。展期信用会使企业信誉受到一定的损害。企业若过度拖延时间付款而出现严重拖欠，则会降低企业的信用等级，给今后的各种筹资造成不利的影响。

2. 预收账款

预收账款是在卖方交付货物前向买方预先收取货款的信用形式，主要用于生产周期长、资金占用量大的商品销售，如轮船、房地产等。其实质相当于买方向卖方融通短期资金，缓解卖方资金占用过大的困境。

3. 应付票据

应付票据是公司延期付款时开具的表明其债权债务关系的票据。根据承兑人的不同，应付票据分为商业承兑汇票和银行承兑汇票，支付期最长不超过 9 个月。应付票据可以为带息票据，也可以为不带息票据。我国多数为不带息票据，且使用应付票据提供的融资，一般不用保持补偿余额，所以资金成本很低，几乎为零。

8.3.2　商业信用条件

商业信用条件是指销售企业对付款时间和现金折扣等所做的具体规定。根据不同的商业信用形式，商业信用条件主要有以下几种。

1. 预收货款

预收货款是指买方在卖方发出货物之前支付货款。一般用于以下两种情况：一是企业已知买方的信用欠佳；二是销售生产周期长、售价高的产品。在这种信用条件下，销货单位可以得到暂时的资金来源，而购货单位则要预先垫支一笔资金。

2. 延期付款，但不提供现金折扣

在这种信用条件下，卖方允许买方在交易发生后一定时期内按发票金额支付货款。例如信用条件为"n/30"，是指在 30 天内按发票金额付款。这种信用条件的信用期限一般为 30～60 天，但有些季节性的生产企业可能为其顾客提供更长的信用期间。在这种信用条件下，买方可延期付款，但对卖方而言，应当密切关注买方的信誉，因为一旦对方不能如期付清货款，由于没有现金折扣，它将没有任何费用发生。

3. 延期付款，但早付款有现金折扣

在这种条件下，买方若提前付款，卖方可给予一定的现金折扣，如买方不享受现金折扣，则可在一定时期内付清货款，如"3/10，n/30"便属于此种信用条件。西方企业在各种信用交易活动中广泛运用现金折扣，这主要是为了加速货款的收现。现金折扣一般为发票金额的 1%～5%。

在这种条件下，买卖双方存在商业信用。买方若在折扣期内付款，则可得到现金折扣；若放弃现金折扣，则可在稍长时间内占用卖方的资金。

8.3.3 商业信用融资的成本分析

企业以商业信用形式所筹集的短期资金并非免费的，而是要付出相应的成本。商业信用的融资成本与企业是否享受现金折扣有关。如果销货企业提供了现金折扣，但购货企业没有加以利用，从而丧失了少支付货款的优惠条件，这部分货款就是购货企业利用应付账款筹资的机会成本，具体表现为隐含利息成本，可用下列公式计算。

$$\text{放弃现金折扣成本} = \frac{\text{现金折扣百分比}}{1-\text{现金折扣百分比}} \times \frac{360}{\text{信用期}-\text{折扣期}} \times 100\%$$

【例 8-3】 某企业按"3/10，n/30"的条件购入价款为 10 万元的一批商品。如果企业在 10 天内付款，可获得最长为 10 天的免费信用，并可取得折扣 3 000 元（100 000×3%），免费信用额为 97 000 元（100 000-3 000）。

如果该企业放弃这笔折扣，在 30 天内付款，该企业将承受放弃现金折扣的机会成本。这种不享受折扣的成本为

$$\frac{3\%}{1-3\%} \times \frac{360}{30-10} \times 100\% = 55.67\%$$

从以上计算可以看出，如果放弃现金折扣，则企业要付出的成本是非常可观的，这种成本要比短期借款的成本高出许多。因此，企业应尽可能享受这种优惠，而不放弃现金折扣。

决定放弃现金折扣成本的因素是折扣百分比的大小、折扣期与信用期的长短。信用条件不同，放弃现金折扣成本也是不同的。我们可以利用公式计算出不同信用条件下的放弃现金折扣成本，如表 8-1 所示。

表 8-1　不同信用条件下的放弃现金折扣成本

信用条件	放弃现金折扣成本（应付账款成本）
3/10, n/30	55.67%
2/10, n/30	36.73%
3/10, n/40	37.11%
2/10, n/40	24.49%
3/20, n/30	111.34%
2/20, n/30	73.47%

从表 8-1 中可以看出，在其他条件不变的情况下，折扣百分比与放弃现金折扣成本成正比，折扣百分比越大，放弃现金折扣成本越高；在其他条件不变的情况下，信用期与放弃现金折扣成本成反比，信用期越长，放弃现金折扣成本越低；在其他条件不变的情况下，折扣期与放弃现金折扣成本成正比，折扣期越长，放弃现金折扣成本越高。

在带有信用条件的商品交易中，因为获得不同的信用要负担不同的成本，购货企业要在利用哪种信用之间做出决策。一般情况下，购货企业在决策时应考虑以下几个方面。

① 如果企业能以低于放弃折扣的成本的利率借入购货资金，则应该选择在现金折扣期内付款，享受现金折扣，因为企业可以获得利差带来的收益；反之，企业则应该选择放弃折扣。

② 如果在折扣期内企业将应付账款用于短期投资，所得的投资报酬率高于放弃折扣的利息成本，则应放弃折扣而去追求更高的收益。假如企业打算放弃现金折扣，则应该尽量推迟付款，在信用期的最后一天付款，以降低放弃现金折扣的成本。

③ 如果企业因为缺乏资金而想展延付款期，则需要在降低了的放弃现金折扣成本与展延付款带来的损失之间做出选择。展延付款带来的损失主要是指因企业信誉恶化而丧失供应商乃至其他贷款人的信用，或者日后招致苛刻的信用条件。

④ 如果企业面对两家以上提供不同信用条件的供应商，就应该比较放弃现金折扣成本的大小，根据情况选择对自己最有利的一家。如果企业打算享受现金折扣，就应该选择放弃现金折扣成本最大的一家；如果企业估计会拖延付款，就应该选择放弃现金折扣成本最小的一家。

【例 8-4】假设信用条件为"1/10，n/40"，同时企业可以从银行取得年利率为 10% 的短期借款，那么该企业应该放弃现金折扣还是应该向银行借款在折扣期内付款？

$$企业放弃现金折扣成本 = \frac{1\%}{1-1\%} \times \frac{360}{40-10} \times 100\% = 12.12\%$$

由于 12.12% ＞ 10%，所以该企业应利用更便宜的银行短期借款在折扣期内偿还应付账款。

- -

【例 8-5】某公司拟采购一批零件，供应商规定的付款条件为：10 天之内付款付 98 万元；20 天之内付款，付 99 万元；30 天之内付款付 100 万元。

要求：对以下互不相关的两个问题进行回答。

（1）假设银行短期贷款利率为 15%，计算放弃现金折扣成本（比率），并确定对该公司最有利的付款日期和价格。

（2）若目前的短期投资收益率为 40%，确定对该公司最有利的付款日期和价格。

解　（1）放弃第 10 天付款折扣的成本率 $= \dfrac{2\%}{1-2\%} \times \dfrac{360}{30-10} \times 100\% = 36.7\%$

放弃第 20 天付款折扣的成本率 $= \dfrac{1\%}{1-1\%} \times \dfrac{360}{30-20} \times 100\% = 36.4\%$

所以最有利的付款日期为 10 天之内付款，价格为 98 万元。

（2）最有利的付款日期为 30 天付款，价格为 100 万元。

8.3.4　商业信用筹资的优缺点

1. 商业信用筹资的优点

① 筹资方便。商业信用的使用权由买方自行掌握，买方什么时候需要、需要多少等，在限定的额度内由其自行决定。多数企业的应付账款是一种连续性的信用筹资，无须做特殊的筹资安排，也不需要事先计划，随时可以随着购销行为的产生而得到该项资金。

② 限制条件少。商业信用比其他筹资方式条件宽松，无须担保或抵押，选择余地大。

③ 成本低。大多数商业信用都是由卖方免费提供的，因此与其他筹资方式相比，成本低。

2. 商业信用筹资的缺点

① 期限短。它属于短期筹资方式，不能用于长期资产占用。

② 风险大。由于各种应付款项经常发生、次数频繁，因此需要企业随时安排现金的调度。

思考与练习

一、思考题

1. 短期借款筹资的优缺点是怎样的？

2. 商业信用条件有哪几种主要形式？

3. 试比较各种流动负债筹资方式。

4. 当失去现金折扣时，供应商提供的商业信用是一种成本很高的资金来源。说明为什么许多企业依靠这种来源为它们的临时性营运资金融资？

二、计算题

1. 某公司购进一批电子元件，价值 10 000 元，对方开出的商业信用条件是"2/10，n/30"，市场利率为 12%。试问该公司是否应该享受这个现金折扣，并说明原因。

2. 某公司拟采购一批零件，供应商报价如下：

① 立即付款，价格为 9 630 元；

② 30 天内付款，价格为 9 750 元；

③ 31 天至 60 天内付款，价格为 9 870 元；

④ 61 天至 90 天内付款，价格为 10 000 元。

假设银行短期贷款利率为 15%，每年按 360 天计算。

要求：计算放弃现金折扣成本、该公司最有利的付款日期和价格。

第 9 章　收益分配管理

9.1　股利及其分配

9.1.1　利润分配

收益分配即利润分配，作为分配基础的企业利润可以有两个层次的含义：一是企业的利润总额，即税前利润；二是净利润，即企业交纳所得税后的利润。现在财务管理上的利润分配基础指的是企业净利润。利润分配历来是企业财务管理的重要内容，它关系到与企业有经济利益关系的各种利益相关者，包括政府、投资者、经营者、债权人和企业员工，分配不当会影响企业的生存和发展。按照我国《公司法》的有关规定，股份有限公司取得的税后净利润应当按照下列基本顺序进行分配。

1. 弥补以前年度亏损

根据现行法律法规的规定，公司发生年度亏损，可以用下一年度的税前利润弥补，下一年度税前利润不足弥补时，可以在 5 年内延续弥补，5 年内仍然不能弥补的亏损，可用税后利润弥补。

2. 提取法定公积金

《公司法》规定，公司在分配当年税后利润时，应当按税后利润的 10% 提取法定公积金，但当法定公积金累计到公司注册资本的 50% 时，可以不再提取。

3. 提取任意公积金

公司从税后利润中提取法定公积金后，经股东大会决议，还可以从税后利润中提取任意公积金。

法定公积金和任意公积金都是公司从税后利润中提取的积累资本，是公司用于防范和抵御风险、提高经营能力的重要资本来源。盈余公积金属于公司的留存收益，从性质上看属于股东权益。公积金可以用于弥补亏损、扩大生产经营或者转增公司股本，但转增公司股本后，所留存的法定公积金不得低于转增前公司注册资金的 25%。

4. 向股东分配股利

公司在按照以上程序弥补亏损、提取公积金后，所余当年利润与以前年度的未分配利润构成可供分配的利润，公司可根据股利政策向股东分配股利。

按照现行制度规定，股份有限公司依法回购后暂未转让或者注销的股份，不得参与利润分配；公司弥补以前年度亏损和提取公积金后，当年没有可供分配的利润的，一般不得向股东分配利润。

9.1.2　股利分配

股利分配是指股份有限公司依据股利政策向投资者分派股利。股利支付不是利润分配的全部，只是一项税后净利润的分配。

1. 股利种类

股利支付方式有多种，常见的有以下几种。

（1）现金股利

现金股利是股份有限公司以现金的形式从公司净利润中分配给股东的投资报酬，俗称派现。现金股利是股利支付的主要方式，在国际股票交易所上市的股票，有80%以上是支付现金股利的。优先股通常有固定的股息率，在公司经营正常并有足够利润的情况下，优先股的年股利额是固定的。而普通股则没有固定的股息率，发放现金股利的次数和金额主要取决于公司股利政策和经营业绩等因素。西方国家的许多公司按季度发放现金股利，而我国公司一般半年或一年发放一次。由于现金股利是从公司的净利润中提取支付给股东的，所以支付现金股利会减少公司的留存收益，但并不会增加股东的财富总额。不同的股东对现金股利的偏好是不同的。现金股利的发放会对股票价格产生直接的影响，在除息日之后，一般来说股票价格会下跌。

公司支付现金股利除了要有累计盈余（特殊情况下可用弥补亏损后的盈余公积金支付），还要有足够的现金，因此公司在支付现金股利前需要准备充足的现金。

（2）股票股利

股票股利是股份有限公司以发放的股票作为股利支付的方式。股票股利是股份有限公司以股票的形式从公司净利润中分配给股东的股利。股份有限公司发放股票股利，须经股东大会表决通过，根据股权登记日的股东持股比例将可供分配利润转化为股本，并按持股比例无偿地向各个股东分配股票，增加股东的持股数量，但是不会改变每位股东的持股比例。与现金股利不同，股票股利不会导致公司现金的真正流出。从会计的角度看，股票股利只是资金在股东权益账户之间的转移，公司无须付出现金。股票股利只不过是将资金从净利润或盈余公积金账户转移到普通股账户上，它并未改变股东权益总额，只是公司的股东权益结构发生了变化，未分配利润转化为股本，因此会增加公司的股本总额。

由于股票股利并没有改变公司股东权益总额的账面价值，但增加了市场上流通股的数量，因此会导致公司的每股利润下降。如果不考虑股票市价的波动，发放股票股利后的股票价格，应当按发放的股票股利的比例等比例下降。

（3）财产股利

财产股利是以现金以外的资产支付的股利。具体有：实物股利，即以实物资产或实物产品作为股利发给股东，多用于额外股利的发放形式（但是，这种形式在实务中很少被采用）；证券股利，即以公司所拥有的其他企业的有价证券，如债券、股票等作为股利支付给股东。

（4）负债股利

负债股利是公司以负债形式支付的股利，具体有公司应付票据和公司债券两种形式。负债股利只是公司已宣布并必须立即发放股利而货币资金不足时采用的一种权宜之策，因为未来公司还是要向股东支付现金。所以，财产股利和负债股利实际上是现金股利的替代。这两种股利形式目前在我国实务中很少使用，但并非法律所禁止。

（5）混合股利

混合股利是上述几种股利支付形式的结合，最常见的就是"部分现金、部分股票"的股利形式。许多公司乐于采用这种支付方式。

2. 股利的发放程序

股份有限公司发放股利必须遵循法定的程序，主要表现为与股利支付有关的几个日期：股利宣布日、股权登记日、除息日和股利发放日。

（1）股利宣布日

股利宣布日就是股东大会决议通过并由董事会宣布发放股利的日期。一般是先由公司董事会提出利润分配预案，然后提交股东大会表决，利润分配方案经股东大会表决通过之后，董事会才能对外发布。在宣布股利分配方案时，应明确股利分配的年度、分配的范围、分配的形式、分配的现金股利金额或股票股利的数量，并公布股权登记期限、除息日和股利发放日。

（2）股权登记日

股权登记日是指有权领取股利的股东资格登记截止的日期。只有在股权登记日前在公司股东名册上有名字的股东，才有权分享股利。因为股票是经常流动的，如果在股权登记日之前没有登记在册，即使是在股权发放日之前买入股票的股东，也无权领取本次分配的股利。

（3）除息日

除息日是指从股票价格中除去股利的日期，即领取股利的权利与股票相互分离的日期。在除息日前，股利权从属于股票，持有股票者即享有领取股利的权利；除息日始，股利权与股票相分离，新购入股票的人不能分享股利。在美国证券市场上，一般规定股权登记日的前两个工作日为除息日。这是因为股票买卖的交接过户需要一定的时间，如果股票交易日期离股权登记日太近，公司将无法在股权登记日得知更换股东的信息。自除息日起，公司股票的交易称为无息交易，其股票称为无息股。这就是说，一个新股东要想取得本期股利，必须在除息日之前购入股票，否则即使持有股票也无权领取股利。但是，目前先进的计算机结算登记系统为股票的交割过户提供了快捷的手段，股票买卖交易的当天即可办理完交割过户手续。所以，我国目前规定与股权登记日相连的后一个工作日为除息日。也就是说，除息日是在股权登记日收盘后、除息日开盘前进行的，而股权登记日、除息日是相连的两个交易日，即两者或日期相连，或中间为节假日休市，或中间交易停牌。

除息日是一个非常重要的日期，对股票的价格有明显的影响。在除息日前股票价格包含本次股利，而在除息日后股票价格不再包含本次股利，所以在除息日股票价格一般会下降。如果不考虑税收及交易成本等因素的影响，除息日股票的开盘价约等于前一天的收盘价减去每股股利。

（4）股利发放日

股利发放日是公司向股东正式发放股利的日期。在这一天，证券交易所的计算机交易系统可以通过中央结算登记系统将公司发放给股东的股利直接打入股东的资金账户。

【例9-1】2021年4月20日，万华化学集团股份有限公司董事会发布了2020年度利润分配事宜，公告如下。

万华化学集团股份有限公司2020年度利润分配方案已经由2021年4月12日召开的公司2020年度股东大会审议通过，利润分配方案如下。

① 发放年度：2020 年度。

② 发放范围：截至 2021 年 4 月 23 日下午上海证券交易所收市后，在中国证券登记结算有限责任公司上海分公司登记在册的全体股东。

③ 本次利润分配以方案实施前的公司总股本 3 139 746 626.00 股为基数，每股派发现金红利 1.30 元（含税），共计派发现金红利 4 081 670 613.80 元。

④ 相关日期：股权登记日为 2021 年 4 月 23 日，除息日为 2021 年 4 月 24 日，现金红利发放日为 2021 年 4 月 26 日。

⑤ 实施办法：本次现金红利委托中国证券登记结算有限责任公司上海分公司通过其资金清算系统向股权登记日上海证券交易所收市后登记在册并在上海证券交易所各会员办理了指定交易的股东派发。已办理指定交易的投资者可于红利发放日在其指定的证券营业部领取现金红利，未办理指定交易的股东红利暂由中国证券登记结算有限责任公司上海分公司保管，待办理指定交易后再进行派发。

从万华化学集团股份有限公司 2020 年度利润分配公告中得知，只有在 4 月 23 日登记在册的股东才有资格领取 2020 年度的股利，4 月 24 日除息日后再购买万华化学的股票则不能领取本期股利。

9.2　股　利　理　论

股利理论主要研究股利的支付与股票的价格及公司价值之间是否存在某种关系，探讨公司如何在股利发放与未来增长之间达到某种平衡，确定最优的股利支付比例以实现股票价格及公司价值的最大化，并解释现实中的股利分派行为（即股利政策）。股利政策作为财务管理的一部分，同样要考虑其对公司价值的影响，这就形成了股利政策的基本理论。在理论界和实务界，主要流行着两种股利政策理论：股利无关理论和股利相关理论。

9.2.1　股利无关理论

股利无关理论认为股利政策对公司价值或股票价格不会产生影响，其代表人物是美国著名财务学专家米勒（Miller）和莫迪格利尼（Modigliani）。该理论是二人于 1961 年在《股利政策、增长和股票价值》一文中首次提出的，因此这一理论也被称为 MM 理论。这一理论建立在下列严格的假设基础之上。

1. 假设存在完美的资本市场

完美的资本市场假设是股利无关理论的基本前提，只有在这样的市场环境中，公司的股利分配政策才不会影响公司价值。MM 理论认为完美的资本市场须符合以下 7 个条件。

① 没有妨碍潜在的资本供应者和使用者进入市场的障碍。

② 有完全的竞争，市场有足够多的参与者，并且每个参与者都没有能力影响证券价格。

③ 金融资产无限可分。

④ 没有交易成本和破产成本。证券发行与交易都不存在交易成本，公司也无财务危机和破产成本。

⑤ 没有信息成本。信息是对称的，并且每个市场参与者都可自由、充分、免费地获取所

有存在的信息。

　　⑥ 没有不对称税负。

　　⑦ 交易中没有政府或其他限制，证券可以自由的交易。

2. 假设公司的投资决策不受股利政策影响

　　根据这一假设，公司的投资政策事前已经确定，不会随着股利政策的改变而改变，即公司的投资决策与股利政策是彼此独立的。

3. 假设股东对现金股利和资本利得不存在偏好

　　根据上述假设条件，股利无关理论认为：在完美的资本市场条件下，股利政策不会影响公司的股票价值或资本成本，即公司的价值取决于公司投资决策所确定的获利能力和风险，而不是公司的股利分配政策所决定的。所以，根据股利无关理论，股利支付可有可无、可多可少，股利政策对公司股票价格没有实质性影响。因此，公司无须花费大量时间去考虑股利政策的制定。

　　但是，股利无关理论是以多种假设为前提的。在现实世界里，这些假设并不存在。影响资本市场不完美的因素主要有以下 3 个。

　　① 不对称税率。在资本市场中，税率的差异是常见的。这种不对称税率不仅使投资者在股利与资本之间产生不同的偏好，也确实对股东财富产生不同的影响。

　　② 不对称信息。尽管资本市场中的信息传递是公开和迅速的，但信息的获得并不是完全免费的，而且对于不同的市场参与者来说，信息仍然是不对称的。信息的不对称会降低市场效率，也会影响投资者对风险和报酬的判断。

　　③ 交易成本。现实中资本市场都存在交易成本，如发行股票或债券要支付发行费用、证券交易要支付佣金和印花税等。

　　因此，股利无关理论在现实条件下并不一定有效。但股利无关理论对股利政策的研究建立在严谨的数学方法之上，后人的研究正是在逐步放松该理论的一系列假设之上完成的。

9.2.2　股利相关理论

　　股利相关理论认为，在现实的市场环境下，不存在股利无关理论提出的假定前提，公司的股利分配是在种种制约因素下进行的，公司不可能摆脱这些因素的影响。所以，公司的利润分配会影响公司价值和股票价格，即公司的股利政策与公司的市场价值是相关的。其代表性观点主要有以下几种。

1. "一鸟在手"理论

　　股利无关理论中的重要假设之一就是股东对股利和资本利得不存在偏好。"一鸟在手"理论正是建立在对这一假设的批判之上的。"一鸟在手"理论的代表人物是迈伦·戈登（Myron Gordon）和约翰·林特（John Linter）。在该理论中，股票投资收益包括股利收益和资本利得两部分。由于公司未来的经营活动存在诸多不确定因素，投资者会认为现在获得股利的风险低于将来获得资本利得的风险。在一般情况下，股利收益属于相对稳定的收入，而资本利得具有较大的不确定性。出于对风险的回避，大部分股东会选择相对可靠的股利收益，而不选择不确定的资本利得，即"一鸟在手胜于双鸟在林"。因此，如果公司发放较多的现金股利，会促使公司价值和股票价格上升。

　　该理论认为：由于股利比资本利得具有相对较高的确定性，因此公司在制定股利政策时应维持较高的股利支付率。

2. 信号传播理论

股利无关理论中有一个假设就是投资者可以自由、免费地获取各种信息，并且投资者和管理当局拥有相同的信息。信号传播理论就是从放松这个假设出发，认为在现实生活中，管理当局与公司外部投资者之间存在信息不对称，管理当局占有更多的有关公司前景的内部消息。信号传播理论认为，在投资者与管理当局信息不对称的情况下，股利政策包含了公司经营状况和未来发展前景的信息，投资者通过对这些信息的分析来判断公司未来盈利能力的变化趋势，以决定是否购买其股票，从而引起股票价格的变化。因此，股利能对股票价格产生影响。

显然，信号传播理论赞成高股利支付率的股利政策。

3. 代理成本理论

股利无关理论隐含的一个重要假设就是：公司的管理者与投资者之间的利益是完全一致的，管理者致力于投资者财富最大化，即管理者与投资者之间不存在利益冲突。这个假设在所有权和经营权分离的现代企业中实际上是不可能的。代理成本理论就是放松这一隐含假设而发展起来的。

现代企业理论认为，企业是一组契约关系的联结。契约关系的各方成为企业的利益相关者，各利益相关者之间的利益和目标并不是完全一致的，在信息不对称的情况下，企业各利益相关者之间形成诸多委托－代理关系。在经济学上，"委托－代理关系定义为一种契约关系，在这种契约关系下，一人或多人（即委托人）聘用另一人（即代理人）代表他们来履行某种服务，包括把若干决策权托付给代理人"。在委托－代理关系中，委托人与代理人之间存在信息不对称，代理人拥有内部消息，处于信息优势地位，委托人处于信息劣势地位，在双方利益不一致的情况下，代理人可能会利用其信息优势损害委托人利益，这就产生了代理问题。代理问题会降低企业的效率，增加企业的成本，这种成本在经济学上称为代理成本。

代理成本理论认为，股利的支付能够有效地降低代理成本。首先，股利的支付减少了管理人员对自由现金流量的支配权，使其失去了可用于谋取自身利益的资金来源，能促进资金的最佳配置；其次，大额股利的发放使得公司内部资本由留存利润供给的可能性减小，为了满足新投资的资金需求，公司必须寻求外部负债或权益融资。进入资本市场进行融资意味着公司将接受更多、更严格的监督和检查。这样，新资本的供应者实际上帮助老股东监控了经理人员，股利支付成为一种间接约束经理人员的监控机制。尽管外部融资的代价不菲，现金股利也可能要征收重税，但大大降低了股东的监督成本，增加了股东的利益。

因此，代理成本理论赞成高股利支付率的股利政策。

4. 税收差别理论

股利无关理论中的一个重要假设是没有不对称税负，现金股利和资本利得没有所得税的差异。税收差别理论正是建立在对这一假设的批判之上的。这一理论的代表人物是利真伯格（Lizenberger）和拉马斯瓦米（Ramaswamy）。该理论指出，在通常情况下，股利收益的所得税率高于资本利得的所得税率，这样资本利得对于股东更为有利。即使股利与资本利得按相同的税率征税，但由于这两者支付的时间不同，股利收益在收取股利的当时纳税，而资本利得只有在股票出售时才需纳税，考虑到货币的时间价值，这种税收延期的特点给资本利得提供了优惠。因此，出于避税的考虑，投资者更偏爱低股利政策，公司实行较低的股利支付率政策可以为股东带来税收利益，有利于增加股东财富，促进股票价格上涨，而高股利支付率政策将导致股票价格下降。所以，公司可以通过削减股利来提高股票价值。

5. 顾客效应理论

股利无关理论中假设存在完美市场，没有不对称税负，不同的投资者股利收入所得税相同。顾客效应理论正是在放松该假设的基础上发展起来的。在现实生活中，由于税收差异的存在，股利政策可以产生顾客效应。顾客效应指的是投资者根据不同的偏好，对某种特定的股利政策也会表现出不同的偏好。例如，有的投资者偏爱高股利支付率政策，而有的投资者偏爱低股利支付率政策。在米勒和莫迪格利尼的研究中，他们发现低税率等级的投资者往往持有高股利公司的股票。

以美国为例，由于美国对个人股东的股利收入按个人所得税征税，收入越高，适用的边际税率越高，个人所得税的边际税率从15%到39.6%不等。在这种税收前提下，年收入高的投资者适用的所得税税率高，而低收入的投资者适用的所得税税率低，而养老基金等机构股东的股利收入和资本利得均可免税。正是因为投资者的边际税率不同，导致他们对股利政策表现出不同的偏好。高收入的投资者喜欢低股利支付率或不支付股利的股票，他们希望公司将更多的利润作为留存收益进行再投资，以提高股票的价格，即使将来需要现金，出售股票可以获得更多的收益；而低收入的投资者和养老基金则喜欢高股利支付率的股票，一方面是因为他们可以免缴所得税或税率较低，另一方面这些投资者希望保持较高的资本流动性。

因此，按照该理论的观点，公司的任何股利政策都不可能满足所有股东对股利的要求，特定的股利政策只能吸引特定类型的投资者。

9.3　股利政策及选择

9.3.1　股利政策的内容

股利政策是确定公司的净利润如何进行分配的方针和政策。从权益上讲，公司的净利润是全体股东的权益，无论是以现金的形式分给股东，还是作为留存收益留在公司内部，都是股东的财富。但是，通过对股利理论的分析可知，公司如何分配利润对股东财富具有现实的影响。所以，股利政策成为公司财务管理的重要政策。

在实践中，公司的股利政策主要包括4项内容：股利分配的形式；股利支付率的确定；每股股利额的确定；股利分配的时间。其中，每股股利额和股利支付率的确定是股利政策的核心内容，它决定了公司的净利润中有多少以现金股利的形式发放给股东，有多少以留存收益的形式留在公司进行再投资。如果公司分配的股利较多，通常会增加公司在证券市场上的走势，能够吸引潜在的投资者，但这样势必会减少公司留存收益，加重公司财务负担或货币资金周转的压力；若公司分配的股利较低，就会出现与之相反的结果。并且，投资者对各年每股股利的变动情况比较敏感，如果公司各年度之间的每股股利相差较大，就给市场传递了一个信号——公司经营不稳定，不利于公司股票价格的稳定。

通常，一套良好的公司股利政策应当能够实现以下政策目标。

（1）保证公司长期发展需要，实现公司价值最大化

如上所述，股利政策实质上就是确定一个恰当的股利支付与留存收益的比例。它既是公司权益分配政策，又是资金筹措方面的重要决策之一。因此，股利分配时要充分考虑公司资金筹措的需要，为扩大公司再生产和实现多元化经营提供足够的资金，以促进公司长期稳定

发展，实现公司价值最大化。

（2）保障股东权益，平衡公司与股东以及股东与股东之间的利益关系

股东投资的基本目的之一是获取稳定的股利分配。为了实现股东投资的目的，公司的股利政策必须保证以高效益回报投资者，以建立公司与股东之间的良好关系。此外，按照股东与公司的紧密关系的程度不同，公司的股东可分为控股股东、关联股东和零星股东。他们对公司股利分配的要求不同，前两者可能更侧重于公司的长远发展，而后者更倾向于近期收益。因此，公司的股利政策必须尽量兼顾各方利益要求。

（3）稳定股票价格，维护良好的市场形象

一般而言，公司股票价格过高或过低都不利于公司的正常经营和稳定发展。股价过低不利于日后增资扩股，严重的甚至于引来敌意收购或兼并；股价过高会影响股票的流动性，并给公司未来股利分配带来较大的压力；股价时高时低将动摇投资者的信心。所以，保证股价稳定也是股利分配的目标之一。

9.3.2　股利政策的影响因素

一般来说，影响股利政策的因素主要有法律因素、公司因素、股东因素和行业因素等。

1. 法律因素

为了保护投资者的利益，各国法律如《公司法》《证券法》等都会对公司的股利分配进行一定的限制。影响公司股利政策的主要法律因素如下。

① 资本保全的约束。公司只能用当期利润或留存利润来分配股利，不能用公司筹集的资本发放股利。资本保全是为了保护投资者的利益而做出的法律限制。

② 公司积累的约束。这一规定要求公司在分配股利之前，应当按照法定的程序首先提取各种公积金。在我国，公司应按税后利润的 10%提取法定公积金，只有当其累计数额已达到注册资本的 50%时才可以不再提取，并且鼓励公司在分配普通股股利之前提取任意盈余公积金。公司积累有利于提高公司的生产经营能力，增强公司抵御风险的能力，维护投资者的利益。

③ 公司利润的约束。只有在公司以前年度的亏损全部弥补之后，若还有剩余利润，才能用于股利分配，否则不能分配股利。

④ 超额累积利润的约束。在大多数国家，股东接受股利交纳的所得税高于其进行股票交易的资本利得税，所以公司可以通过积累利润使股价上涨来帮助股东避税。于是许多国家规定公司不得超额累积利润，一旦公司的留存利润超过法律认可的水平，将被加征额外税额。目前，我国法律尚未对公司超额累积利润做出限制性规定。

⑤ 偿债能力的约束。公司在分配股利时，必须保持充分的偿债能力。如果因公司分配现金股利而影响了公司的偿债能力或正常的经营活动，股利分配就要受到限制。

2. 公司因素

公司因素的影响是指公司内部的各种因素及其面临的各种环境、机会，对其股利政策产生的影响。主要包括以下具体因素。

① 现金流量。公司在经营活动中必须有充足的现金，否则就会发生支付困难。公司在分配现金股利时，必须考虑现金流量及资产的流动性，过多发放现金股利会减少公司的现金持有量，影响未来的支付能力，甚至可能导致公司出现财务困难。

② 筹资能力。筹资能力是影响公司股利政策的一个重要因素。公司在分配现金股利时，

应当考虑到自身的筹资能力。如果公司筹资能力较强，能够较容易地在资本市场上筹集到资本，就可以采取比较宽松的股利政策，适当提高股利水平；反之，就应当采取比较紧缩的股利政策，少发放现金股利，增加留存收益。

③ 投资机会。公司在制定股利政策时会考虑未来投资对资本的需求。在公司有良好的投资机会时，就应当考虑少发放现金股利，增加留存收益，这样可以加速公司的发展，增加未来收益；反之，公司往往倾向于多发放现金股利。理论研究表明，成长快的公司经常采用低股利支付率的政策，而处于稳定或收缩中的公司多采用高股利支付率政策。

④ 资本成本。资本成本是公司选择筹资方式的基本依据。留存利润是公司内部筹资的一种重要方式，它同发行新股或举借债务相比，具有成本低的优点。因此，在制定股利政策时，应充分考虑资本的需求和资本成本等问题。

⑤ 盈余的稳定情况。公司能否保证获得长期稳定的盈余是其制定股利政策的重要基础。如果公司盈利能力强，未来盈余比较稳定，则公司可以采取高股利支付率政策；相反，如果公司盈利能力不强，未来盈余不稳定，则倾向于制定比较保守的股利政策，一般采用低股利政策，以应对未来经营和财务风险的需要。

⑥ 债务契约因素。公司债权人，尤其是长期债务的债权人为了防止公司过多地发放股利，影响其偿债能力，增加债务风险，通常以契约的形式对公司现金股利分配进行限制。这些限制通常包括：规定每股股利的最高限额；规定未来股息只能用贷款协议签订以后的新增收益来支付，而不能动用签订协议之前的留存利润；规定当公司的流动比率、利息保障倍数低于一定的标准时，不得分配现金股利；规定只有当公司的盈利达到某一约定的水平时，才能发放现金股利；规定公司的股利支付率不得超过限定的标准，等等。

⑦ 公司所处的生命周期。公司的生命周期主要包括初创阶段、成长阶段、成熟阶段和衰退阶段 4 个发展阶段。在不同的发展阶段，由于公司的经营状况和经营风险不同，对资本的需求状况也有很大的差异，这就必然影响到公司股利政策的选择。表 9-1 列出了公司在不同发展阶段的股利政策。

表 9-1　不同发展阶段的公司股利政策

项目	初创阶段	成长阶段	成熟阶段	衰退阶段
资本需求	受公司规模等因素限制	因为扩张的需要，资本需求量很大	公司规模基本稳定，资本需求量适中	资本需求量明显降低
盈利能力	不盈利或盈利很少	盈利逐步增加	盈利能力较强，盈利相对稳定	盈利下降
现金流量	因为进行投资，现金流量是负的	有少量现金流量产生	现金流量增加	相对于公司价值来说，现金流量较高
股利政策	不发放现金股利	采用股票股利政策或者低股利支付率政策	增加现金股利分配，采用稳定的股利支付率政策	采用特殊的股利政策，回购股票

3. 股东因素

公司的股利政策必须经过股东大会决议通过后才能实施，股东对公司股利政策具有举足轻重的影响。一般来说，影响股利政策的股东因素主要有以下几个方面。

①　收入与风险。一些依靠股利维持生活的股东，往往要求公司支付稳定的股利；若公司留存太多的利润，将遭到部分股东的反对。还有一些股东是"一鸟在手论"的支持者，他们偏好稳妥的现金股利，而担心保留盈余使股票价格上升的不确定性，因此为了规避风险，这些股东偏向于公司多分配股利。

②　控制权。有的大股东持股比例较高，对公司拥有一定的控制权，他们出于对公司控制权可能被稀释的担心，往往倾向于公司少分配现金股利，多保留盈余。如果公司发放大量的现金股利，就可能造成未来经营资金的紧缺，这样就不得不通过发行新股来筹集资本，虽然公司的老股东有优先认股权，但必须拿出一笔数额可观的资金，否则新的股东取得公司股权，其持股比例就会降低，其对公司的控制权就有被稀释的危险。所以，他们宁愿少分现金股利，以防止自己的控制权被稀释。

③　所得税。多数国家的红利所得税税率都高于资本利得所得税税率，有的国家红利所得税采取累计税率，边际税率很高。高收入的股东为了避税往往反对公司发放过多的现金股利，而低收入的股东因为个人税负较低甚至免税，可能会同意公司多分配现金股利。在我国，股票交易所得目前还没有开征个人所得税。因而，对股东来说，股票价格上涨获得的收益比分得现金股利更具有避税功能。

4. 行业因素

不同行业的股利支付率存在系统性差异，其原因在于：投资机会在行业内是相似的，而在不同行业之间则存在差异。调查研究显示，成熟行业的股利支付率通常比新兴行业的股利支付率高；公用事业的公司大多实行高股利支付率政策，而高科技行业的公司股利支付率通常较低。这说明股利政策具有明显的行业特征。

9.3.3　股利政策的类型

通过前面的分析可知，公司制定股利政策受到多种因素的影响，并且不同的股利政策会对公司的股票价格产生不同的影响。因此，制定一个适当的、合理的股利政策是非常重要的。在实践中，股份公司常用的股利政策主要有以下 5 种类型。

1. 剩余股利政策

股利分配与公司的资本结构相关，而资本结构又是由投资所需资金构成的，因此股利政策要受到投资机会及其资金成本的双重影响。在公司有良好的投资机会时，为了降低资金成本，公司通常会采用剩余股利政策。所谓的剩余股利政策，就是在公司有良好的投资机会时，根据一定的目标资本结构（最佳资本结构），测算出投资所需的股东权益资本，先从税后净利润中留用，然后若有剩余才用于分配现金股利。这是一种投资优先的股利政策。

采取剩余股利政策的先决条件是企业必须面临良好的投资机会，并且该投资机会的预计投资报酬率要高于股东要求的必要报酬率，这样股利政策才有可能被股东所接受。但是，对于希望有稳定的股利收入的股东，如那些依靠股利生活的退休者，他们是不会喜欢剩余股利政策的，因为这种股利政策往往会导致股利忽高忽低。因此，一般公司很少会机械地照搬剩余股利政策。

实行剩余股利政策，一般应按以下步骤来确定股利的分配额。

①　根据选定的最佳投资方案，测算确定投资所需要的资本金额。

②　按照公司的目标资本结构，测算所需要增加的股东权益资本的数额。

③　税后净利润首先用于满足投资所需要增加的股东权益资本的数额。

④ 将满足投资需要后的剩余利润向股东分配股利。

【例 9-2】 红星公司 2021 年的税后净利润为 6 000 万元，目前公司的目标资本结构为股东权益资本占 60%，债务资本占 40%。该资本结构也是公司下一年度的目标资本结构。如果 2022 年公司有一个非常好的投资项目，需要投资 5 000 万元，该公司拟采用剩余股利政策，那么该如何进行融资？分配的股利是多少？

解 因为 2022 年的投资项目所需资金为 5 000 万元，那么按照目标资本结构的要求，公司所需的股东权益资本数额为

$$5\ 000 \times 60\% = 3\ 000（万元）$$

公司当年实现的税后净利润为 6 000 万元，那么公司将 3 000 万元作为留存收益，剩余部分作为股利发放。当年发放的股利额为

$$6\ 000 - 3\ 000 = 3\ 000（万元）$$

需要注意的是，在实践中，公司的最佳资本结构是一个范围而非一个具体的数字，许多公司运用这种理论帮助建立股利的长期目标发放率，即通过预测公司的 5～10 年的盈利情况，确定在这些年度公司的长期目标发放率，从而维持股利政策的相对稳定性。

2. 固定股利政策

固定股利政策是指公司在较长时期内每股支付固定股利额的股利政策，即公司每年发放的每股股利固定在某一特定水平上，并在一段时间内保持不变。只有公司认为未来利润的增长足以使它能够将股利维持在一个更高的水平时，公司才会提高每股股利的发放额。

实施固定股利政策的理由如下。

① 固定股利政策可以向投资者传递公司经营状况稳定的信息。如果公司支付的股利稳定，则说明该公司的经营业绩比较稳定，经营风险较小，这样可使投资者要求的必要报酬率降低，有利于股价上升；如果公司的股利政策不稳定，股利忽高忽低，则会给投资者传递公司经营不稳定的信息，从而导致投资者对风险的担心，会使投资者要求的必要报酬率提高，使股票价格下降。

② 固定股利政策有利于投资者有规律地安排股利收入和支出，特别是那些希望每期能有固定收入的投资者更喜欢这种股利政策，忽高忽低的股利政策可能会降低他们对这种股票的需求，从而使股价下降。

需要注意的是，尽管这种股利政策有股利稳定的特点，但是它有时也会给公司造成较大的财务压力，尤其是公司净利润下降或现金紧缺时，公司为了保证股利的正常支付，容易导致资金短缺。因此，这种股利政策一般适合于发展比较稳定的公司。

3. 稳定增长股利政策

稳定增长股利政策是指在一定的时期内保持公司的每股股利额稳定增长的股利政策。公司制定一个稳定的股利增长率，实际上是给投资者传递该公司经营业绩稳定增长的信息，可以降低投资者对该公司风险的担心，从而有利于股票价格上升。稳定增长股利政策适合于处于成长或成熟阶段的公司。行业特点和公司经营风险也是影响公司是否采用稳定增长股利政策的重要因素。

4. 固定股利支付率股利政策

固定股利支付率股利政策是一种变动的股利政策，公司每年从净利润中按固定的股利支付率发放现金股利。这种股利政策使公司的股利支付与盈利状况密切相关：盈利状况好，则每股股利额增加；盈利状况差，则每股股利额下降。这种股利政策不会给公司造成很大的财务负担，但是其股利变动可能较大、忽高忽低，容易使股票价格产生较大波动，不利于树立良好的公司形象。

5. 低正常股利加额外股利政策

低正常股利加额外股利政策是一种介于固定股利政策与变动股利政策之间的折中的股利政策。这种股利政策具有较大的灵活性：如果公司盈利较少或投资需要较多的资金，公司可以只支付较低的正常股利，这样既不会给公司带来较大的财务压力，又能保证股东定期得到一笔固定的股利收入；如果公司盈利较多并且不需要较多投资资金，公司可以再根据实际情况发放额外股利。这种股利政策既可以维持股利的稳定性，又有利于使公司的资本结构达到目标资本结构，使稳定性与灵活性较好地结合，因而被许多公司采用。

9.3.4　股利政策的评价指标

投资者在购买股票进行投资时，通常会对公司的股利政策做出评价。用来评价公司股利政策的指标主要有两个：股利支付率和股利收益率。

1. 股利支付率

股利支付率是公司年度现金股利总额与年度净利润总额的比率，或者是公司年度每股股利与每股利润的比率。其计算公式为

$$P_d = \frac{D}{E} \times 100\% \tag{9-1}$$

或

$$P_d = \frac{DPS}{EPS} \times 100\% \tag{9-2}$$

式中，P_d 表示股利支付率；D 表示年度现金股利总额；E 表示年度净利润总额；DPS 表示年度每股股利；EPS 表示年度每股利润。

股利支付率用来评价公司实现的净利润中有多少用于股东分配红利。股利支付率反映了公司所采取的股利政策是高股利政策还是低股利政策。根据前面的股利理论可知，股利支付率的高低并不是区分股利政策优劣的标准。基于各种不同的原因，不同的公司会选择不同的股利支付率。

2. 股利收益率

股利收益率是公司年度每股股利与每股价格的比率。其计算公式为

$$K_d = \frac{DPS}{P_0} \times 100\% \tag{9-3}$$

式中，K_d 表示股利收益率；P_0 表示每股股价。

股利收益率是投资者评价公司股利政策的一个重要指标，它反映了投资者进行股票投资

所取得的红利收益，是投资者判断投资风险、衡量投资收益的重要标准之一。较高的股利收益率说明公司股票具有较好的投资回报，投资者通常倾向于购买高股利收益率的股票。

思考与练习

一、问答题

1. 上市公司的股利支付方式有哪几种？

2. 为什么在完美的资本市场条件下，股利政策与股价无关？

3. 股利相关理论有哪些？

4. 作为上市公司的管理层，你认为在决定公司分配股利与留存利润的比例大小时，应当考虑哪些因素的影响？

5. 股利政策的类型有哪些？

二、计算题

红星公司 2021 年的税后净利润为 5 000 万元，目前的资本结构为：负债资本 30%，股东权益资本 70%。该资本结构也是其下一年度的目标资本结构。如果 2022 年公司有一个好的投资项目，需要投资 7 000 万元，该公司拟采用剩余股利政策，该如何融资？分配的股利和股利支付率分别是多少？

第 10 章 财 务 分 析

财务分析是财务管理的重要环节之一，本章专门研究财务分析的基本理论和评价企业现状的财务指标体系，以及财务趋势分析与综合分析理论及方法。通过本章的学习，要求学生了解财务分析的基本程序，掌握比率分析法、比较分析法、综合分析法等基本方法，并能运用这些方法对企业的偿债能力、营运能力、盈利能力等财务状况进行分析，准确把握企业财务现状，以便有针对性地开展未来理财活动。需要注意的是，本章财务分析主要讲述财务报表分析。

10.1 财务分析概述

10.1.1 财务分析的作用

企业依据《企业会计准则》等会计规范进行生产经营活动的核算，并形成反映企业财务状况、经营成果和现金流量的企业财务报告，为会计信息使用者进行经济决策提供依据和参考。企业提供的财务报告需要达到会计准则的质量要求，如可靠性、相关性、可理解性等，这样才能保证财务报告能够公允地反映企业的情况。但财务报告提供的各类会计信息是分散的，不具有综合性和连续性。为了能够更加深入地了解企业的情况，需要对这些会计信息进行进一步的加工和处理，使报表上的"死数据"变成"活信息"，从而发现和了解企业经营的利弊，帮助信息使用者进行决策。可见，财务分析是财务报表编制的继续和深化，是实现财务报表真正价值的必要手段。

所谓财务分析主要是指财务报表分析，是以企业的财务报表及其他相关资料为基础，采用专门的技术和分析方法，对企业财务活动和结果进行研究和评价，以分析企业的经营得失、财务状况及发展趋势，从而评价和改进财务管理工作，为优化经济决策提供重要的财务信息。

财务分析既是已完成的财务活动的总结，又是财务预测的前提，在财务管理的循环中起着承上启下的作用。财务分析是对财务报告所提供的会计信息做进一步加工和处理，为股东、债权人和管理层等会计信息使用者进行财务预测和财务决策提供依据。在实务中，财务分析可以发挥以下重要作用。

1. 内部决策

通过财务分析，可以评价企业一定时期的财务状况，提示企业生产活动中存在的问题，为企业生产经营管理决策提供依据。财务分析可以全面评价企业在一定时期内的各种财务能力，包括偿债能力、营运能力、盈利能力和发展能力，从而分析企业经营活动中存在的问题，总结财务管理工作的经验教训，促进企业改善经营活动、提高管理水平。

2. 外部决策

通过财务分析，可以为企业外部投资者、债权人和其他有关部门与人员提供更加系统的、完整的会计信息，便于他们更加深入地了解企业的财务状况、经营成果和现金流量情况，为其投资决策、信贷决策和其他经济决策提供依据。

3. 经营管理

通过财务分析，可以检查企业内部各职能部门和单位完成经营计划的情况，考核各部门和单位的经营业绩，有利于企业建立和健全完善的业绩评价体系，协调各种财务关系，保证企业财务目标的顺利实现。

10.1.2　财务分析的目的

一般而言，企业财务分析的目的是评价企业的财务状况、资产管理水平及获利能力，预测企业未来的财务状况和获利能力，提供决策的依据。企业的利益相关者都希望通过财务分析取得与决策相关的信息，但不同的利益主体进行财务分析的目的不尽相同，而分析目的不同，其具体分析内容也会所差异和侧重。

1. 从投资者角度看

投资者最关注的是投资的内在风险和投资报酬。在所有权与经营权分离的情况下，财务会计报告成了他们可以从企业管理当局获得有用信息、进行风险判断、选择投资决策方案的重要媒介。为此，要依据企业编制的财务会计报告，着重分析有关企业的盈利能力、资本结构、利润分配政策等方面的情况。

2. 从债权人角度看

债权人最关注的是其所提供给企业的资金是否安全，自己的债权和利息是否能够按期如数收回。为此，应根据企业财务会计报告，着重分析有关企业偿债能力的状况，以便做出理性的信贷决策。

3. 从经营者角度看

企业管理人员最关注的是企业财务状况的好坏、经营业绩的大小及现金的流动情况。为此，依据企业财务报告，应当着重分析有关企业某一特定日期的资产、负债和所有者权益情况以及某一特定经营期间经营业绩与现金流量方面的信息，以便及时发现问题，为强化企业经营管理、提高经济效益服务。

4. 从其他利益相关者角度看

财务分析的其他利益相关者或其他服务对象主要有政府及相关管理机构、企业职工、业务关联企业、社会公众等。

政府及相关管理机构最关注的是国家资源的分配和运用情况，需要向企业了解与经济政策（如税收政策）的制定、国民收入的统计等有关的信息。为此，依据企业财务会计报告，应当着重分析有关企业的资源及其运用、分配方面的情况，为宏观经济决策提供必要的信息。

企业职工最关注的是企业为其所提供的就业机会及其稳定性、劳动报酬高低和职工福利好坏等方面的信息，而上述情况又与企业的债务结构及盈利能力密切相关。

业务关联企业最关注的是企业的信用情况。企业从事生产经营活动，必然与其他企业发生业务联系，这些企业出于保护自身利益的需要，也关心往来企业的财务状况和经营状况，因此它们也要对对方企业的财务会计报告进行分析。关联企业本身就是独立经营、自负盈亏的市场竞争主体，对其而言，它们进行财务分析的主要目的在于搞清企业的信用状况，包括商业信用和财务信用。

社会公众包括企业潜在的投资者和潜在的债权人，他们最关注企业（特别是股份有限公司）的兴衰及其发展情况。为此，依据企业财务会计报告，应当着重分析有关企业财务现状及其未来发展等有关方面的信息。

另外，企业的竞争对手渴望获取关于企业财务状况的会计信息及其他信息，借以判断企业业间的相对效率，从而进行有针对性的生产经营决策。

10.1.3　财务分析的基础

财务分析的基础主要是指财务分析的各种资料来源。只有基础材料充分、正确和完整，并能有效地按不同的分析目的进行归类和整理，才能确保财务分析信息的真实可靠，所以充分、正确的财务资料是保证高质量财务分析的重要前提。

企业财务分析的基础资料主要有企业的财务报表及其附注、财务状况说明书、企业内部管理报表、上市公司披露的信息资料、外部评价报告和分析评价标准等。但财务分析主要是以财务报告为基础，其他资料只作为财务分析的补充资料。

财务报告，是指企业对外提供的反映企业某一特定日期的财务状况和某一会计期间的经营成果、现金流量等会计信息的文件。财务报告包括财务报表和其他应当在财务报告中披露的相关信息和资料（包括财务报表附注和财务情况说明书等）。

财务报表是对企业财务状况、经营成果和现金流量的结构性表述。财务报表至少应当包括下列组成部分：资产负债表、利润表、现金流量表、所有者权益（股东权益）变动表、相关附表。

下面主要介绍一般企业的基本财务报表：资产负债表、利润表和现金流量表。

1. 资产负债表

资产负债表是指反映企业在某一特定日期财务状况的会计报表。它反映企业在某一特定日期所拥有或控制的经济资源、所承担的现时义务和所有者对净资产的要求权。

在我国，资产负债表采用账户式结构，报表分为左、右两方，左方列示资产各项目，反映全部资产的分布及存在形态；右方列示负债和所有者权益各项目，反映全部负债和所有者权益的内容及构成情况。资产负债表左、右双方平衡，资产总计等于负债和所有者权益总计，即"资产＝负债＋所有者权益"。此外，为了使使用者通过比较不同时点资产负债表的数据，掌握企业财务状况的变动情况及发展趋势，企业需要提供比较资产负债表，即资产负债表还就各项目再分为"期初数"和"期末数"两栏分别填列。资产负债表的具体格式如表 10-1 所示。

表 10-1　L 公司资产负债表

编制单位：L 公司　　　　　　　　　　2021 年 12 月 31 日　　　　　　　　　　单位：元

资产	期末余额	上年年末余额	负债和所有者权益	期末余额	上年年末余额
流动资产：			流动负债：		
货币资金	815 131	1 406 300	短期借款	50 000	300 000
交易性金融资产	0	15 000	交易性金融负债	0	0
应收票据	66 000	246 000	应付票据	100 000	200 000

续表

资产	期末余额	上年年末余额	负债和所有者权益	期末余额	上年年末余额
应收账款	598 200	299 100	应付账款	953 800	953 800
预付款项	100 000	100 000	预收款项	0	0
应收利息	0	0	应付职工薪酬	180 000	110 000
应收股利	0	0	应交税费	226 731	36 600
其他应收款	5 000	5 000	应付利息	0	1 000
应收补贴款			应付股利	32 215.85	0
存货	2 484 700	2 580 000	其他应付款	50 000	50 000
一年内到期的非流动资产	0	0	一年内到期的非流动负债	0	1 000 000
其他流动资产	100 000	100 000	其他流动负债	0	0
流动资产合计	4 169 031	4 751 400	流动负债合计	1 592 746.85	2 651 400
非流动资产:			非流动负债:		
可供出售金融资产	0	0	长期借款	1 160 000	600 000
持有至到期投资	0	0	应付债券	0	0
长期应收款	0	0	长期应付款	0	0
长期股权投资	250 000	250 000	专项应付款	0	0
投资性房地产	0	0	预计负债	0	0
固定资产	2 201 000	1 100 000	递延税款负债	0	0
在建工程	428 000	1 500 000	其他非流动负债	0	0
工程物资	300 000	0			
固定资产清理	0	0	非流动负债合计	1 160 000	600 000
无形资产	540 000	600 000	负债合计	2 752 746.85	3 251 400
开发支出	0	0	所有者权益:		
商誉	0	0	股本	5 000 000	5 000 000
长期待摊费用	0	0	资本公积	0	0
递延所得税资产	7 500	0	减：库存股	0	0
其他非流动资产	200 000	200 000	盈余公积	124 770.40	100 000
			未分配利润	218 013.75	50 000
非流动资产合计	3 926 500	3 650 000	所有者权益合计	5 342 784.15	5 150 000
资产合计	8 095 531	8 401 400	负债和所有者权益总计	8 095 531	8 401 400

通过资产负债表，可以提供某一日期资产的总额及其结构，表明企业拥有或控制的资源及其分布情况，使用者可以一目了然地从资产负债表中了解企业在某一特定日期所拥有的资产总量及其结构；可以提供某一日期的负债总额及其结构，表明企业未来需要用多少资产或

劳务清偿债务及清偿时间；可以反映所有者所拥有的权益，据以判断资本保值、增值的情况及对负债的保障程度。此外，资产负债表还可以提供进行财务分析的基本资料，如将流动资产与流动负债进行比较，计算出流动比率；将速动资产与流动负债进行比较，计算出速动比率等，可以表明企业的变现能力、偿债能力和资金周转能力，从而有助于报表使用者做出经济决策。

2. 利润表

利润表是反映企业在一定会计期间经营成果的会计报表。利润表的列报必须充分反映企业经营业绩的主要来源和构成，有助于使用者判断净利润的质量及其风险，有助于使用者预测净利润的持续性，从而做出正确的决策。通过利润表，可以反映企业一定会计期间的收入实现情况、费用耗费情况及生产经营活动的成果等内容。

在我国，企业利润表采用的基本上是多步式结构，即通过对当期的收入、费用、支出项目按性质加以归类，按利润形成的主要环节列示一些中间性利润指标，分步计算当期净利润。利润表的具体格式如表 10-2 所示。

表 10-2　L 公司利润表

编制单位：L 公司　　　　　　　　　2021 年　　　　　　　　　单位：元

项目	本期金额	上期金额（略）
一、营业收入	1 250 000	
减：营业成本	750 000	
税金及附加	2 000	
销售费用	20 000	
管理费用	157 100	
财务费用	41 500	
资产减值损失	30 900	
加：投资收益	31 500	
其中：对联营企业和合营企业的投资收益	0	
公允价值变动收益	0	
二、营业利润	280 000	
加：营业外收入	50 000	
减：营业外支出	19 700	
其中：非流动资产处置损失	—	
三、利润总额	310 300	
减：所得税费用	85 300	
四、净利润	225 000	
五、每股收益	—	
（一）基本每股收益		
（二）稀释每股收益		

利润表主要反映以下几方面的内容。

① 营业收入。由主营业务收入和其他业务收入组成。

② 营业利润。营业收入减去营业成本（主营业务成本、其他业务成本）、税金及附加、销售费用、管理费用、财务费用、资产减值损失，加上公允价值变动收益、投资收益，即为营业利润。

③ 利润总额。营业利润加上营业外收入，减去营业外支出，即为利润总额。

④ 净利润。利润总额减去所得税费用，即为净利润。

⑤ 每股收益。普通股或潜在普通股已公开交易的企业，以及正处于公开发行普通股或潜在普通股过程中的企业，还应当在利润表中列示每股收益信息，包括基本每股收益和稀释每股收益两项指标。

此外，为了使报表使用者通过比较不同期间利润的实现情况，判断企业经营成果的未来发展趋势，企业需要提供比较利润表，利润表还就各项目再分为"本期金额"和"上期金额"两栏分别填列。

3. 现金流量表

现金流量表是指反映企业在一定会计期间现金和现金等价物流入与流出情况的报表。从编制原则上看，现金流量表按照收付实现制原则编制，将权责发生制下的盈利信息调整为收付实现制下的现金流量信息，便于信息使用者了解企业净利润的质量。从内容上看，现金流量表被划分为经营活动、投资活动和筹资活动三个部分，每类活动又分为各个具体项目，这些项目从不同角度反映企业业务活动的现金流入和流出，弥补了资产负债表和利润表提供信息的不足。通过现金流量表，报表使用者能够了解现金流量变动的影响因素，评价企业的支付能力、偿债能力和周转能力，预测企业未来现金流量，为其决策提供有力证据。现金流量表的具体格式如表10-3所示。

表 10-3　L公司现金流量表

编制单位：L公司　　　　　　　　　　　　2021年　　　　　　　　　　　　　　单位：元

项目	本期金额	上期金额（略）
一、经营活动产生的现金流量：		
销售商品、提供劳务收到的现金	1 312 500	
收到的税费返还	0	
收到的其他与经营活动有关的现金	0	
经营活动现金流入小计	1 312 500	
购买商品、接受劳务支付的现金	392 266	
支付给职工以及为职工支付的现金	300 000	
支付的各项税费	174 703	
支付的其他与经营活动有关的现金	80 000	
经营活动现金流出小计	1 006 361	
经营活动产生的现金流量净额	365 531	

项目	本期金额	上期金额（略）
二、投资活动产生的现金流量：		
收回投资收到的现金	16 500	
取得投资收益收到的现金	30 000	
处置固定资产、无形资产和其他长期资产收回的现金净额	300 300	
处置子公司及其他营业单位收到的现金净额	0	
收到其他与投资活动有关的现金	0	
投资活动现金流入小计	346 800	
购建固定资产、无形资产和其他长期资产支付的现金	601 000	
投资支付的现金	0	
取得子公司及其他营业单位支付的现金净额	0	
支付与投资活动有关的现金	0	
投资活动现金流出小计	601 000	
投资活动产生的现金流量净额	−254 200	
三、筹资活动产生的现金流量：		
吸收投资收到的现金	0	
取得借款收到的现金	560 000	
收到其他与筹资活动有关的现金	0	
筹资活动现金流入小计	560 000	
偿还债务支付的现金	1 250 000	
分配股利、利润或偿付利息支付的现金	12 500	
支付其他与筹资活动有关的现金	0	
筹资活动现金流出小计	1 262 500	
筹资活动产生的现金流量净额	−702 500	
四、汇率变动对现金及现金等价物的影响	0	
五、现金及现金等价物净增加额	−591 169	
加：期初现金及现金等价物余额	1 406 300	
六、期末现金及现金等价物余额	815 131	

10.1.4　财务分析的种类

财务分析可以根据不同的标准进行不同的分类。

（1）按照分析主体不同，财务分析可以分为内部分析和外部分析

① 内部分析是企业内部管理部门对企业的生产经营过程、财务状况所进行的分析。内部分析的特点是资料全面、容易取得、分析及时。内部分析主要是为了把握企业经营活动的真

实状态和存在的问题，判断企业生产经营活动是否有效率，为企业管理者提供决策依据。

② 外部分析是企业外部的利益集团根据各自的需求对企业进行的财务分析。如投资者以投资分析为重点，债权人以信用分析为重点，政府管理部门以财务监督为重点等。

（2）按照分析对象不同，财务分析可分为资产负债表分析、利润表分析和现金流量表分析。

① 资产负债表分析是以资产负债表为对象进行的财务分析。资产负债表分析主要对企业的财务状况进行分析，通过对财务结构的考察评价财务状况，判断企业的信用情况、偿债能力、经营风险等。在历史上最早的财务分析就是从以资产负债表为中心的流动性分析开始的。

② 利润表分析是以利润表为对象进行的财务分析。利润表主要反映企业的经营成果，因而利润表分析主要是收益性分析：考察企业的经营活动，分析企业现实和潜在的获利能力，获利能力强，财务状况就好。现在的财务分析逐渐把流动性分析作为收益性分析的一环，向着以利润表分析为中心的方向发展。

③ 现金流量表分析是以现金流量表为对象进行的财务分析。现金流量表是资产负债表和利润表的中介，也是它们的补充。通过现金流量表分析，可以了解企业的现金周转状况：在一定时间内有多少现金来源，从何而来，又有多少现金被运用，运用到哪些方面。因而，可以了解到企业现金流量变动状况的全貌。

（3）按照分析方法不同，财务分析可以分为趋势分析法、比率分析法和因素分析法。

① 趋势分析法是将某一财务指标连续若干期的数据进行比较，确定其增减变动的方向、数额和幅度，以此来说明企业财务状况或经营成果变动趋势的一种方法。采用这种方法，可以分析引起变化的主要原因、变动的性质，并预测企业未来的发展前景。

② 比率分析法是通过计算各种比率指标来确定经济活动变动程度的分析方法。比率是相对数，采用这种方法，能够把某些条件下的不可比指标变为可比指标，以利于进行分析。

③ 因素分析法是依据分析指标与其驱动因素的关系，从数量上确定各因素对分析指标影响方向和影响程度的一种方法。采用这种方法的出发点在于，当有若干因素对分析指标产生影响时，假设其他各个因素都无变化，从而按顺序确定每一个因素单独变化所产生的影响。

此外，财务分析还可以按照其他标准进行分类，如按照财务分析目的不同可以分为企业偿债能力分析、营运能力分析、盈利能力分析、发展能力分析、财务状况的综合分析等。

10.2 财务比率分析

财务比率分析是财务分析中最基本、最重要的分析方法。在企业财务分析中，基本的财务比率有偿债能力比率、营运能力比率、盈利能力比率、发展能力比率。

10.2.1 企业偿债能力分析

偿债能力是指企业偿还到期债务（包括本息）的能力。偿债能力分析包括短期偿债能力分析和长期偿债能力分析。

1. 短期偿债能力分析

短期偿债能力是指企业偿付流动负债的能力。流动负债是将在 1 年内或超过 1 年的一个营业周期内需要偿付的债务，这部分负债对企业的财务风险影响较大，如果不能及时偿还，就可能使企业陷入财务困境，面临破产倒闭的风险。在资产负债表中，流动负债与流动资产形成一种对应关系。流动资产是在 1 年内或超过 1 年的一个营业周期内可变现的资产，因而流动资产就成为偿还流动负债的一个安全保障。因此，可以通过分析流动负债与流动资产之间的关系来判断企业的短期偿债能力。通常，评价短期偿债能力的财务比率主要有：流动比率、速动比率、现金比率、现金流量比率和到期债务本息偿付比率等。

（1）流动比率

流动比率是指流动资产与流动负债的比率，它表明企业每 1 元流动负债有多少流动资产作为偿还保证，反映企业用可在短期内转变为现金的流动资产偿还到期流动负债的能力。其计算公式为

$$流动比率 = \frac{流动资产}{流动负债} \times 100\% \qquad (10-1)$$

一般情况下，流动比率越高，企业的短期偿债能力越强，债权人的权益越有保障。国际上通常认为，流动比率的下限为 100%，而流动比率等于 200% 时较为适当，它表明企业财务状况稳定可靠。如果比率过低，则表示企业可能捉襟见肘，难以如期偿还债务。但是，流动比率也不可以过高，过高，表明企业流动资产占用较多，会影响资金的使用效率和企业的筹资成本，进而影响获利能力。究竟应保持多高水平的流动比率，主要视企业对待风险与收益的态度予以确定。

【例 10-1】根据表 10-1 的资料，L 公司 2021 年的流动比率计算如下。

上年年末流动比率 =（4 751 400/2 651 400）× 100% = 179.20%
期末流动比率 =（4 169 031/1 592 746.85）× 100% = 261.75%

这说明 L 公司期末与上年年末相比，具有了更强的短期偿债能力，但需要注意资产使用效率问题。

（2）速动比率

速动比率是指企业速动资产与流动负债的比率，它假设速动资产是可以用于偿债的资产，表明每 1 元流动负债有多少速动资产作为偿还保障。其计算公式为

$$速动比率 = \frac{速动资产}{流动负债} \times 100\% \qquad (10-2)$$

所谓速动资产，是指可以在较短时间内变现的资产，包括货币资金、交易性金融资产和各种应收、预付款项等。其他的流动资产，包括存货、待摊费用、一年内到期的非流动资产及其他流动资产等，称为非速动资产。由于剔除了存货等变现能力较弱且不稳定的资产，因此速动比率能更准确、可靠地评价企业资产的流动性及其偿还短期负债的能力。

一般情况下，速动比率越高，表明企业偿还流动负债的能力越强。国际上通常认为，速动比率等于 100% 时较为适当。如果速动比率小于 100%，必使企业面临较大的偿债风险；如果速动比率大于 100%，尽管债务偿还的安全性很高，但却会因企业现金及应收账款资金占用

过多而大大增加企业的机会成本。

【例10-2】根据表10-1的资料，L公司的速动比率计算如下。

上年年末速动比率=［（1 406 300+15 000+246 000+299 100+100 000+5 000）/
2 651 400］×100%=78.12%

期末速动比率=［（815 131+66 000+598 200+100 000+5 000）/1 592 746.85］×100%
=99.47%

可以看出经过一年的经营，L公司的速动比率比上年年末有明显提高，为每1元流动负债提供保障的速动资产增加了0.213 5，速动比率较为合理，短期偿债能力增强。

（3）现金比率

速动资产中，流动性最强、可直接用于偿债的资产称为现金资产。现金资产包括货币资金、交易性金融资产等。它们与其他速动资产有区别，其本身就是可直接偿债的资产，而非速动资产需要等待不确定的时间，才能转换为不确定数额的现金。现金比率是指现金资产与流动负债的比率，它假设现金资产是可偿债资产，表明1元流动负债有多少现金资产作为偿还保障。其计算公式为

$$现金比率 = \frac{货币资金 + 交易性金融资产}{流动负债} \times 100\% \qquad (10-3)$$

【例10-3】根据表10-1的资料，L公司2021年的现金比率计算如下。

上年年末现金比率=［（1 406 300+15 000）/2 651 400］×100%=53.61%
期末现金比率=（815 131/1 592 746.85）×100%=51.18%

（4）现金流量比率

现金流量比率是指企业经营活动产生的现金流量净额与流动负债的比值，表明每1元流动负债的经营现金流量保障程度，它可以从现金流量角度来反映企业当期偿付短期负债的能力。其计算公式为

$$现金流量比率 = \frac{经营活动产生的现金流量净额}{流动负债} \times 100\% \qquad (10-4)$$

由于有利润的年份不一定有足够的现金（含现金等价物）来偿还债务，所以利用以收付实现制为基础计量的现金流量比率指标，能充分体现企业经营活动所产生的现金净流量可以在多大程度上保证当期流动负债的偿还，直观地反映出企业偿还流动负债的实际能力。用该指标评价企业短期偿债能力更加谨慎。该指标越大，表明企业经营活动产生的现金净流量越多，越能保障企业按期偿还到债务。该指标也并不是越大越好，过大则表明企业流动资金利用不充分，盈利能力不强。

【例10-4】根据表10-1和表10-3的资料，L公司2021年的现金流量比率计算如下。

现金流量比率=（365 531/1 592 746.85）×100%=22.95%

可见，虽然企业流动比率、速动比率比较合理，但现金流量比率并不高，需要加强企业现金流的控制，警惕财务风险。

（5）到期债务本息偿付比率

到期债务本息偿付比率是指经营活动产生的现金流量净额与本期到期债务本息的比值。其计算公式为

$$到期债务本息偿付比率=\frac{经营活动产生的现金流量净额}{本期到期债务本息}\times100\% \qquad (10-5)$$

到期债务本息偿付比率反映经营活动产生的现金流量净额是本期到期债务本息的倍数，它主要是衡量本年度内到期的债务本金及相关的利息支出可由经营活动所产生的现金来偿付的程度。该项财务比率越高，说明企业经营活动所产生的现金对偿付本到期债务本息的保障程度越高，企业的偿债能力也越强。如果该指标小于 1，表明企业经营活动产生的现金不足以偿付本期到期债务本息。

【例 10-5】根据表 10-2 和表 10-3 的资料，L 公司 2021 年到期债务本息偿付比率计算如下。

本期到期债务本金可以从表 10-3"偿还债务支付的现金"中取得，假设本期到期的债务利息为 11 500 元，则

$$到期债务本息偿付比率=[365\ 531/（1\ 250\ 000+11\ 500）]\times100\%=28.98\%$$

2. 长期偿债能力分析

长期偿债能力是指企业偿还非流动负债的能力。企业的非流动负债主要有长期借款、应付债券、长期应付款、专项应付款、预计负债等。对于企业的长期债权人和所有者说，他们不仅关心企业的短期偿债能力，更关心企业的长期偿债能力。因此，在对企业进行短期偿债能力分析的同时，还需分析企业的长期偿债能力，以便于债权人和投资者全面了解企业的偿债能力及财务风险。

（1）资产负债率

资产负债率又称负债比率，是指企业负债总额与资产总额的比率。它表明企业资产总额中，债权人提供资金所占的比重，以及企业资产对债权人权益的保障程度。其计算公式为

$$资产负债率=\frac{负债总额}{资产总额}\times100\% \qquad (10-6)$$

一般情况下，资产负债率越小，表明企业长期偿债能力越强。但是，也并非说该指标对谁都是越小越好。从债权人角度来说，该指标越小越好，这样企业偿债越有保证。从企业所有者角度来说，如果该指标较大，说明利用较少的自有资本投资形成了较多的生产经营用资产，不仅扩大了生产经营规模，而且在经营状况良好的情况下，还可以利用财务杠杆得到较多的投资收益。但资产负债率过大，表明企业的债务负担较重，企业资金实力不强，不仅对

债权人不利，而且企业也有濒临倒闭的危险。

此外，企业的长期偿债能力与盈利能力密切相关，因此企业的经营决策者应当将偿债能力指标（风险）与盈利能力指标（收益）结合起来分析。保守的观点认为资产负债率不应高于 50%，而国际上通常认为资产负债等于 60%较适宜。

【例 10-6】 根据表 10-1 的资料，L 公司的资产负债率计算如下。

上年年末资产负债率＝（3 251 400/8 401 400）×100%＝38.70%

期末资产负债率＝（2 752 746.85/8 095 531）×100%＝34.00%

企业资产负债率在 50%以下，有较强的长期偿债能力，可以考虑增加负债比例，形成杠杆效应。

（2）股东权益比率与权益乘数

股东权益比率是股东（所有者）权益总额与资产总额的比率，该比率反映资产总额中有多大比例是所有者投入的。股东权益比率越大，负债比率就越小，企业的财务风险也越小，偿还长期债务的能力就越强。其计算公式为

$$股东权益比率 = \frac{股东权益总额}{资产总额} \times 100\% \tag{10-7}$$

股东权益比率的倒数，称为权益乘数，即资产总额是股东权益总额的多少倍。权益乘数越大，表明所有者投入企业的资本占全部资产的比重越小，企业负债程度越高；反之，该比率越小，表明所有者投入企业的资本占全部资产的比重越大，企业的负债程度越低，债权人权益越有保障。其计算公式为

$$权益乘数 = \frac{资产总额}{股东权益总额} \times 100\% \tag{10-8}$$

【例 10-7】 根据表 10-1 的资料，计算 L 公司的股东权益比率和权益乘数如下。

上年年末股东权益比率＝（5 150 000/8 401 400）×100%＝61.3%

期末股东权益比率＝（5 342 784.15/8 095 531）×100%＝66%

上年年末权益乘数＝（8 401 400/5 150 000）×100%＝163.13%

期末权益乘数＝（8 095 531/5 342 784.15）×100%＝151.52%

期末与上年年末相比，股东权益比率增加，而权益乘数减少，这都说明企业长期偿债能力增强。

（3）产权比率

产权比率，也称负债股权比率，是负债总额与股东权益总额的比值。其计算公式为

$$产权比率 = \frac{负债总额}{股东权益总额} \times 100\% \tag{10-9}$$

产权比率表明 1 元股东权益借入的债务数额。企业全部资本来自所有者和债权人的投入（资产=负债+所有者权益）。一般情况下，产权比率越低，表明企业的长期偿债能力越强，债权人权益的保障程度越高，承担的风险越小，但企业不能充分发挥负债的财务杠杆效应。

【例 10-8】根据表 10-1 的资料，计算 L 公司的产权比率如下。

上年年末产权比率=（3 251 400/5 150 000）×100%=63.13%

期末产权比率=（2 752 746.85/5 342 784.15）×100%=51.52%

（4）有形净值债务率

为了进一步分析股东权益对负债的保障程度，可以保守地认为无形资产不宜用来偿还债务（虽然实际上未必如此），故将其从式（10-9）的分母中扣除，这样计算出的财务比率称为有形净值债务率。其计算公式为

$$有形净值债务率=\frac{负债总额}{股东权益总额-无形资产净值} \tag{10-10}$$

有形净值债务率实际上是产权比率的延伸，它更为保守地反映了在企业清算时债权人投入的资本受到股东权益的保障程度。该比率越低，说明企业的财务风险越小。

【例 10-9】根据表 10-1 的资料，计算 L 公司的有形净值债务率如下。

上年年末有形净值债务率=3 251 400/（5 150 000-600 000）=0.714 6

期末有形净值债务率=2 752 746.85/（5 342 784.15-540 000）=0.573 3

可见，L 公司期末的产权比率降低，说明企业长期偿债能力增强；企业有形净值债务率也降低，说明股东有形权益偿还负债的能力增强。

（5）利息保障倍数与现金利息保障倍数

利息保障倍数，也称利息所得倍数或已获利息倍数，是税前利润和利息费用之和与利息费用的比值。其计算公式为

$$利息保障倍数=\frac{税前利润+利息费用}{利息费用} \tag{10-11}$$

利息保障倍数反映了企业的经营所得支付债务利息的能力。如果这个比率太低，说明企业难以保证用经营所得来按时按量支付债务利息，这会引起债权人的担心。一般来说，企业的利息保障倍数至少要大于 1，否则就难以偿付债务及利息，若长此以往，甚至会导致企业破产倒闭。

但是，在利用利息保障倍数这一指标时必须注意：因为会计中采用权责发生制来核算费用，所以本期的利息费用不一定就是本期的实际利息支出，而本期发生的实际利息支出也并非全部是本期的利息费用；同时，本期的息税前利润也并非本期经营活动所获得的现金。这样，利用上述财务指标来衡量经营所得支付债务利息的能力就存在一定的片面性，不能清楚

地反映实际支付利息的能力。为此，可以进一步用现金利息保障倍数来分析经营所得现金偿付利息支出的能力。其计算公式为

$$现金利息保障倍数 = \frac{经营活动产生的现金流量净额+现金利息支出+付现所得税}{现金利息支出}$$

$$(10-12)$$

现金利息保障倍数反映了企业一定时期经营活动所取得的现金是现金利息支出的多少倍，它更明确地表明了企业用经营活动所取得的现金偿付债务利息的能力。

以上两个财务比率分别是多少时才说明企业偿付利息的能力强，这一点并没有一个确定的标准，通常要根据历年的经验和行业特点来判断。

【例10-10】根据 L 公司的资料（见表 10-1～10-3），假设本期到期的债务利息为 11 500元（全部为付现利息），本期所得税费用全部为付现所得税，则

利息保障倍数 =（310 300+11 500）/11 500=27.98

现金利息保障倍数 =（365 531+11 500+85 300）/11 500=40.2

---

3. 影响企业偿债能力的其他因素

在分析企业偿债能力时，除了使用上述指标以外，还应考虑到以下因素对企业偿债能力的影响，这些因素既可影响企业的短期偿债能力，也可影响企业的长期偿债能力。

① 或有负债。或有负债是企业过去的交易或者事项形成的潜在义务，其存在须通过未来不确定事项的发生或不发生予以证实。或有负债可能会转化为企业的债务，也可能不会转化为企业的债务。但是，或有负债在将来一旦转化为企业现实的负债，就会对企业的财务状况产生影响，尤其是金额巨大的或有负债项目会增加企业的财务风险，影响到企业的偿债能力。

② 担保责任。在经济活动中，企业可能会发生以本企业的资产为其他企业的债务提供法律担保的情况，如为其他企业的银行借款担保、为其他企业履行有关经济合同提供法律担保等。这种担保责任，在被担保人没有履行合同时，就有可能会成为企业的负债，进而增加企业的财务风险。

③ 租赁活动。企业在生产经营活动中，可以通过财产租赁的方式解决急需的设备。通常财产租赁有两种形式：融资租赁和经营租赁。采用融资租赁方式，租入的固定资产作为企业的固定资产入账，租赁费用作为企业的长期负债入账，这在计算有关财务比率时都已经包含在内。但是，当企业经营租赁资产时，其租赁费用并未包含在负债之中。如果经营租赁的业务量较大、期限较长或者具有经常性，则其租金虽然不包含在负债之中，但对企业的偿债能力也会产生较大的影响。在进行财务分析时，也应考虑这一因素。

④ 可用的银行授信额度。可用的银行授信额度是指银行授予企业的贷款指标，该项信用额度已经得到银行的批准，但企业尚未办理贷款手续。对于这种授信额度企业可以随时使用，从而能够方便、快捷地取得银行借款，提高企业的偿付能力，缓解财务困难。

10.2.2 企业营运能力分析

营运能力比率是用于衡量企业组织、管理和营运特定资产的能力和效率的比率，一般用

资产的周转速度来衡量。企业的固定资产和流动资产如果能尽快周转回收，资产的利用程度或利用效率就得到了提高。资产是资金运用的具体化，加快资产运转速度，能减少资产结存量，加快资产回收，企业的经营状况也就越安全稳定。

一般来说，评价企业营运能力的财务指标有以下几个。

1. 应收账款周转率和应收账款周转期

应收账款周转率是企业一定时期内营业收入与平均应收账款余额的比率，是反映应收账款周转速度的指标。其计算公式为

$$应收账款周转率 = \frac{赊销收入净额}{应收账款平均余额} \qquad (10-13)$$

$$应收账款平均余额 = \frac{期初应收账款 + 期末应收账款}{2} \qquad (10-14)$$

注意：式（10-13）中赊销收入净额是指销售收入净额扣除现销收入之后的余额；销售收入净额是指销售收入扣除了销售退回、销售折扣及折让后的余额。在利润表中，营业收入就是销售收入。由于企业的赊销收入净额外部分析者并不能取得，因此计算时一般都使用营业收入来代替。

应收账款周转率是评价应收账款流动性大小的一个重要财务指标，它反映了应收账款在一个会计年度内的周转次数，可以用来分析应收账款的变现速度和管理效率。应收账款周转率反映了企业应收账款的周转速度，该比率越高，说明应收账款的周转速度越快、流动性越强，企业资产的使用效率越高，短期偿债能力也会增强。

应收账款周转期表示应收账款周转一次所需的天数。应收账款周转期越短，说明企业的应收账款周转速度越快。其计算公式如下：

$$应收账款周转期 = \frac{应收账款平均余额 \times 360}{赊销收入净额} = \frac{360}{应收账款周转率} \qquad (10-15)$$

注意：严格来说，一年有 365 天，因而式（10-15）中的 360 应为 365 更为精确。但实务中，为计算简便，通常用 360 天。

【例 10-11】根据表 10-1 和表 10-2 的资料，假设 L 公司的营业收入全部是赊销收入净额，则应收账款周转率和应收账款周转期计算如下：

> 应收账款平均余额=（299 100+598 200）/2=448 650（元）
> 应收账款周转率=1 250 000/448 650=2.79（次）
> 应收账款周转期=360/2.79=129.03（天）

经计算可知，L 公司的应收账款平均一年周转 2.79 次，每 129.03 天周转一次。

---

2. 存货周转率和存货周转期

存货周转率是企业一定时期内营业成本与平均存货余额的比率，是反映企业流动资产流动性的一个指标，也是衡量企业生产经营各环节中存货运营效率的一个综合性指标。其计算

公式为

$$存货周转率 = \frac{营业成本}{平均存货余额} \qquad (10-16)$$

$$平均存货余额 = \frac{存货余额年初数 + 存货余额年末数}{2} \qquad (10-17)$$

存货周转率说明了一定时期内企业存货周转的次数，可以反映企业存货的变现速度，衡量企业的销售能力及存货是否过量。在正常经营情况下，存货周转率越高，说明存货周转速度越快，企业的销售能力越强，营运资金占用在存货上的金额越少，表明企业的资产流动性较好，资金利用效率较高。但是，有时企业出于特殊的原因会增大存货储备量，如在通货膨胀比较严重的情况下，企业为了降低存货采购成本，可能会提高存货储量，这种情况导致的存货周转率降低是一种正常现象。一般来说，存货周转率越高越好，但是如果存货周转率过高，也可能说明企业存货管理方面存在一些问题，如存货水平太低，甚至经常缺货，或者采购次数过于频繁，批量太小等。因此，对存货周转率的分析，应当结合企业的实际情况，具体问题具体分析。

存货周转状况也可以用存货周转期来表示。其计算公式为

$$存货周转期 = \frac{平均存货余额 \times 360}{营业成本} = \frac{360}{存货周转率} \qquad (10-18)$$

存货周转期表示存货周转一次所需要的时间，天数越短说明存货周转得越快。

【例10-12】根据表10-1的资料，L公司存货周转率和存货周转天数计算如下。

平均存货余额 =（2 484 700+2 580 000）/2=2 532 350（元）

存货周转率=750 000/2 532 350=0.296 2（次）

存货周转期=360/0.296 2=1 215.40（天）

---

3. 流动资产周转率

流动资产周转率是营业收入与流动资产平均余额的比率，它反映了企业全部流动资产的利用效率。其计算公式为

$$流动资产周转率 = \frac{营业收入}{流动资产平均余额} \qquad (10-19)$$

$$流动资产平均余额 = \frac{期初流动资产余额 + 期末流动资产余额}{2} \qquad (10-20)$$

流动资产周转率表明在一个会计年度内企业流动资产周转的次数，它反映了流动资产周转的速度。该指标值越高，说明企业流动资产的利用效率越高。但是，究竟流动资产周转率为多少才算好，并没有一个确定的标准。通常分析流动资产周转率应比较企业历年的数据并结合行业特点。

【例 10-13】根据表 10-1 和表 10-2 的资料，L 公司流动资产周转率计算如下。

$$流动资产平均余额=（4\ 751\ 400+4\ 169\ 031）/2=4\ 460\ 215.5（元）$$
$$流动资产周转率=1\ 250\ 000/4\ 460\ 215.5=0.28（次）$$

4. 固定资产周转率

固定资产周转率，也称固定资产利用率，是企业营业收入与固定资产平均余额的比率。其计算公式为

$$固定资产周转率=\frac{营业收入}{固定资产平均余额} \tag{10-21}$$

$$固定资产平均余额=\frac{期初固定资产余额+期末固定资产余额}{2} \tag{10-22}$$

固定资产周转率主要用于分析企业对厂房、设备等固定资产的利用效率，该比率越高，说明固定资产的利用率越高，管理水平越好。如果固定资产周转率与同行业平均水平相比偏低，则说明企业的生产效率较低，可能会影响企业的盈利能力。

【例 10-14】根据表 10-1 和表 10-2 的资料，L 公司固定资产周转率计算如下。

$$固定资产平均余额=（1\ 100\ 000+2\ 201\ 000）/2=1\ 650\ 500（元）$$
$$固定资产周转率=1\ 250\ 000/1\ 650\ 500=0.757\ 3（次）$$

5. 总资产周转率

总资产周转率也称总资产利用率，是企业营业收入与资产平均总额的比率。其计算公式为

$$总资产周转率=\frac{营业收入}{资产平均总额} \tag{10-23}$$

$$资产平均总额=\frac{期初资产总额+期末资产总额}{2} \tag{10-24}$$

总资产周转率可用来分析企业全部资产的使用效率。如果这个比率较低，说明企业利用其资产进行经营的效率较差，会影响企业的盈利能力，企业应该采取措施提高营业收入或处置资产，以提高总资产利用率。

【例 10-15】根据表 10-1 和表 10-2 的资料，L 公司总资产周转率计算如下。

$$资产平均总额=（8\ 401\ 400+8\ 095\ 531）/2=8\ 248\ 465.5（元）$$
$$总资产周转率=1\ 250\ 000/8\ 248\ 465.5=0.151\ 5（次）$$

10.2.3 企业盈利能力分析

盈利能力就是企业获取利润的能力，获利是企业经营的直接目的，因而盈利能力分析是企业财务分析的核心内容。从某种程度来说，盈利能力是保持良好财务状况的基本目的，因此企业的盈利能力比其财务状况更为重要。

但是，对企业盈利能力进行分析，一般只分析企业正常经营活动的盈利能力，不涉及非正常的经营活动。这是因为，一些非正常的、特殊的经营活动虽然也会给企业带来收益，但它不是经常的和持续的，因此不能将其作为企业的一种持续性的盈利能力加以分析。

评价企业盈利能力的财务比率主要有资产报酬率、股东权益报酬率、销售毛利率、销售净利率、成本费用净利率等。对于股份有限公司，还应分析每股利润、每股现金流量、每股股利、股利支付率、每股净资产、市盈率和市净率等。

1. 资产报酬率

资产报酬率，也称资产收益率，是企业在一定时期内的利润额与资产平均总额的比率。资产报酬率全面反映了企业全部资产的获利水平，企业所有者和债权人对该指标都非常关心。一般情况下，该指标越高，表明企业的资产利用效益越好，整个企业盈利能力越强，经营管理水平越高。企业还可以将该指标与市场资本利率进行比较，如果前者比后者大，则说明企业可以充分利用财务杠杆，适当举债经营，以获得更多的收益。要提高资产报酬率，一方面要加强销售，扩大经营，增加营业利润，另一方面要加强企业资产管理，提高资产利用率，降低总资产占用额。

在实践中，根据财务分析的目的不同，利润额可以分为息税前利润总额、税前利润总额和净利润。按照所采用的利润额不同，资产报酬率可分为资产息税前利润率、资产利润率和资产净利率。

资产息税前利润率，是指企业一定时期的息税前利润总额与资产平均总额的比率。其计算公式为

$$资产息税前利润率 = \frac{息税前利润总额}{资产平均总额} \times 100\% \qquad (10-25)$$

其中

$$息税前利润总额 = 利润总额 + 利息支出 = 净利润 + 所得税 + 利息支出$$

资产利润率，是指企业一定时期的税前利润总额与资产平均总额的比率。其计算公式为

$$资产利润率 = \frac{税前利润总额}{资产平均总额} \times 100\% \qquad (10-26)$$

资产净利率，是指企业一定时期的净利润与资产平均总额的比率。净利润是企业所有者获得的剩余收益，企业的经营活动、投资活动、筹资活动及国家税收政策的变化都会影响到净利润。因此，资产净利率通常用于评价企业对股权投资的回报能力。其计算公式为

$$资产净利率 = \frac{净利润}{资产平均总额} \times 100\% \qquad (10-27)$$

【例10-16】根据表10-1和表10-2的资料，假设本期到期的债务利息为11 500元（全部为付现利息），L公司资产报酬率计算如下。

资产息税前利润率＝［（310 300+11 500）/8 248 465.5］×100%=3.9%

资产利润率＝（310 300/8 248 465.5）×100%=3.76%

资产净利率＝（225 000/8 248 465.5）×100%=2.73%

资产报酬率的高低并没有一个绝对的评价标准。在分析企业的资产报酬率时，通常采用比较分析法，与该企业以前会计年度的资产报酬率做比较，可以判断企业资产盈利能力的变动趋势；或者与同行业平均资产报酬率做比较，可以判断企业在同行业中所处的地位。通过这种比较分析，可以评价企业的经营效率，发现经营管理中存在的问题。如果企业的资产报酬率偏低，说明该企业经营效率较低，经营管理存在问题，应该调整经营方针，加强经营管理，提高资产的利用效率。

2. 股东权益报酬率

股东权益报酬率也称净资产收益率，是企业一定时期的净利润与平均股东权益总额的比率。其计算公式为

$$股东权益报酬率＝\frac{净利润}{平均股东权益总额}×100\% \qquad (10-28)$$

$$平均股东权益总额＝\frac{期初股东权益总额＋期末股东权益总额}{2} \qquad (10-29)$$

股东权益报酬率通用性强，适用范围广，不受行业局限，在国际上的企业综合评价中使用率非常高。通过对该指标的综合对比分析，可以看出企业盈利能力在同行业中所处的地位，以及与同类企业的差异。一般认为，股东权益报酬率越高，企业自有资本获取收益的能力越强，运营效益越好，对企业投资人和债权人权益的保障程度越高。

由式（10-28）知，

$$股东权益报酬率＝\frac{净利润}{平均股东权益总额}＝\frac{净利润}{资产平均总额}×\frac{资产平均总额}{平均股东权益总额}$$

由式（10-8）和式（10-27）知，

$$股东权益报酬率＝资产净利率×平均权益乘数 \qquad (10-30)$$

由式（10-30）可知，股东权益报酬率取决于企业的资产净利率和权益乘数两个因素。因此，提高股东权益报酬率可以有两种途径：一是在财务杠杆不变的情况下，通过增收节支、提高资产利用效率来提高资产净利率，从而提高股东权益报酬率；二是在资产利润率大于负债利息率的情况下，可以通过增大权益乘数，即提高负债比例，来提高股东权益报酬率。但是，第一种途径不会增加企业的财务风险，第二种途径则会导致企业的财务风险增大。

【例 10-17】根据表 10-1 和表 10-2 的资料，L 公司股东权益报酬率计算如下。

平均股东权益总额＝（5 342 784.15+5 150 000）/2=5 246 392.075（元）

股东权益报酬率＝（225 000/5 246 392.075）×100%=4.29%

资产净利率＝（225 000/8 248 465.5）×100%=2.73%

---

3. 销售毛利率与销售净利率

（1）销售毛利率

销售毛利率，也称毛利率，是企业的销售毛利与营业收入的比率。其计算公式为

$$销售毛利率 = \frac{销售毛利}{营业收入} \times 100\% = \frac{营业收入-营业成本}{营业收入} \times 100\% \qquad （10-31）$$

其中，销售毛利是企业营业收入与营业成本的差额，可以根据利润表计算得出。销售毛利率越高，说明在营业收入净额中营业成本所占比重越小，企业通过销售获取利润的能力越强。

（2）销售净利率

销售净利率是企业净利润与营业收入的比率。其计算公式为

$$销售净利率 = \frac{净利润}{营业收入} \times 100\% \qquad （10-32）$$

销售净利率说明了企业净利润占营业收入的比例，它可以评价企业通过销售赚取利润的能力。该比率越高，说明企业通过扩大销售获取收益的能力越强。

由式（10-27）知，

$$资产净利率 = \frac{净利润}{资产平均总额} \times 100\% = \frac{净利润}{营业收入} \times \frac{营业收入}{资产平均总额} \times 100\%$$

由式（10-32）、式（10-23）知，

$$资产净利率 = 销售净利率 \times 总资产周转率 \qquad （10-33）$$

由式（10-33）可知，资产净利率主要取决于总资产周转率和销售净利率两个因素。企业的销售净利率越大，资产周转速度越快，资产净利率越高。因此，提高资产净利率可以从两个方面入手：一方面加强资产管理，提高资产利用率；另一方面加强营销管理，增加销售收入，节约成本费用，提高利润水平。

【例10-18】根据表10-2的资料，L公司销售毛利率与销售净利率计算如下。

$$销售毛利率 = （1\ 250\ 000-750\ 000）/1\ 250\ 000 \times 100\% = 40\%$$
$$销售净利率 = （225\ 000/1\ 250\ 000）\times 100\% = 18\%$$

---

4. 成本费用净利率

成本费用净利率是企业净利润与成本费用总额的比率，它反映企业生产经营过程中发生的耗费与获得的收益之间的关系。其计算公式为

$$成本费用净利率 = \frac{净利润}{成本费用总额} \times 100\% \qquad （10-34）$$

成本费用是企业为了取得利润而付出的代价，主要包括营业成本、税金及附加、销售费

用、管理费用、财务费用和所得税费用等。成本费用净利率越高，说明企业为获取收益而付出的代价越小，企业的盈利能力越强。因此，通过这个比率不仅可以评价企业盈利能力的高低，也可以评价企业对成本费用的控制能力和经营管理水平。

【例10-19】根据表10-2的资料，L公司成本费用净利率计算如下。

成本费用总额=750 000+2 000+20 000+157 100+41 500+85 300=1 055 900（元）

成本费用净利率=（225 000/1 055 900）×100%=21.31%

这说明，L公司每耗费100元，可以获得21.31元净利润。

---

5. 每股利润与每股现金流量

（1）每股利润

每股利润，也称每股收益，是公司普通股每股所获得的净利润，它是股份公司税后利润分析的一个重要指标。每股利润等于税后净利润扣除优先股股利后的余额，除以发行在外的普通股平均股数。其计算公式为

$$每股利润=\frac{净利润-优先股股利}{发行在外的普通股平均股数} \tag{10-35}$$

注意：式（10-35）中的分母用公司发行在外的普通股平均股数。如果年度内普通股的股数未发生变化，则发行在外的普通股平均股数就是年末普通股总数；如果年度内普通股的股数发生了变化，则发行在外的普通股平均股数应当使用按月计算的加权平均发行在外的普通股股数。其计算公式为

$$加权平均发行在外的普通股股数=\frac{\sum（发行在外普通股股数×发行在外月份数）}{12} \tag{10-36}$$

每股利润是股份公司发行在外的普通股每股所取得的利润，它可以反映企业盈利能力的大小。每股利润越高，说明企业的盈利能力越强。

在分析每股利润时，应注意公司的股价高低。如果甲、乙两个公司的每股利润都是0.84元，但是乙公司的股价为25元，而甲公司的股价为16元，则投资于甲、乙两个公司的风险和报酬显然是不同的。因此，投资者不能只片面地分析每股利润，最好结合股东权益报酬率来分析企业的盈利能力。

（2）每股现金流量

每股现金流量是公司普通股每股所取得的经营活动的现金流量。每股现金流量等于经营活动产生的现金流量净额扣除优先股股利后的余额，除以发行在外的普通股平均股数。其计算公式为

$$每股现金流量=\frac{经营活动产生的现金流量净额-优先股股利}{发行在外的普通股平均股数} \tag{10-37}$$

每股现金流量越高，说明公司越有能力支付现金股利。

【**例 10-20**】根据表 10-2 和表 10-3 的资料，假设 L 公司发行在外的普通股平均股数为 5 000 000 股，没有优先股，则每股利润和每股现金流量计算如下。

$$每股利润=225\ 000/5\ 000\ 000=0.045（元）$$
$$每股现金流量=365\ 531/5\ 000\ 000=0.073（元）$$

6. 每股股利与股利发放率

（1）每股股利

每股股利等于普通股分配的现金股利总额扣除优先股股利后的余额，除以发行在外的普通股股数，它反映了普通股每股分得的现金股利的多少。其计算公式为

$$每股股利=\frac{现金股利总额-优先股股利}{发行在外的普通股股数} \tag{10-38}$$

每股股利的高低，不仅取决于公司盈利能力的强弱，还取决于公司的股利政策和现金是否充裕。倾向于分配现金股利的投资者，应当比较、分析公司历年的每股股利，从而了解公司的股利政策。

（2）股利支付率

股利支付率，也称股利发放率，是普通股每股股利与每股利润的比率，它表明股份公司的净收益中有多少用于现金股利的分派。其计算公式为

$$股利支付率=\frac{每股股利}{每股利润}\times100\% \tag{10-39}$$

【**例 10-21**】承例 10-20，假设 L 公司 2021 年计划分配普通股现金股利 25 000 元，没有优先股，则每股股利、股利支付率计算如下。

$$每股股利=25\ 000/5\ 000\ 000=0.005（元）$$
$$股利支付率=（0.005/0.045）\times100\%=11.1\%$$

7. 每股净资产

每股净资产，也称每股账面价值，等于股东权益总额除以发行在外的普通股股数。其计算公式为

$$每股净资产=\frac{股东权益总额}{发行在外的普通股股数} \tag{10-40}$$

严格地讲，每股净资产并不是衡量公司盈利能力的指标，但是它会受公司盈利能力的影响。如果公司利润较高，则股东权益总额就会增加，每股净资产就会随之增长。从这个角度来看，该指标与公司盈利能力有密切联系。投资者可以比较、分析公司历年的每股净资产的变动趋势，了解公司的发展趋势和盈利状况。

【**例 10-22**】根据表 10-1 的资料，假设 L 公司 2021 年发行在外的普通股股数没有发生变化，即年初和年末都是 5 000 000 股，则每股净资产计算如下。

$$上年年末每股净资产 = 5 150 000/5 000 000 = 1.03（元）$$
$$期末每股净资产 = 5 342 784.15/5 000 000 = 1.07（元）$$

8. 市盈率和市净率

市盈率和市净率是以企业盈利能力为基础的市场估值指标。这两个指标并不是直接用于分析企业盈利能力的，而是投资者以盈利能力分析为基础，对公司股票进行价值评估的工具。通过对市盈率和市净率的分析，可以判断股票的市场定价是否符合公司的基本面，从而为投资者的投资活动提供决策依据。

（1）市盈率

市盈率是指上市公司普通股每股市价相当于每股利润的倍数，它反映投资者对上市公司每 1 元净利润所愿意支付的价格，可以用来估计股票的投资报酬和风险。其计算公式为

$$市盈率 = \frac{每股市价}{每股利润} \tag{10-41}$$

市盈率是反映上市公司盈利能力的一个重要财务指标，投资者对这个指标十分重视。一般来说，市盈率越高，意味着期望的未来收益较之于当前报告收益就越高，投资者对该公司的发展前景看好，愿意出较高的价格购买该公司股票，所以一些成长性较好的高科技公司股票的市盈率通常要高一些。

（2）市净率

市净率，是指普通股每股市价与每股净资产的比率。其计算公式为

$$市净率 = \frac{每股市价}{每股净资产} \tag{10-42}$$

市净率反映了公司股东权益的市场价值与账面价值之间的关系，该比率越高，说明股票的市场价值越高。一般来说，资产质量好、盈利能力强的公司，其市净率会比较高；而风险较大、发展前景较差的公司，其市净率会比较低。在一个有效的资本市场中，如果公司的市净率小于 1，即股价低于每股净资产，则说明投资者对公司未来发展前景持悲观态度。

【**例 10-23**】承例 10-20 和例 10-22，假设 2021 年末 L 公司的股票价格为每股 3 元，则该公司股票的市盈率和市净率计算如下。

$$市盈率 = 3/0.045 = 66.67$$
$$市净率 = 3/1.07 = 2.80$$

10.3 财务趋势分析

财务趋势分析是指通过比较企业连续几期的财务报表或财务比率,分析企业财务状况变化的趋势,并以此预测企业未来的财务状况和发展前景。财务趋势分析的主要方法有比较财务报表分析法、比较百分比财务报表分析法、比较财务比率分析法、图解法等。

10.3.1 比较财务报表分析法

比较财务报表分析法是比较企业连续几期财务报表的数据,分析财务报表中各个项目的增减变化的幅度及其变化原因,进而判断企业财务状况的发展趋势。由于比较财务报表分析法是将连续若干期的财务报表并列放在一起进行比较,因此这种分析方法也称"水平分析法"。采用比较财务报表分析法时,选择的财务报表期数越多,分析结果的可靠性越高。但是,在比较财务报表时,必须考虑到各期数据的可比性。因此,在分析过程中应排除非可比因素,使各期的财务数据具有可比性。

【例 10-24】B 公司 2018—2021 年的简明比较资产负债表、简明比较利润表、简明比较现金流量表分别如表 10-4~10-6 所示。

表 10-4 B 公司简明比较资产负债表

编制单位:B 公司 单位:万元

资产	2021 年末	2020 年末	2019 年末	2018 年末
流动资产:				
货币资金	158 298.50	116 016.36	206 554.95	68 420.77
应收账款	23 802.33	21 382.14	17 968.94	20 966.95
存货	3 254.23	5 157.62	2 907.95	3 025.22
流动资产合计	185 355.06	142 556.12	227 431.84	92 412.94
非流动资产:				
长期股权投资	2 060.53	2 109.59	2 314.33	140 044.00
固定资产	439 362.19	467 829.77	488 701.37	169 298.61
无形资产	46 922.40	49 300.06	46 563.46	12 486.99
资产合计	673 700.19	661 795.55	765 011.00	414 242.53
负债及股东权益:				
流动负债	62 810.39	84 649.99	224 366.94	21 645.4
长期负债	76 085.63	75 030.63	105 021.54	1 361.83
负债合计	138 896.02	159 680.62	329 388.48	23 007.23
股东权益:				
股本	276 978.49	256 681.07	229 424.68	224 117.01

续表

资产	2021 年末	2020 年末	2019 年末	2018 年末
资本公积	195 741.59	195 463.40	167 562.59	139 387.10
盈余公积	62 084.09	49 970.47	38 635.25	27 731.19
股东权益合计	534 804.17	502 114.94	435 622.52	391 235.30
负债和股东权益合计	673 700.19	661 795.55	765 011.00	414 242.53

表 10-5 B 公司简明比较利润表

编制单位：B 公司　　　　　　　　　　2021 年　　　　　　　　　　单位：万元

项目	2021 年末	2020 年末	2019 年末	2018 年末
主营业务收入	137 097.22	115 653.04	86 789.62	74 821.44
主营业务成本、税金及附加	64 506.83	55 296.18	35 658.42	15 265.65
主营业务利润	72 590.39	60 356.86	51 131.20	59 555.79
其他业务利润	12 077.47	13 265.75	14 612.38	13 974.53
销售费用	—	—	—	—
管理费用	13 829.49	13 115.13	9 141.04	84 39.31
财务费用	753.66	469.80	484.76	1 243.02
营业利润	70 084.71	60 037.68	56 117.78	66 334.03
投资收益	1 433.93	6 675.70	8 054.46	3 462.70
利润总额	71 518.64	66 713.38	64 172.24	69 796.73
所得税费用	10 950.54	10 037.26	9 651.94	10 349.13
净利润	60 568.10	56 676.12	54 520.30	59 447.60

表 10-6 B 公司简明比较现金流量表

编制单位：B 公司　　　　　　　　　　2021 年　　　　　　　　　　单位：万元

项目	2021 年末	2020 年末	2019 年末	2018 年末
经营活动现金流入小计	167 335.10	169 204.07	130 808.11	110 465.50
经营活动现金流出小计	67 184.41	83 041.83	56 662.61	46 599.10
经营活动产生的现金流量净额	100 150.69	86 162.24	74 145.50	63 866.40
投资活动现金流入小计	35 237.28	87 986.48	213 537.52	33 389.30
投资活动现金流出小计	89 418.38	197 004.57	309 664.80	86 257.10
投资活动产生的现金流量净额	−54 181.09	−109 018.08	−96 127.28	−52 867.79
筹资活动现金流入小计	—	—	133 052.71	—
筹资活动现金流出小计	22 073.50	42 407.52	254.39	3 281.94
筹资活动产生的现金流量净额	−22 073.50	−42 407.52	132 798.32	−3 281.94
期末现金及现金等价物余额	23 896.09	−65 263.37	110 816.54	7 716.66

1. 分析 B 公司 2018—2021 年的比较资产负债表

① 从总资产变化分析，2019 年的资产总额为 765 011 万元，比 2018 年增加了 350 768.47 万元，增长率为 84.68%，2020 年的资产总额为 661 795.55 万元，比 2019 年减少了 103 215.45 万元，降低率为 13.49%，2021 年的资产总额为 673 700.19 万元，比 2020 年增加了 11 904.6 万元，增长率为 1.8%。

② 从流动资产变化分析，2019 年的流动资产为 227 431.84 万元，比 2018 年增加了 135 018.90 万元，增长率为 146.10%，2020 年的流动资产为 142 556.12 万元，比 2019 年减少了 84 875.7 万元，降低率为 37.32%，2021 年的流动资产为 185 355.06 万元，比 2020 年增加了 42 798.9 万元，增长率为 30.02%。

③ 从长期股权投资变化分析，长期股权投资逐年减少，2019 年到 2021 年分别比上年减少 137 729.67 万元、204.4 万元和 49.06 万元。

④ 从固定资产变化分析，2019 年的固定资产为 488 701.37 万元，比 2018 年增加了 319 402.76 万元，增长率为 188.66%，2020 年的固定资产为 467 829.77 万元，比 2019 年减少了 20 871.6 万元，降低率为 4.27%，2021 年的固定资产为 439 362.19 万元，比 2020 年减少了 28 468 万元，降低率为 6.09%。

⑤ 从无形资产变化分析，2019 年到 2021 年的无形资产比上年的增长额分别为 34 076.47 万元、2 736.6 万元和 −2 377.7 万元，增长率分别为 272.90%、5.88%、−4.82%。

从这 4 年总资产及其各主要构成项目的增减趋势来看，尽管 2019 年比 2018 年的长期股权投资有较大幅度下降，但由于流动资产、固定资产和无形资产的增长额和增长幅度更大，最终致使 2019 年总资产的增长速度最快；2020 年与 2019 年相比，除无形资产稍有增加外，长期股权投资、流动资产和固定资产都有不同程度的下降，因而 2020 年总资产稍有下降；2021 年与 2020 年相比，长期股权投资、固定资产和无形资产均有小幅度下降，但流动资产增加额稍大，致使 2021 年再度小幅度上升。

⑥ 从负债变化分析，负债总额除 2019 年增加外，其他各年度均下降，其中 2019 年的长期负债增长迅速，2020 年、2021 年的流动负债和 2020 年的长期负债，下降幅度较大，2021 年的长期负债稍有上升，这表明该公司负债融资逐渐减弱，这也许反映了公司资本结构的调整策略。

⑦ 2019—2021 年，股东权益及其构成均比上年有稳定增长，表明该公司从股市融来资金和来自内部留利的股权融资能力不断增强，并且股东权益 2020 年和 2021 年的增长速度均超过了各年资产的增长速度。

2. 分析 B 公司 2018—2021 年的比较利润表

① 同上年相比，2019 年净利润减少 4 927.3 万元，下降 8.29%，而 2020 年和 2021 年的净利润均比上年分别增长 2 155.82 万元（3.95%）和 3 891.98 万元（6.87%）；主营业务利润 2019 年减少了 8 424.59 万元，下降 14.15%，2020 年和 2021 年却分别增长了 9 225.66 万元（18.04%）和 12 233.53 万元（20.27%）；营业利润 2019 年下降 10 216.25 万元（15.40%），2020 年和 2021 年分别增长 3 919.90 万元（6.99%）和 10 047.03 万元（16.73%）；利润总额 2019 年下降 5 624.49 万元（8.06%），2020 年和 2021 年分别增长 2 541.14 万元（3.96%）和 4 805.26 万元（7.20%）。从上述各项利润指标来看，2019 年比 2018 年利润有所下降，2020 年和 2021 年均呈增长趋势。

② 从具体项目来看，主营业务收入 2019—2021 年均有较大增长（16%、33.26%、18.54%），这是利润增加的源泉；而主营业务成本、税金及附加四年中也有较大增长（133.59%、55.07%、

16.66%），其中 2019 年主营业务成本、税金及附加的增长幅度大大超过了主营业务收入，这是 2019 年各项利润指标下降的主要原因；其他业务利润除 2019 年增加 4.56% 外，其他两年分别下降 9.22% 和 8.96%；管理费用各年均有增加，2020 年增加较快，财务费用除 2020 年稍有下降外，2019 年和 2021 年均有较大幅度增加；投资收益除 2019 年增加 4 591.76 万元外，2020 年和 2021 年分别下降 1 378.76 万元和 5 241.77 万元。

③ 从 2019—2021 年这三年来看，各项利润指标和主营业务收入呈稳步增长趋势，这是有利一面，但也要对其他经营活动、投资活动及筹资活动加强管理，以提高其收益，降低财务费用。

3. 分析 B 公司 2018—2021 年的比较现金流量表

① 对一个健康的正在成长的企业而言，经营活动现金净流量应为正数，投资活动现金净流量应为负数，筹资活动现金净流量是正负相间的。B 公司 2018—2021 年这四年的现金流量状况证实该公司正处于健康成长阶段。

② 同上年相比，2019—2021 年经营活动净流量均有稳定增加（均在 16% 以上），但 2019 年和 2020 年是由于经营活动现金流入增加额大于经营活动现金流出增加额造成的，而 2021 年却是由于经营活动现金流入减少额小于经营活动现金流出减少额所致，这表明经营活动现金净流量虽然增加，但其组成项目在 2021 年却减少了，反映了 2021 年经营活动所引起的现金流入与流出的规模下降；投资活动现金净流量 2019 年和 2020 年分别下降 81.83% 和 13.41%，2021 年增长 50.30%，从其流入与流出来看，2019 年均有增加且流入增加额小于流出增加额，而 2020 年和 2021 年均在减少且 2020 年流入减少额大于流出减少额（2021 年相反）；对筹资活动而言，只有 2019 年产生现金流入 133 052.71 万元，其他各年均为零，而现金流出 2019 年和 2021 年均减少，2020 年增加，致使其净流量在 2019 年和 2021 年增加而在 2020 年减少。

③ 综合该公司上述三种活动所产生的现金流量，该公司的现金及现金等价物净流量在 2019 年和 2021 年增长而在 2020 年下降，且变动幅度均很大。

10.3.2　比较百分比财务报表分析法

比较百分比财务报表分析法是在比较财务报表分析法的基础上发展而来的。百分比财务报表是将财务报表中的各项数据用百分比来表示。比较财务报表是比较各期报表中的数据，而比较百分比财务报表则是比较各项目百分比的变化，以此来判断企业财务状况的发展趋势。可见，这种方法比比较财务报表分析法更加直观地反映了企业的发展趋势。比较百分比财务报表既可用于同一企业不同时期财务状况的纵向比较，也可用于不同企业之间或与同行业平均数之间的横向比较。

【**例 10-25**】承例 10-24 中 B 公司资料，其简明比较百分比资产负债表、简明比较百分比利润表、简明比较百分比现金流量表如表 10-7～10-9 所示。

表 10-7　B 公司简明比较百分比资产负债表　　　单位：%

项目	2021 年末	2020 年末	2019 年末	2018 年末
流动资产	27.51	21.54	29.73	22.31
非流动资产	72.49	78.46	70.27	77.69
资产总额	100	100	100	100

续表

项目	2021 年末	2020 年末	2019 年末	2018 年末
流动负债	9.32	12.79	29.33	5.23
长期负债	11.29	11.34	13.73	0.33
负债总额	20.62	24.13	43.06	5.55
股东权益	79.39	75.87	56.94	94.45
负债和股东权益总额	100	100	100	100

表 10-8 B 公司简明比较百分比利润表   单位：%

项目	2021 年末	2020 年末	2019 年末	2018 年末
主营业务收入	100	100	100	100
主营业务成本、税金及附加	47.05	47.81	41.09	20.40
主营业务利润	52.95	52.19	58.91	79.60
其他业务利润	8.81	11.47	16.84	18.68
销售费用	—	—	—	—
管理费用	10.09	11.34	10.53	11.28
财务费用	0.55	0.41	0.56	−1.66
营业利润	51.12	51.91	64.66	88.66
投资收益	1.05	5.77	9.28	4.63
利润总额	52.17	57.68	73.94	93.28
所得税费用	7.99	8.69	11.12	13.83
净利润	44.18	49.01	62.82	79.45

表 10-9 B 公司简明比较百分比现金流量表   单位：%

	项目	经营活动	投资活动	筹资活动	合计
2021	流入结构	82.61	17.39	—	100.00
	流出结构	37.60	50.04	12.35	100.00
	流入流出比	249.07	39.41	—	113.37
2020	流入结构	65.79	34.21	—	100.00
	流出结构	25.75	61.10	13.15	100.00
	流入流出比	203.76	44.66	—	79.76
2019	流入结构	27.40	44.73	27.87	100.00
	流出结构	15.46	84.47	0.07	100.00
	流入流出比	230.85	68.96	523.03	130.23

1. 分析 B 公司 2018—2021 年的比较百分比资产负债表

① 从资产结构来看，各年度的流动资产一般占 20%~30%，非流动资产占 70%~80%，两者的比例关系基本稳定，且稍有波浪式变动。结合表 10-4 可以看出，流动资产各个构成项目的比重均变化不大且货币资金和应收账款所占比重较大、存货比重较小，这表明流动资

产的质量很好。长期股权投资比重起初变化较大，但最终趋于稳定；固定资产比重和无形资产比重除 2018 年较低外，其他各年基本相差不大，这表明公司在 2019 年可能根据经营战略对 2018 年的非流动资产结构做出调整，从而使 2018 年度与其他各年度的资产结构相差较大。

② 从资本结构来看，2018 年由于公司整体规模较小，资金来源总额较小，负债比重较小（为 5.55%），股东权益比重较大（为 94.45%），表明企业绝大部分靠权益融资；而 2019 年该公司实行资本结构调整，利用负债融资的财务杠杆作用，使得 2019 年负债比重上升为 43.06%，权益比重仅为 56.94%，其中流动负债比重高达 29.33%，而同年的流动资产比重为 29.73%，表明该公司短期偿债能力较弱，存在财务风险；2020 年和 2021 年资本结构进一步调整，负债比重逐年下降，而权益比重逐年增加，表明公司的财务风险下降。

2. 分析 B 公司 2018—2021 年的比较百分比利润表

2018—2021 年净利润比重逐年下降的趋势，表明该公司盈利能力有所下降，应采取一定的措施来提高盈利能力。这主要是由于营业成本和税金及附加比重逐年上升和其他业务利润比重逐年下降。此外，财务费用比重从 2018 年的-1.66%上升为 2021 年的 0.55%，应引起对合理使用负债筹资的关注，投资收益比重变化较大，也应对资金使用加强管理。

3. 分析 B 公司 2019—2021 年的比较百分比现金流量表

① 从现金流入结构来看，在该公司的总现金流入中，经营流入比重逐年快速上升且成为其主要来源，投资流入比重逐年快速下降，筹资流入比重 2019 年为 27.87%，其他各年没有。可见，经营流入是总现金流入的主要来源，投资流入次之，筹资流入并不常见。

② 从现金流出结构来看，该公司的总现金流出中经营流出比重逐年快速上升，投资流出比重逐年快速下降但仍占较大比重，筹资流出比重有较大上升。可见，投资流出是总现金流出的主要部分，经营流出次之，筹资流出最少。

③ 从流入流出比来看，该公司的总现金流入流出比中，2019 年和 2021 年大于 1，表明公司 1 元的现金流出可换回大于 1 元的现金流入；经营流入流出比总体上升且均大于 2，表明公司 1 元的经营现金流出可换回 2 元多的现金流入；投资流入流出比逐年下降且小于 1，表明公司正处扩张时期；筹资流入流出比 2019 年为 523.03，其他各年没有，表明 2019 年该公司筹集的资金远远超过了偿还的债务。

10.3.3　比较财务比率分析法

比较财务比率分析法就是将企业连续几期的财务比率进行对比，分析企业财务状况的发展趋势。这种方法实际上是比率分析法与比较分析法的结合。与上述两种方法相比，这种方法更加直观地反映了企业各方面财务状况的变动趋势。

【例 10-26】承例 10-24 中 B 公司资料，其比较财务比率如表 10-10 所示。

表 10-10　B 公司比较财务比率

项目	2021 年末	2020 年末	2019 年末	2018 年末
流动比率	2.95	1.68	1.01	4.27
速动比率	2.90	1.62	1.00	4.13
资产负债率	0.21	0.24	0.43	0.06

续表

项目	2021 年末	2020 年末	2019 年末	2018 年末
应收账款周转率	6.07	5.88	4.46	—
存货周转率	15.34	13.71	12.02	—
总资产周转率	0.21	0.16	0.15	—
资产报酬率	0.091	0.079	0.092	—
股东权益报酬率	0.117	0.121	0.132	—
销售净利率	0.442	0.490	0.628	0.795

从 B 公司的偿债能力分析，短期指标流动比率、速动比率在 2018 年都较高，这时虽然不会出现财务风险，但会造成资金使用效率低下；2019 年这两个指标都明显下降，速动比率甚至等于 1，表明公司应注意自身短期偿债能力，以免出现财务危机状况；到 2021 年末，这一情况已经有改善，但 2021 年流动比率与速动比率的值较为接近，可以适当扩大存货规模来适当降低速动比率。从长期指标来看，资产负债率在 2019 年较高，达到了 0.43，但之后就呈现逐渐降低的态势。公司在 2019 年增加了负债比例，造成了财务情况的一些变化，但之后经过调整，偿债能力已经接近正常水平。

从 B 公司的营运能力分析，企业应收账款周转率、存货周转率、总资产周转率都呈逐渐上升趋势，表明企业的资产周转效率不断提高。

从 B 公司的盈利能力分析，股东权益报酬率、销售净利率都呈逐年下降的趋势，表明企业盈利能力下降，这与 B 公司成本增加有关，公司应控制成本来增加利润。

10.3.4　图解法

图解法是将企业连续几期的财务数据或财务比率绘制成图，并根据图形走势来判断企业财务状况的变动趋势。这种方法比较简单、直观地反映了企业财务状况的发展趋势，使分析者能够发现一些通过比较法所不易发现的问题。

【例 10-27】承例 10-24 中 B 公司资料，假设 B 公司 2014—2021 年的股东权益报酬率分别为 0.093、0.109、0.114、0.123、0.107、0.132、0.121、0.117，如图 10-1 所示。

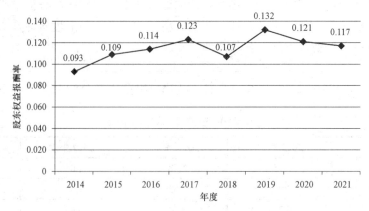

图 10-1　B 公司 2014—2021 年股东权益报酬率

从图 10-1 中可以看出，B 公司股东权益报酬率在 2014—2017 年间，一直呈逐步上升的趋势，在 2018 年出现首次下降，2019 年达到顶峰 0.132，之后呈下降趋势。从以前的资料及分析得知，公司若想提高股东权益报酬率，一方面要促进销售，增加营业收入；另一方面也要降低营业成本。

10.4　财务综合分析

单独分析任何一类财务指标，都不足以全面地评价企业的财务状况和经营效果，只有对各种财务指标进行系统的、综合的分析，才能对企业的财务状况做出全面、合理的评价。所谓财务综合分析，就是将偿债能力、营运能力、盈利能力和发展能力等诸方面的分析纳入一个有机的整体之中，全面地对企业财务状况、经营成果进行揭示与披露，从而对企业经济效益的优劣做出准确的评价与判断。这里主要介绍两种常用的企业财务状况综合分析方法：杜邦财务分析体系和财务状况综合评分法。

10.4.1　杜邦财务分析体系

杜邦财务分析体系也称杜邦财务分析法，是利用各财务指标之间的内在关系，建立财务分析指标体系，对企业综合财务状况及经济效益进行系统分析评价的方法。因其最初由美国杜邦公司创立并成功运用而得名。

股东权益报酬率是杜邦财务分析体系的核心比率，它有很好的可比性，可以用于不同企业之间的比较。由于资本具有逐利性，总是流向投资报酬率高的行业和企业，使得各企业的股东权益报酬率趋于接近。如果一个企业的股东权益报酬率经常高于其他企业，就会引来竞争者，迫使该企业的股东权益报酬率回到平均水平。如果一个企业的股东权益报酬率经常低于其他企业，就得不到资金，会被市场驱逐，使幸存企业的股东权益报酬率提升到平均水平。股东权益报酬率不仅有很好的可比性，而且有很强的综合性。

由式（10-28）知，

$$股东权益报酬率 = \frac{净利润}{平均股东权益总额} \times 100\%$$

由式（10-32）知，

$$销售净利率 = \frac{净利润}{营业收入} \times 100\%$$

由式（10-23）知，

$$总资产周转率 = \frac{营业收入}{资产平均总额}$$

由式（10-8）知，

$$权益乘数 = \frac{资产总额}{股东权益总额} \times 100\%$$

由式（10-30）知，

$$股东权益报酬率＝资产净利率×平均权益乘数$$

所以

$$股东权益报酬率＝销售净利率×总资产周转率×平均权益乘数 \qquad (10-43)$$

通过式（10-43）可知，管理者可以通过提高销售净利率、总资产周转率、平均权益乘数中的任何一个来提高股东权益报酬率。其中销售净利率是利润表的概括，表明企业的经营成果；平均权益乘数是资产负债表的概括，表明资产、负债、所有者权益的比例关系，反映企业的财务状况；总资产周转率把利润表和资产负债表联系起来，使股东权益报酬率可以综合整个企业经营活动和财务活动的业绩。根据 10.1.3 节中 L 公司的资料，其 2021 年度杜邦财务分析体系的基本框架可用图 10-2 表示如下。

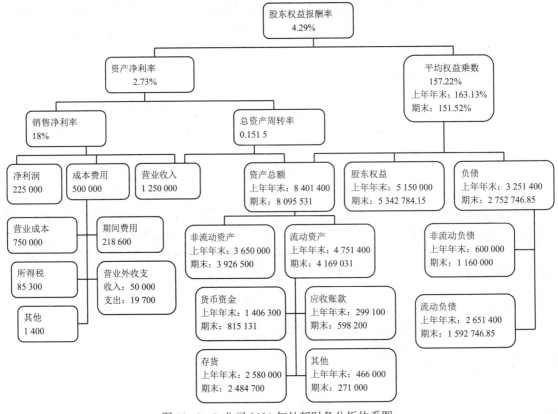

图 10-2　L 公司 2021 年杜邦财务分析体系图

该体系是一个多层次的财务比率分解体系。各项财务比率，在每个层次上与本企业历史或同业的财务比率进行比较，比较之后向下一级分解。

① 从杜邦财务分析体系图可以看出，股东权益报酬率是一个综合性极强、最有代表性的财务比率，它是该体系的核心。企业财务管理的重要目标就是实现股东财富的最大化，股东权益报酬率正是反映了股东投入资金的盈利能力，这一比率反映了企业筹资、投资和生产运营等各方面经营活动的效率。股东权益报酬率取决于企业资产净利率和平均权益乘数。资产

净利率主要反映企业运用资产进行生产经营活动的效率，而平均权益乘数则主要反映企业的财务杠杆情况，即企业的资本结构。

② 资产净利率是反映企业盈利能力的一个重要财务指标，它揭示了企业生产经营活动的效率，综合性也极强。企业的销售收入、成本费用、资产结构、资产周转速度及资金占用量等都直接影响到资产净利率的高低。资产净利率是销售净利率与总资产周转率的乘积，因此可以从企业的销售活动与资产管理两个方面来进行分析。

从企业的销售方面看，销售净利率反映了企业净利润与销售收入之间的关系。一般来说，销售收入增加，企业的净利润也会随之增加。但是，要想提高销售净利率，必须一方面提高销售收入，另一方面降低各种成本费用，这样才能使净利润的增长高于销售收入的增长，从而使销售净利率得到提高。

从企业的资产方面看，一方面应分析企业的资产结构是否合理，即流动资产与非流动资产的比例是否合理；资产结构实际上反映了企业资产的流动性，它不仅关系到企业的偿债能力，也会影响企业的盈利能力。另一方面应结合营业收入，分析企业的资产周转情况。从这两方面的分析，可以发现企业资产管理方面存在的问题。

总之，从杜邦财务分析体系可以看出，企业的盈利能力涉及生产经营活动的方方面面。股东权益报酬率与企业的资本结构、销售规模、成本水平、资产管理等因素密切相关，这些因素构成一个完整的系统，系统内部各因素之间相互作用，只有协调好系统内部各个因素之间的关系，才能使股东权益报酬率得到提高，进而实现企业股东财富最大化的理财目标。

10.4.2　财务状况综合评分法

财务状况综合评分法是财务评价的一种重要方法，它不仅能够获得高度概括、综合的评价结论，而且方法本身具有直观、易于理解的优点。下面介绍几种具有代表性的综合评分方法。

1. 沃尔评分法

沃尔评分法是由财务状况综合评价的先驱者亚历山大·沃尔于 20 世纪初基于信用评价所需而创立的一种综合评分法。沃尔在其出版的《信用晴雨表研究》和《财务报表比率分析》中提出了信用能力指数的概念，并把若干个财务比率用线性关系联结起来，据以评价企业的信用水平。他选择了 7 个财务比率，并分别给定了各比率的分值权重（见表 10-11），在此基础上确定各比率的标准值，在评分时，将实际值与标准值进行比较，计算出每项比率的实际得分，然后加总各比率得分，计算出总得分。

表 10-11　沃尔评分法

财务比率	比重（分值）①	标准比率②	实际比率③	相对比率④（=③÷②）	实际得分⑤（=①×④）
流动比率	25.00	2.00	2.50	1.25	31.25
净资产/负债	25.00	1.50	0.90	0.60	15.00
资产/固定资产	15.00	2.50	3.00	1.20	18.00
销售成本/存货	10.00	8.00	10.40	1.30	13.00
销售额/应收账款	10.00	6.00	8.40	1.40	14.00
销售额/固定资产	10.00	4.00	3.00	0.75	7.50
销售额/净资产	5.00	3.00	1.50	0.50	2.50
合计	100.00				101.25

对于沃尔评分法，一般认为它存在一个理论弱点，即未能证明为何要选择这 7 个指标，以及每个指标所占权重的合理性。同时，还存在一个技术问题，即由于某项指标得分是根据"相对比率"与"比重"的乘积来确定，因此当某一指标严重异常时，会对总评分产生不合逻辑的重大影响。具体来说，财务比率提高一倍，其评分值增加 100%，而财务比率减小一半，其评分值只减少 50%。但尽管如此，它在实践中还是被广泛应用。

2. 现代综合评分法

一般认为企业财务评价的内容首先是盈利能力，其次是偿债能力，此外还有成长能力，三者之间大致可按 5:3:2 来分配比重。反映盈利能力的主要指标是资产净利率、销售净利率和股东权益报酬率。虽然股东权益报酬率最重要，但由于前两个指标已经分别使用了净资产和净利润，为减少重复影响，3 个指标可按 2:2:1 安排。偿债能力有 4 个常用指标，成长能力有 3 个常用指标。如果仍以 100 分为总评分，则评分的标准如表 10-12 所示。表中的标准比率以本行业平均数为基础，可以适当进行理论修正。

表 10-12　综合评分法标准

指标	标准评分	标准比率/%	行业最高比率/%	最高评分	最低评分	每分比率的差/%
盈利能力：						
总资产净利率	20	15	20	30	10	0.5
销售净利率	20	6	20	30	10	1.4
股东权益报酬率	10	18	20	15	5	0.4
偿债能力：						
股东权益比率	8	50	90	12	4	10
流动比率	8	150	350	12	4	50
应收账款周转率	8	500	1 000	12	4	125
存货周转率	8	600	1 200	12	4	150
成长能力：						
销售增长率	6	20	30	9	3	3.3
净利润增长率	6	15	20	9	3	1.7
人均净利润增长率	6	15	20	9	3	1.7
合计	100			150	50	

其中，

$$每分比率的差 = 1\% \times \frac{行业最高比率 - 标准比率}{最高评分 - 标准评分} \tag{10-44}$$

这种综合评分法与沃尔评分法相比，不仅丰富了评价内容，拓宽了运用范围，而且还克服了运用上的技术缺陷。除此之外，这种综合评分法还具有以下两个方面的特点：一是突出了净利润在财务评价中的重要地位，因而能够体现股东财富最大化这一财务目标赋予财务评价的基本要求；二是在内容上兼顾了企业的成长能力，有利于评价者考察对企业投资的预期价值。

尽管如此，该方法仍然存在一些不尽合理的方面，如：① 过分突出盈利能力比率，而对决定盈利能力的经营能力比率关注不够，这有悖于企业财务能力的内在逻辑关系。② 过分强调企业对股东财富增长（即净利润增长）的贡献，而对其他利益主体的利益要求体现不充分，这就使得按该方法评价有利于实现股东财富最大化，而不利于实现企业总体价值最大化。③ 将总资产净利率和销售净利率作为评价的首要指标，能够突出净利润的重要地位，但这两项指标本身却缺乏实际意义。具体来说，由于净利润与总资产和销售收入之间缺乏内在相关性，使得将净利润与总资产和销售收入进行比较，不能反映企业对股东的贡献程度，也不能说明资产的获利能力和销售的获利水平，这样将两项指标纳入评价指标体系，难免会影响评价结论的有效性和说服力。

综合评价结果为等级制，具体分级情况如表 10-13 所示。

表 10-13　综合评价结果具体分级情况

等级	级别	分数
A	A++	100～95
	A+	94～90
	A	89～85
B	B+	84～80
	B	79～75
	B-	74～70
C	C	69～60
	C-	59～50
D	D	49～40
E	E	39 以下

阅读材料：如何让财务分析成为管理工具

案例分析：中国企业 500 强盈利能力分析

思考与练习

一、问答题

1. 企业为什么要进行财务分析？
2. 简述财务分析的主要内容。

3. 运用杜邦财务分析体系，如何进行综合财务分析？

二、计算题

1. 某公司财务报表中部分资料如下。

假设该公司长期资产只有固定资产，应收账款余额为净额。

货币资金：150 000 元　　　　　　　　固定资产：425 250 元

销售收入：1 500 000 元　　　　　　　净利润：75 000 元

保守速动比率：2　　　　　　　　　　流动比率：3

应收账款周转天数：40 天

要求：计算应收账款平均余额、流动负债、流动资产、总资产、资产净利率。

2. A 公司 2021 年实现销售收入 6 000 万元，2022 年销售收入比 2021 年销售收入增长 20%；2019 年该公司资产总额为 2 500 万元，以后每后一年比前一年增加 500 万元。该公司资产由流动资产和固定资产组成，连续 4 年固定资产未发生变化，均为 2 000 万元。假设该公司无投资收益和营业外收支，所得税税率保持不变。其他有关数据和财务比率如下。

项目	2021 年	2022 年
资产负债率	45%	50%
流动负债/所有者权益	0.6	0.55
速动比率	0.65	0.8
销售毛利率	18%	20%
平均收账期	72 天	45 天
净利润	600	800

要求：（1）分析总资产、负债变化的原因；

（2）分析流动比率变化的原因；

（3）分析总资产净利率变化的原因；

（4）运用杜邦财务分析体系分析股东权益报酬率变化的原因。

第 11 章　财务预测与预算

　　财务预测是为财务决策服务的，没有科学的财务预测就不可能有准确的财务决策。财务预算是计划工作的成果，它既是财务决策的具体化，又是控制生产经营活动的依据。本章主要介绍企业资金需要量预测和全面预算的方法。

11.1　财　务　预　测

　　财务预测（financial forecast）是根据财务活动的历史资料，考虑现实的要求和条件，对企业未来的财务活动和财务成果做出科学的预计和测算，以便把握未来、明确方向。

11.1.1　财务预测的作用

　　企业的财务预测作用主要有 3 个方面。

　　（1）为企业财务决策提供依据

　　如果企业要做正确的投资决策，就要预测各备选方案的现金流入量和流出量，就要预测市场需求量、价格水平、投资规模等。只有对上述问题做出了准确的预测，才能做出正确的投资决策。

　　（2）为企业财务预算提供依据

　　为保证预算的科学性和指导性，企业在编制预算之前，要对企业生产经营过程中的各个环节、各个方面进行预测，如收入的预测、资金流的预测、盈利水平的预测等，为编制预算提供各种有用的数据。建立在正确预测基础上的预算，不仅切实可行，而且可使各个预算紧密衔接。

　　（3）为企业日常经营管理工作提供依据

　　企业财务人员要想做好日常财务管理工作，尤其是日常资金的供应和调度工作，不仅要熟悉企业过去的财务收入规律和情况，还要善于预测企业未来的资金运作情况和财务收支平衡状况。只有这样，才能做到统筹兼顾、适当安排，使日常财务管理活动处于主动地位。

11.1.2　财务预测的内容

1. 筹资预测

　　预测企业各种资金的动态需求量和期末的应有数额，做出是否筹资的决定，包括选择筹资渠道、筹资方式、筹资时机和期限，预测资金成本和风险、资金结构等内容。

2. 投资预测

　　预测投资所要达到的规模和所能达到的技术水平，估计投资额的各期投放数、投资的回收期限、各期的投资回收额，分析、比较各种不确定因素对投资效益的影响。

3. 成本预测

预测企业现有生产能力下达到的成本水平，各种技术进步对降低成本的影响，各种合理化建议对成本工作的促进作用以及原材料价格变化对成本的影响。

4. 收入预测

预测影响销售价格和销售数量的各种因素，研究企业的信用政策和收账政策对收入的影响，进而预测企业的现金流入量和流入速度变化情况。

5. 利润预测

税前利润的预测实际上是收入和成本费用预测，税后利润的预测则要受国家税率的影响。要增加利润，就必须从增加收入和降低成本着手。

11.1.3　财务预测的程序

要提高财务预测工作的效率、财务预测的质量，财务工作就要按照一定程序进行。财务预测一般有以下几个步骤。

1. 确定预测对象和目标

在进行财务预测之前，首先要确定预测什么，然后再根据预测的目标、内容和要求确定预测范围和预测期。例如，只有确定了以销售收入为预测对象，才有可能组织好与销售收入有关的各项工作，才能确定要收集哪些资料，分析哪些相关因素。

2. 制订预测计划

预测计划包括预测的组织领导、人员的组成、信息资料的获取方法、渠道、时间安排、经费预算等。该计划应详细，分工应明确合理。

3. 收集、整理相关信息

根据已确定的预测目标和计划，尽可能全面地收集与既定目标相关的资料和数据。这些资料和数据有的来自企业内部，如会计资料、日常统计资料；有的来自企业外部，如市场信息、金融行情、国家政策；有的资料可直接取得，有的资料需要抽样调查。对收集来的资料必须进行加工、整理、归纳、鉴别，去伪存真。

4. 选择预测方法

财务预测必须通过一定的科学方法才能完成。对于定量预测，应建立正确的数学模型；对于定性预测，要按照一定的逻辑思维，制定预测的提纲。预测方法的选择，一定要结合实际情况，可以是一种，也可以是多种方法的结合。

5. 进行实际预测

用选定的预测方法和建立的数学模型进行预测，并根据定量分析和定性分析的结果，做出结论，结论的表示方式可以是图表或文字等。

11.1.4　财务预测的种类

① 按预测的内容，财务预测可分为成本费用预测、收入预测、利润预测、财务状况预测、筹资预测、投资预测。

② 按照预测所跨时间长度，财务预测可分为长期预测、中期预测、短期预测。长期预测主要是对 5 年以上较长时间内的财务变化及趋势的预测，主要为企业今后长期发展的重要战略决策提供依据。中期预测是指对 1 年以上、5 年以下企业财务发展趋势、资金运动方向所进行的预测。短期预测是指 1 年以下的预测，目的是为企业近期的财务管理提供较为详细

而可靠的数据资料。

③ 按预测方式不同，财务预测可分为定性预测和定量预测。定性预测是指预测者直接根据自己所掌握的资料和主观判断，对企业未来财务状况和资金运动趋势做出评价和解释。定量预测是指借助于一定的数学方法对企业的财务发展趋势做出数量方面的预测。

在实际财务工作中，各种预测常常交叉使用，互相验证、互为补充。

11.1.5　资金需要量预测

企业筹集资金，首先要对资金需要量进行预测，即对企业未来组织生产经营活动的资金需要量进行估计、分析和判断。只有这样，才能使筹集的资金既能保证生产经营的需要，又不会产生闲置和不合理的损失。预测方法包括定性和定量两种方法。

1. 定性预测法

定性预测法是根据调查研究所掌握的情况和数据资料，凭借预测人员的知识和经验，对资金需要量所做的判断。

（1）德尔菲法

德尔菲法又称专家调查法，由美国兰德公司在 20 世纪 40 年代首先使用，主要是通过向财务管理专家进行调查，利用专家的经验和知识，对过去发生的财务活动、财务关系和有关资料进行分析综合，从财务方面对未来经济的发展做出判断。用德尔菲进行预测一般分两步进行：首先，由熟悉企业经营情况和财务情况的专家，根据其经验对未来情况进行分析判断，提出资金需要量的初步意见；然后，通过各种形式（如信函调查、开座谈会等），在与本地区一些同类企业的情况进行对比的基础上，对预测的初步意见加以修订，得出最终的预测结果。

（2）市场调查法

市场调查法以统计抽样原理为基础，包括简单随机抽样、分层抽样、分群抽样、规律性抽样和非随机抽样等技术，主要采用询问法、观测法和实验法等，以使定性预测准确、及时。

（3）相互影响预测法

相互影响预测法就是通过分析各个事件由于相互作用和联系而引起发生变化的情况，进而研究各个事件在未来发生可能性的一种预测方法。

2. 定量预测法

定量预测法是指以资金需要量与有关因素的关系为依据，在掌握大量历史资料的基础上选用一定的数学方法加以计算，并将计算结果作为预测依据的方法。

（1）营业收入百分比法

营业收入百分比法是一种在分析报告年度资产负债表与营业收入关系的基础上，根据市场调查和销售预测取得的资料，确定资产、负债和所有者权益的有关项目占营业收入的百分比，然后依据计划期营业收入及假定不变的百分比关系预测计划期资金需要量的一种方法。

营业收入百分比法的具体步骤如下。

① 对资产负债表相关项目进行分析，区分敏感性项目与非敏感性项目。敏感性项目是指随营业收入变动而变动的资产或权益类项目；非敏感性项目是指不随营业收入的变动而变动的资产负债表项目。在资产负债表中，从资产类项目来看，货币资金、正常的应收账款和存

货等流动资产项目，一般都随营业收入的变动而变动，这些资产都属于敏感性项目；而固定资产是否需要增加，则需视基期的生产能力是否已被充分利用。如果企业仍有生产能力负担增加的产销量，则固定资产并不随着营业收入的增加而增加；如果现有固定资产已充分利用，则增加营业收入就需要增加固定资产。至于长期投资、无形资产、递延资产等项目，一般不随营业收入的增加而增加，此类资产属于非敏感性项目。从权益类项目来看，应付账款等流动负债项目通常随营业收入的变动而变动，因此属于敏感性项目。由于受股利分配政策等因素的影响，留存收益的变化与营业收入并不存在固定的比例关系，因此留存收益属于非敏感性项目。长期负债和所有者权益的其他项目，也属于非敏感性项目。

② 计算敏感性项目占营业收入的百分比。

③ 计算预计营业收入下的预计资产（负债）。

$$预计资产（负债）=预计营业收入×各项目销售百分比 \qquad (11-1)$$

④ 预计留存收益增加额。留存收益增加额可根据利润表各项目的变动情况计算。在没有给定利润表的情况下可以根据下面的公式推算：

$$留存收益增加额=预计营业收入×销售净利率×（1-股利支付率） \qquad (11-2)$$

⑤ 计算外部融资需求。

$$外部融资需求=预计总资产-预计总负债-预计所有者权益 \qquad (11-3)$$

【例11-1】A公司2021年的资产负债表、利润表如表11-1和表11-2所示。假定2021年营业收入为500万元，该公司固定资产尚未充分利用，2022年增加营业额无需增加固定资产，2022年的营业额预计为750万元。A公司资金需要量的计算过程如表11-3和表11-4所示（计算结果保留到整数位）。

表11-1 A公司资产负债表

2021年12月31日 单位：万元

流动资产：		流动负债：	
库存现金	10	应付账款	40
应收账款	85	应付票据	10
存货	100	应付职工薪酬	25
流动资产合计	195	流动负债合计	75
		长期债券	72
		股本	150
固定资产净额	150	留存收益	48
资产合计	345	所有者权益合计	345

表 11-2　A 公司 2021 年利润表

单位：万元

营业收入	500
减：营业成本	400
税金及附加	52
息税前利润	48
减：利息	8
税前利润	40
减：所得税（40%）	16
税后利润	24
减：股利（税后利润的 50%）	12
留存收益增加额	12

表 11-3　A 公司预计资产负债表

单位：万元

	2021 年各项目占营业收入的百分比（①） （①=敏感性项目/2021 年营业收入）	2022 年的预测值（②） （②=①×2022 年营业收入）
资产：		
库存现金	2%	15
应收账款	17%	128
存货	20%	150
流动资产合计	39%	293
固定资产	n	150
资产合计	39%	443
负债与所有者权益：		
应付账款	8%	60
应付票据	n	10
应付职工薪酬	5%	38
流动负债合计	13%	108
长期债券	n	72
股本	n	150
留存收益	n	68
负债与所有者权益合计：	13%	398
所需外部筹资额		45
负债与权益总计		443

表 11-4　A公司预计利润表　　　　　　　　　　　　单位：万元

	2021 年各项目占营业收入的百分比（③） （③＝敏感性项目/2021 年营业收入）	2022 年的预测值（④） （④＝③×2022 年营业收入）
营业收入	100%	750
减：营业成本	80%	600
税金及附加	10.4%	78
息税前利润	9.6%	72
减：利息	n	8
税前利润	n	64
减：所得税（40%）	n	24
税后利润	n	40
减：股利（税后利润的 50%）	n	20
留存收益增加额		20

说明：

◇ n 表示非敏感性项目。

◇ 预计留存收益是原有留存收益与新增留存收益之和（48＋20＝68）。

◇ 所得税的计算由于纳税调整的存在并非一直是税前利润与税率的乘积。

◇ 由于资产＝负债＋所有者权益，可以据此得知负债与所有者权益的总额应是 443 万元，与表 11-3 中得出的 398 万元的差额 45 万元即为 2022 年需要筹集的资金；或者（39%－13%）×（750－500）－（68－48）＝45（万元）。

营业收入百分比法还可以使用预测模型来计算。模型为

$$需要追加的外部筹资额 = \Delta S \sum \frac{R_A}{S} - \Delta S \sum \frac{R_L}{S} - \Delta R_E \tag{11-4}$$

其中，ΔS 表示预计年度销售增加额；$\sum \frac{R_A}{S}$ 表示基年敏感资产总额除以基年营业收入；$\sum \frac{R_L}{S}$ 表示基年敏感负债总额除以基年营业收入；ΔR_E 表示预计年度留用利润增加额。

营业收入百分比法的优点是能为企业提供短期预计的财务报表以适应外部融资的需要，但是它以预测年度敏感性项目与营业收入的比例以及非敏感性项目与基年保持不变为前提，如果有关比例发生变化，那么据以进行预测就会对企业产生不利的影响。

（2）回归分析法

回归分析法是假定资本需要量与营业业务量（如销售数量、销售收入）之间存在线性关系而建立数学模型，然后根据历史有关资料，用回归直线方程确定参数、预测资金需要量的方法。其预测模型为

$$Y = a + bX \tag{11-5}$$

式中，Y 表示资本需要总额；a 表示不变资本总额；b 表示单位业务量所需要的可变资本额；X 表示经营业务量。

用上述预测模型，在利用历史资料确定 a、b 值的条件下，即可预测一定业务量 X 所需要的资本总量 Y。

【例 11-2】B 企业 2017—2021 年的产销量和资本需要量如表 11-5 所示。若 2022 年预计产销量为 7.8 万件，试预测 2022 年的资本需要量。

表 11-5　B 企业产销量与资本需要量历史资料

年度	产销量 X/万件	资本需要量 Y/万元
2017	6.0	500
2018	5.5	475
2019	5.0	450
2020	6.5	520
2021	7.0	550

（1）计算、整理相关数据资料，如表 11-6 所示。

表 11-6　B 企业产销量与资本需要量历史资料

年度	产销量 X/万件	资本需要量 Y/万元	XY	X^2
2017	6.0	500	3 000	36
2018	5.5	475	2 612.5	30.25
2019	5.0	450	2 250	25
2020	6.5	520	3 380	42.25
2021	7.0	550	3 850	49
$n=5$	$\sum X =30$	$\sum Y =2\,495$	$\sum XY =15\,092.5$	$\sum X^2 =182.5$

（2）将整理数据代入下列联立方程组。

$$\begin{cases} \sum Y = na + b\sum X \\ \sum XY = a\sum X + b\sum X^2 \end{cases}$$

求得 $a=205$，$b=49$，即 B 企业不变资本总额为 205 万元，单位业务量需要的可变资本额为 49 万元。

（3）确定资本需要量模型。

将 $a=205$，$b=49$ 代入 $Y=a+bX$ 中，得到预测模型为

$$Y=205+49X$$

（4）计算资本需要量。

将 2022 年预计产销量 7.8 万件代入上式，经计算，资本需要量总额

$$Y=205+49×7.8=587.2（万元）$$

运用回归分析法预测资本需要量，应当注意以下问题。

① 资本需要量与营业业务量之间的线性关系应符合历史实际情况，预期未来这种关系将保持下去。

② 确定 a、b 两个参数的值应利用预测年度前连续若干年的历史资料，一般要有 3 年以上的资料。如果有更多的数据资料，可以利用计算机建立线性模型，计算结果更加真实。

③ 应当考虑价格等因素的变动情况。当预期原材料、设备的价格和人工成本发生变动时，应相应调整有关预测参数，以取得比较准确的预测结果。

11.2　财务预算

财务预算是一系列专门反映企业未来一定预算期内预计财务状况和经营成果以及现金收支等价值指标的各种预算的总称，具体包括现金预算、预计利润表、预计资产负债表、预计现金流量表等。

11.2.1　全面预算

1. 全面预算的含义

全面预算就是企业全部计划的数量说明。它是所有以货币及其他数量形式反映的企业未来一段时间全部经营活动各项目标的行动计划与相应措施的数量说明。全面预算是由一系列预算构成的，同时各项预算之间又是相互联系的，可用图 11-1 表示全面预算的内容。

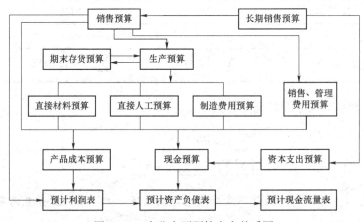

图 11-1　企业全面预算内容关系图

2. 全面预算的分类

① 全面预算按其涉及的时间长短，可分为长期预算和短期预算。长期预算是指预算期超

过一个年度的预算。短期预算是指年度预算，或者时间更短的季度或月度变预算。当然，时间长短只是一个指标，有时把 2~3 年的预算称为中期预算，而长期预算是指超过 2~3 年的预算。

② 全面预算按其涉及的内容，可分为总预算和专门预算。总预算是指现金预算和财务报表预算，它们反映企业的总体状况，是各种专门预算的综合。专门预算是指其他反映企业某一方面经济活动的预算，如资本支出预算。

3. 全面预算的作用

全面预算就是给整个企业和多个职能部门在计划期内的工作分别定出目标，并详细说明要达到各目标所拟采取的措施。因此，全面预算有以下作用。

① 全面预算有助于企业全体职工明确今后的奋斗目标和任务。全面预算给出企业各个部门的计划，可以使各个部门相互协调，为完成整体目标而努力。

② 全面预算是控制企业日常经营活动的主要依据。在企业生产经营过程中，各部门可以及时将工作成果与预算目标进行对比，揭露差异数额，分析差异原因，改进薄弱环节，从而保证预算目标的实现。

③ 全面预算是评价企业生产经营各个方面工作成果的基本尺度。在预算执行过程中，实际脱离预算的差异不仅是加强企业内部管理、控制生产经营活动的主要依据，同时也是评定各部门、各职工工作业绩好坏的主要准绳。

④ 全面预算对职工有激励作用。不论是采取从上至下方式编制预算还是从下至上方式编制预算，都需要广泛吸收意见，因此能得到预算的执行者——职工的支持，从而提高了他们完成预算的主动性和积极性。

当然，为了使预算发挥上述作用，除了要编制一个高质量的预算，还应制定合理的预算管理制度，包括编制程序、修改预算的办法、预算执行情况的分析、调查和奖惩办法等。

综上，财务预算是全面预算的最后环节，它是从价值方面总括地反映经营期决策预算与业务预算的结果，其余预算则为辅助预算或分预算。

11.2.2　财务预算的编制方法

1. 弹性预算

1）弹性预算的定义

弹性预算，也称动态预算，是指企业在编制预算时，根据量、本、利之间有规律的数量关系，按照预算期内可预见的一系列业务量水平分别确定相应的数据，使编制的预算能够适应多种情况的预算方法。

2）弹性预算的编制步骤

弹性预算的编制一般可以按照以下步骤进行。

① 选择经营活动水平的计量标准。比如可以以产量单位作为计量标准，也可以用直接人工工时、机器工时、直接人工工资等作为计量标准。

② 确定业务量的活动范围。业务量的活动范围是指弹性预算所适用的业务量区间。业务量范围的选择应根据企业的具体情况而定，一般在其正常生产能力的 70%~1 100% 之间，或以企业历史上最高业务量和最低业务量为其上下限。同时需要确定各业务量之间的间隔，一般业务量的间隔为 5%~10%。

③ 逐步研究并确定各项成本和业务量之间的数量关系。弹性预算是根据本、量、利之间

的规律性来确定各业务量相对应的预算数，因此弹性预算质量的高低在很大程度上取决于成本性态分析的水平。在编制弹性预算之前，必须把各成本项目按照成本性态逐项分解为变动成本、固定成本和混合成本。

④ 把各业务量的预算成本运用一定的方式表达出来。

3）弹性预算的编制方式

弹性预算的编制方式，主要有多水平法和公式法两种。

（1）多水平法（列表法）

采用多水平法，首先要在确定的业务量范围内，划分出若干个不同水平，然后分别计算各项预算成本，汇总列入一个预算表内。表 11-7 就是一个用多水平法计算的弹性预算表。在这个预算表中，业务量的间隔为10%。当然，这个间隔可以更大些，也可以更小些。间隔较大，水平级别就少一些，从而可简化编制工作，但太大了就会失去弹性预算的优点；间隔较小，控制成本较为准确，但会增加编制的工作量。

多水平法的优点是：不管实际业务量是多少，不必经过计算即可找到与业务量相近的预算成本，控制成本比较方便。但它也有缺点，当实际业务量在预算表的两个水平之间时，对于混合成本，往往需要运用插值法来计算"实际业务量的预算成本"，比较麻烦。

表 11-7　制造费用预算表（多水平法）　　　　　　　单位：元

业务量（直接人工工时）/h	420	480	540	600	660
占正常生产能力的百分比	70%	80%	90%	100%	110%
变动成本：					
运输（$b=0.2$）	84	96	108	120	132
电力（$b=1.0$）	420	480	540	600	660
消耗材料（$b=0.1$）	42	48	54	60	66
合计	546	624	702	780	858
混合成本：					
修理费	440	490	544	600	746
油料	180	220	220	220	240
合计	620	710	764	820	986
固定成本：					
折旧费	300	300	300	300	300
管理人员工资	100	100	100	100	100
合计	400	400	400	400	400
总计	1 566	1 734	1 866	2 000	2 244

注：表中 b 表示变动成本。

（2）公式法

由于任何成本都可以用公式"$Y=a+bX$"来近似表示，所以只要在预算中列示固定成本 a 和变动成本 b，就可以利用公式计算出在一定范围内的业务量 X 和预算成本 Y。表 11-8 是一个用公式法计算的弹性预算表，其资料与表 11-7 一致。

表 11-8　制造费用预算表（公式法）　　　　单位：元

业务量范围（人工工时）/h	420～660	
项目	固定成本（每月）	变动成本（每人工工时）
运输费		0.20
电力		1.00
消耗材料		0.10
修理费	85	0.85
油料	108	0.20
折旧费	300	
管理人员工资	100	
合计	593	2.35
备注	当业务量超过 600 h，修理费的固定成本上升为 185 元	

需要说明的是，为了便于利用公式"$Y=a+bX$"来预测各业务量的成本，可以利用数学公式（如高低点法、散布图法和回归直线法）把混合成本近似地分解为变动成本和固定成本。上表中的混合成本（修理费和油料）就是利用数学公式分解为变动成本和固定成本。

公式法的优点是可以计算出在一定范围内任一业务量的预算成本，但需要对混合成本进行分解，比较复杂。

2. 零基预算

1）零基预算的含义

这种方法是由美国德州仪器公司彼得·派尔在 20 世纪 60 年代末提出来的，目前已经被西方国家广泛采用，是控制间接费用的一种有效方法。零基预算是指在编制成本费用预算时，不考虑以往会计期间所发生的费用项目或费用数额，而是所有的预算支出均以零为出发点，一切从实际需要与可能出发，逐项审议预算期内各项费用的内容及开支标准是否合理，在综合平衡的基础上编制费用预算的一种方法。

零基预算不同于传统的预算编制方法，它对于任何一笔预算支出，不是以现有费用水平为基础，而是一切以零为起点，从根本上考虑它们的必要性及其数额的多少。这样，能使所编制的预算更切合当期的实际情况，从而使预算充分发挥控制实际支出的作用。

2）零基预算的编制程序

① 企业生产、业务部门根据企业的总目标及各部门的分目标，提出本部门在预算期内应当发生的费用项目，按照其性质和重要性，以零为基底，详细确定预算数额，而不考虑这些项目以往是否发生及发生额是多少。

② 将各费用项目具体划分为不可避免项目和可避免项目。不可避免项目是指在预算期内必须发生的项目，对这类项目必须保证资金的供给；可避免项目是指通过一定的措施可以不发生的费用项目，对这类项目应当进行成本-效益分析，按照其必要性的大小确定各费用预算的优先顺序。

③ 将纳入预算的各项费用再进一步划分为不可延缓项目和可延缓项目。不可延缓项目是

指必须在预算期内足额支付的费用项目。可延缓项目是指在预算期内可部分支付或延缓支付的费用项目。在编制预算过程中，应优先保证满足不可延缓项目的开支，然后再根据需要和可能，按照项目的轻重缓急确定可延缓项目的开支标准。

④ 企业各部门按照②③步所确定的各项费用开支顺序分配资金，落实企业的预算。

3）零基预算的优缺点

零基预算的优点如下。

① 能提高资金的使用效益。零基预算按照各项费用的性质和重要性，以零为基底，来确定其预算数，并以其轻重缓急来分配资金，因此大大提高了资金的利用效益。

② 能调动各方面降低费用的积极性。零基预算不受原有开支水平的限制，既可以使各部门为完成预算目标而充分发挥主观能动性和创造性，同时还能大大节约费用。

零基预算一切从零开始，要求对每一项业务活动及其费用和效益进行深入的分析，因此在编制预算时工作量相当大，这是零基预算最大的缺点。因此，为简化编制工作，往往不需要每年都编制零基预算，而是隔几年才编制一次。

零基预算特别适用于产出难以辨认的服务性部门，如企业管理部门、会计部门、采购部门及销售部门等。

3. 滚动预算

1）滚动预算的含义

滚动预算又称为连续预算或永续预算，是指在编制预算时，先按照一个会计年度来编制，但随着预算的执行不断延伸，逐期向后滚动，使预算期永远保持为一个会计年度的预算编制方法。

滚动预算的特点是使预算期始终保持为一个会计年度。当预算执行经过 1 个月或 1 个季度时（此时，实际预算期已经缩短为 11 个月或 3 个季度了），就在原预算的基础上再向其后延伸 1 个月或 1 个季度。当然，应当根据预算实际执行过程中发现的问题对剩余预算做适当的调整和修订，以适应对未来情况的最新预测，这样就使预算永远保持 1 个年度的有效期。

实际上，滚动预算不但可以用来编制年度预算，而且还可以用来编制预算期为 1 年以上的长期预算（2 年、3 年或 5 年），当一定的预算期结束后，就在其后补充一定的预算期，使其预算跨度永远和原预算期相同。当然，在补充预算期时，应当根据实际情况对原剩余预算做必要的调整和修订。

实行滚动预算，可以根据生产经营活动和企业主客观条件的变化，果断地对预算进行修改，把长期预算和短期预算、需要和可能有机地结合起来，使企业始终有一个科学的预算。

2）滚动预算的编制程序

① 根据企业的预算总体目标和总方针，具体分析本部门所面临的市场环境及其正常的生产经营情况，编制出计划期间（1 年、2 年、3 年或 5 年）的预算。

② 认真做好当期预算执行情况的检查和分析，如对本月或本季预算检查其执行情况并分析完成情况的原因，从而为修订预算提供依据。

③ 预计预算期各种条件的发展变化，如新的方针、政策和制度的制定，企业经营战略的调整，市场的供应变化，企业人力、物力和财力的变化等。

④ 根据所分析出的资料，制定和修改下一个滚动期的预算。

3）滚动预算的编制方法

滚动预算按其预算编制和滚动的时间单位不同可以分为逐月滚动、逐季滚动和混合滚动3 种方式。下面主要介绍混合滚动。

混合滚动是指在预算编制过程中，同时使用月份和季度作为预算的编制和滚动单位的方法。

在编制预算时，先按照年度分季度编制预算，但将第一季度按月划分，建立各月的详细预算数，至于其他三个季度的预算可以粗一点，只列各季度总数。到第一季度结束时，根据第一季度预算的执行情况，编制第二季度各月份的详细预算，并修改第三季度、第四季度的预算，同时补充下一年度第一季度的预算数，以此类推。

4）滚动预算的优缺点

滚动预算优点如下。

① 有利于保证预算的连续性，使企业在动态中把握未来。

② 促使企业各级管理人员在任何时候都从全年的角度去考虑生产经营活动，使各项工作有计划进行。

③ 由于预算在不断调整，更接近实际，所以有利于发挥预算的控制作用。

采用滚动预算编制预算的最大缺点是预算工作量较大。

11.2.3　财务预算的编制

下面通过 C 企业的例子（例 11-3～例 11-12）来说明财务预算的编制。

1. 销售预算

销售预算是指在销售预测的基础上，根据企业年度目标确定的预计销售量、销售单价和销售收入等参数编制的，用于规划预算期销售活动的一种业务预算。

销售预算是编制企业全面预算的出发点，也是编制企业日常业务预算的基础。根据"以销定产"的原则，企业日常业务预算的其他各个项目，如生产、材料采购、存货和费用等方面的预算，都要以销售预算作为基础。销售预算主要列示全年和各季度的预计销售情况。在编制过程中，应根据有关部门年度内市场预测的销售量及售价，确定计划期销售收入。

【例 11-3】C 企业生产和销售一批产品，预计 2023 年度各季度产品的销售量和单价如表 11-9 上半部分所示。同时，假定各季度的销售收入中，70% 当期收现，余下的应收款分别于以后各期收回（数字详见表中）。2022 年第四季度的销售收入有 9 500 元在 2023 年第一季度收现。C 企业 2023 年度销售预算见表 11-9。

表 11-9　C 企业 2023 年度销售预算　　　　单位：元

	第一季度	第二季度	第三季度	第四季度	合计
预计销售量/件	800	700	900	800	3 200
单位售价	80	80	80	80	80
销售收入	64 000	56 000	72 000	64 000	256 000
预计现金收入					
上年应收款	9 500				9 500
第一季度销售额（64 000）	44 800	17 920	1 280		64 000
第二季度销售额（56 000）		39 200	14 400	2 400	56 000
第三季度销售额（72 000）			50 400	17 760	72 000
第四季度销售额（64 000）				44 800	44 800
现金收入合计	54 300	57 120	66 080	64 960	242 460

2. 生产预算

遵循"以销定产"的原则,生产预算是根据销售预算进行编制的。但计划期间除必须备有足够的产品以供销售外,为保证下一季度销售的顺利进行,还必须为下一季度的销售储备必要的产品,因此还需要考虑下一季度的销售情况,以进行期末存货水平的预计,从而避免存货太多,形成资金的积压、浪费;或存货太少,影响下一季度销售活动的正常进行。

编制生产预算的主要依据是预算期各种产品的预计销售量及存货量资料,具体计算公式为:

$$预计生产量=预计销售量+预计期末存货量-预计期初存货量 \qquad (11-6)$$

预计销售量可以直接从销售预算中得到,预计期初存货量等于上季度期末存货量,因此编制生产预算的关键是正确地确定各季度预计期末存货量。在实践中,可以按事先估计的期末存货量占一定时期销售量的比例进行估算,当然还要考虑季节性因素的影响。

【例11-4】C企业季度末预计的产成品存货占下季度销售量的10%,年末预计的产成品盘存数为100件,各季度预计的期初存货即为上季度末预计的期末存货。根据上面的销售预算(见表11-9),编制的生产预算见表11-10。

表11-10 C企业2023年度生产预算 单位:件

	第一季度	第二季度	第三季度	第四季度	合计
预计销售量	800	700	900	800	3 200
加:预计期末存货	70	90	80	100	100
合计	870	790	980	900	3 300
减:预计期初存货	80	70	90	80	80
预计生产量	790	720	890	820	3 220

3. 直接材料预算

直接材料预算是为规划预算期直接材料消耗情况与采购活动而编制的,是反映预算期材料消耗量、采购量、材料消耗成本和采购成本等信息的一种业务预算。

编制直接材料预算是以生产预算为基础的。直接材料生产上的需用量与预计采购量之间的关系,可按下式计算:

$$预计采购量=生产上预计需用量+预计期末存货-预计期初存货 \qquad (11-7)$$

【例11-5】设C企业产品单位的材料用量为3kg,每千克2元;季度末预计材料存货占次季度生产需用量的10%,年末预计的材料存货为250 kg。各季度的购料金额,假设于购料当期支付50%,剩下的50%于下一季度支付,2022年第四季度2 200元应付款将于2023年第一季度支付。据此,C企业2023年度直接材料预算如表11-11所示。

表 11-11　C 企业 2023 年度直接材料预算

数量单位：kg　金额单位：元

	第一季度	第二季度	第三季度	第四季度	合计
预计生产量	790	720	890	820	3 220
单位产品材料用量	3	3	3	3	3
生产需用量	2 370	2 160	2 670	2 460	9 660
预计期末材料存货	216	267	246	250	250
合计	2 586	2 427	2 916	2 710	9 910
预计期初材料存货	237	216	267	246	237
预计材料采购量	2 349	2 211	2 649	2 464	9 673
单价	2	2	2	2	2
预计采购成本	4 698	4 422	5 298	4 928	19 346
预计现金支出					
上年应付款	2 200				2 200
第一季度销售额（4 698）	2 349	2 349			4 698
第二季度销售额（4 422）		2 211	2 211		4 422
第三季度销售额（5 298）			2 649	2 649	5 298
第四季度销售额（4 928）				2 464	2 464
现金支出合计	4 549	4 560	4 860	5 113	19 082

如果产品的生产需要几种材料，则需要在每一季度及合计中按材料的种类分别进行编制。

4. 直接人工预算

直接人工预算是以生产预算为基础进行编制的，它是一种既反映预算期内人工工时消耗水平，又规划人工成本开支的业务预算。在编制过程中，将各期的预算产量乘以单位产品直接人工的定额工时，即得到各期间的直接人工工时预算，再乘以每小时直接人工成本，便得到直接人工成本预算。

【例 11-6】假定生产单位产品需用直接人工工时 5 h，每小时的工资率为 5 元。C 企业 2023 年度直接人工预算如表 11-12 所示。

表 11-12　C 企业 2023 年度直接人工预算

数量单位：kg　金额单位：元

	第一季度	第二季度	第三季度	第四季度	合计
预计生产量/件	790	720	890	820	3 220
单位产品直接人工定额工时/h	5	5	5	5	5
直接人工合计	3 950	3 600	4 450	4 100	16 100
每小时工资率	5	5	5	5	5
直接人工成本合计	19 750	18 000	22 250	20 500	80 500

如果生产中直接人工工种不止一种或者要经过几个生产车间，则在每季度先按工种或生产车间分别计算，然后进行汇总。

5. 制造费用预算

制造费用是指在生产过程中所发生的除了直接材料及直接人工以外的各种间接费用。制造费用按性态可以分为变动性制造费用和固定性制造费用两部分。为适应企业内部管理的需要，采用变动成本法时，只将变动性制造费用计入产品成本，固定性制造费用直接列入利润表作为当期产品销售收入的一个抵减项目。如果企业生产多种产品，还应当确定变动性制造费用分配率标准，以便将其在各产品间分配；固定性制造费用作为期间成本，可以不必分配。

编制制造费用预算，通常还包括费用方面预计的现金支出的计算，从而为编制现金预算提供必要的资料，但由于固定性制造费用中有些项目是无须用现金支出的，所以在计算费用方面预期的现金支出时，应该认真分析，将无须付费的项目扣除。

【例 11-7】C 企业年初租入一台设备，按季度支付租金，每季度 300 元。2023 年度制造费用预算见表 11-13。

表 11-13　C 企业 2023 年度制造费用预算　　　　　单位：元

固定性制造费用	金额	变动性制造费用	金额
管理人员工资	7 800	间接材料	22 000
保险费	2 000	水电费	2 200
设备租金	1 200	维修费	8 000
折旧费	13 000	合计	32 200
合计	24 000	直接人工总工时	16 100
其中：付现费用	11 000	预算分配率	2

	第一季度	第二季度	第三季度	第四季度	合计
变动性制造费用	7 900	7 200	8 900	8 200	32 200
付现的固定性制造费用	2 750	2 750	2 750	2 750	11 000
现金支出小计	10 650	9 950	11 650	10 950	43 200

说明：

变动性制造费用=预算分配率×各季度预计总工时

各季度付现的固定性制造费用=全年付现费用/4

---

6. 期末存货预算（期末产成品成本预算）

编制期末存货预算是为了综合反映计划期内生产单位产品预计的成本水平，同时也为正确计量利润表中的营业成本和预计资产负债表中的期末材料存货与期末产成品存货项目提供数据。采用变动成本法计算产品成本时，单位产品成本只包括直接材料、直接人工和制造费用的变动部分，至于固定费用部分则当作营业成本列入利润表，从当期的产品营业收入中扣除。

【**例 11-8**】C 企业 2023 年期末存货预算见表 11-14。

表 11-14　C 企业 2023 年期末存货预算表

	期末存货	单位成本	合计
直接材料	250 kg	2 元/kg	500 元
产成品	100 件	41 元/件	4 100 元

注：单位变动成本 41 元计算如下：

直接材料	2 元/kg×3 kg=6 元
直接人工	5 元/h×5 h=25 元
变动制造费用	2 元/h×5 h=10 元
合计	41 元

7. 营业与管理费用预算

营业与管理费用预算是以价值形式反映整个预算期内为营业商品及为维持一般行政管理工作而发生的各项费用支出的一般预算。营业与管理费用预算一般按项目反映全年预计水平。这是因为营业费用和管理费用多为固定成本，它们的发生是为保证企业维持正常的经营服务，除折旧、营业人员工资和专设营业机构日常经费开支定期固定发生外，还有不少费用属于年内待摊或预提性质，比如一次性支付的全年广告费就必须在年内均摊，又如年终报表审计费就应该在各期中预提，这些费用开支的时间与受益期间不一致，只能按全年反映，进而在年内平均摊配。因此，在编制营业与管理费用预算时，首先应按年度进行预算，但在反映各季度现金支出时，应具体分析企业的实际情况，并结合企业各项工作计划安排，使现金预计支付期和企业实际计划支付期一致。

【**例 11-9**】C 企业 2023 年营业费用与管理费用预算见表 11-15。

表 11-15　C 企业 2023 年营业费用与管理费用预算表　　　单位：元

营业费用项目	全年预算	管理费用项目	全年预算
销售人员工资	4 000	行政人员工资	20 000
销售机构办公费	2 000	差旅费	5 400
广告费	4 400	行政办公费	11 200
销货运杂费	2 800	审计费	2 800
推销佣金	4 000	折旧费	1 475
合计	17 200	合计	40 875
营业费用与管理费用全年合计		58 075	
营业费用与管理费用每季平均		14 518.75	

季度	第一季度	第二季度	第三季度	第四季度	合计
现金支出	15 950	12 750	14 750	13 150	56 600

说明:

◇ 全年现金支出的营业与管理费用为 56 600 元(=40 874 - 1 475 + 17 200)。

◇ 各季度的预计现金支付数与企业实际计划支付数一致,如广告费在第一季度支付,则第一季度预计现金支付数 15 950 元中包括了广告费 4 400 元;审计费一般在第四季度支付,则第四季度预计现金支付数 13 150 元包括了审计费 2 800 元。

8. 资本支出预算

资本支出预算又称为长期决策预算,往往涉及长期建设项目的资金投放与筹措等,并经常跨年度,因此除个别项目外一般不纳入业务预算,但应计入与此有关的现金收支预算与预计资产负债表。

9. 现金预算

现金预算主要由现金收入、现金支出、现金多余或不足三部分组成。

"现金收入"包括期初资金余额和预算期现金收入,销货取得的现金收入是其主要来源。"期初现金余额"是在编制预算时预计的,"销货现金收入"的数据来自销售预算,"可供使用现金"是期初余额与本期收入之和。

"现金支出"部分包括预算期的各项现金支出。"直接材料""直接人工""制造费用""营业与管理费用"的数据分别来自前述有关预算。此外,还包括所得税、购买设备等的现金支出,有关数据分别来自另行编制的专门预算:购买设备的现金支出来自资本支出预算;所得税数据是在利润规划时估计的。

"现金多余或不足"部分列示现金收入合计与现金支出合计的差额。差额为正,说明收入大于支出,现金有多余,可用于偿还过去向银行取得的借款或者用于短期投资;差额为负,说明支出大于收入,现金不足,需要进行筹资。

【例 11—10】设 C 企业每季度末需要保持 5 000 元的现金余额,不足部分,需要向银行借款。银行借款的金额以 500 元为单位,借款利率为 10%,一次还本付息。

企业 2023 年现金预算见表 11—16。

表 11—16　C 企业 2023 年度现金预算

单位:元

	第一季度	第二季度	第三季度	第四季度	合计
期初现金余额	10 000	12 401	5 461	10 206	10 000
销货现金收入	54 300	57 120	66 080	64 960	242 460
可供使用现金	64 300	69 521	71 541	75 166	280 528
减:各项支出					
直接材料	4 549	4 560	4 860	5 113	19 082
直接人工	19 750	18 000	22 250	20 500	80 500
制造费用	10 650	9 950	11 650	10 950	43 200
营业与管理费用	15 950	12 750	14 750	13 150	56 600
购买设备	—	24 300	—	—	24 300

	第一季度	第二季度	第三季度	第四季度	合计
预交所得税	1 000	1 000	1 000	1 000	4 000
支出合计	51 899	70 560	54 510	50 713	227 682
现金多余或不足	12 401	（1 039）	17 031	24 453	52 846
资金筹集与运用					
向银行借款	—	6 500			6 500
偿还银行借款				（6 500）	（6 500）
利息	—			（325）	（325）
合计	—	6 500		（6 825）	（6 825）
期末现金余额	12 401	5 461	10 206	24 453	24 453

说明：

◇　第二季度借款额＝5 000＋1 039＝6 039≈6 500（元）。

◇　借款利息＝6 500×10%×6/12＝325（元）。

◇　还款后，仍然需要保持最低现金余额，否则只能部分还款。

现金预算的编制，以各项营业预算和资本预算为基础，反映各预算期的收入款项和支出款项，并做对比说明，其目的在于资金不足时筹措资金，资金多余时及时处理现金余额，并提供现金收支的控制限额，发挥现金管理的作用。

10. 预计财务报表的编制

预计财务报表是财务管理的重要工具，包括预计利润表、预计资产负债表及预计现金流量表。预计财务报表主要为企业财务管理服务，是控制企业资金、成本和利润总量的重要手段。因其可以从总体上反映一定期间企业经营的全局情况，通常称为企业的"总预算"。

下面主要介绍预计利润表和预计资产负债表的编制。

（1）预计利润表

【例 11-11】C 企业 2023 年预计利润表情况见表 11-17。

表 11-17　C 企业 2023 年预计利润表　　　　　　　　　　　　　　　　单位：元

营业收入（3 200 件，每件 80 元）	256 000
减：营业成本（3 200 件，每件 41 元）	131 200
固定性制造费用	24 000
营业与管理费用	58 075
利息费用	325
利润总额	42 400
减：所得税	4 000
净利润	38 400

（2）预计资产负债表

【例 11-12】已知 C 企业 2022 年资产负债情况，2023 年预计资产负债表见表 11-18。

表 11-18　2023 年预计资产负债表　　　单位：元

资产			负债与股东权益		
	2022 年实际	2023 年预计		2022 年实际	2023 年预计
流动资产：			流动负债：		
现金	10 000	24 453	应付账款	2 200	2 464
应收账款	9 500	23 040	应交税费	4 000	4 000
材料	474	500	流动负债合计	6 200	6 464
产成品	3 280	4 100			
流动资产合计：	23 254	52 093			
固定资产：			股东权益：		
土地	50 000	50 000	普通股	70 000	70 000
房屋及设备	100 000	124 300	留存收益	37 054	75 454
累计折旧	60 000	74 475	股东权益合计	107 054	145 454
固定资产净值	90 000	99 825			
资产合计	113 254	151 918	负债与股东权益合计	113 245	151 918

说明：

◇　应收账款：2022 年末应收账款余额为 9 500 元，预计 2023 年销售收入为 256 000 元，全年收现 242 460 元，则 2023 年应收账款余额＝9 500＋256 000－242 460＝23 040（元）。

◇　材料及产成品：见表 11-14。

◇　房屋及设备：2022 年末房屋及设备账面价值为 100 000 元，2023 年第二季度添置设备价值为 24 300 元，则 2023 年末设备账面价值为 100 000＋24 300＝124 300（元）。

◇　累计折旧：2022 年末累计折旧为 60 000 元，2023 年计入固定性制造费用的折旧费为 13 000 元（见表 11-13），计入管理费用的折旧为 1 475 元（见表 11-15），2023 年末累计折旧为 60 000＋13 000＋1 475＝74 475 元。

◇　应付账款：2022 年末应付账款余额为 2 200 元，2023 年采购材料金额为 19 346 元，已付 19 082 元（见表 11-11），则 2023 年末应付账款为 2 200＋19 346－19 082＝2 464（元）。

◇　应交税费：见表 11-17。

◇　留存收益：见表 11-18，2022 年留存收益为 37 054 元，2023 年预计净利润为 38 400 元，没有进行股利分配，则 2023 年末留存收益为 37 054＋38 400＝75 454（元）。

思考与练习

问答题

1. 企业为什么要进行财务预测？
2. 什么是全面预算？为什么要做全面预算？
3. 全面预算有哪些具体方法？

附录 A 复利终值系数表

i n	1%	2%	3%	4%	5%	6%	7%	8%	9%	10%	11%	12%	13%	14%	15%
1	1.010 0	1.020 0	1.030 0	1.040 0	1.050 0	1.060 0	1.070 0	1.080 0	1.090 0	1.100 0	1.110 0	1.120 0	1.130 0	1.140 0	1.150 0
2	1.020 1	1.040 4	1.060 9	1.081 6	1.102 5	1.123 6	1.144 9	1.166 4	1.188 1	1.210 0	1.232 1	1.254 4	1.276 9	1.299 6	1.322 5
3	1.030 3	1.061 2	1.092 7	1.124 9	1.157 6	1.191 0	1.225 0	1.259 7	1.295 0	1.331 0	1.367 6	1.404 9	1.442 9	1.481 5	1.520 9
4	1.040 6	1.082 4	1.125 5	1.169 9	1.215 5	1.262 5	1.310 8	1.360 5	1.411 6	1.464 1	1.518 1	1.573 5	1.630 5	1.689 0	1.749 0
5	1.051 0	1.104 1	1.159 3	1.216 7	1.276 3	1.338 2	1.402 6	1.469 3	1.538 6	1.610 5	1.685 1	1.762 3	1.842 4	1.925 4	2.011 4
6	1.061 5	1.126 2	1.194 1	1.265 3	1.340 1	1.418 5	1.500 7	1.586 9	1.677 1	1.771 6	1.870 4	1.973 8	2.082 0	2.195 0	2.313 1
7	1.072 1	1.148 7	1.229 9	1.315 9	1.407 1	1.503 6	1.605 8	1.713 8	1.828 0	1.948 7	2.076 2	2.210 7	2.352 6	2.502 3	2.660 0
8	1.082 9	1.171 7	1.266 8	1.368 6	1.477 5	1.593 8	1.718 2	1.850 9	1.992 6	2.143 6	2.304 5	2.476 0	2.658 4	2.852 6	3.059 0
9	1.093 7	1.195 1	1.304 8	1.423 3	1.551 3	1.689 5	1.838 5	1.999 0	2.171 9	2.357 9	2.558 0	2.773 1	3.004 0	3.251 9	3.517 9
10	1.104 6	1.219 0	1.343 9	1.480 2	1.628 9	1.790 8	1.967 2	2.158 9	2.367 4	2.593 7	2.839 4	3.105 8	3.394 6	3.707 2	4.045 6
11	1.115 7	1.243 4	1.384 2	1.539 5	1.710 3	1.898 3	2.104 9	2.331 6	2.580 4	2.853 1	3.151 8	3.478 5	3.835 9	4.226 2	4.652 4
12	1.126 8	1.268 2	1.425 8	1.601 0	1.795 9	2.012 2	2.252 2	2.518 2	2.812 7	3.138 4	3.498 5	3.896 0	4.334 5	4.817 9	5.350 3
13	1.138 1	1.293 6	1.468 5	1.665 1	1.885 6	2.132 9	2.409 8	2.719 6	3.065 8	3.452 3	3.883 3	4.363 5	4.898 0	5.492 4	6.152 8
14	1.149 5	1.319 5	1.512 6	1.731 7	1.979 9	2.260 9	2.578 5	2.937 2	3.341 7	3.797 5	4.310 4	4.887 1	5.534 8	6.261 3	7.075 7
15	1.161 0	1.345 9	1.558 0	1.800 9	2.078 9	2.396 6	2.759 0	3.172 2	3.642 5	4.177 2	4.784 6	5.473 6	6.254 3	7.137 9	8.137 1
16	1.172 6	1.372 8	1.604 7	1.873 0	2.182 9	2.540 4	2.952 2	3.425 9	3.970 3	4.595 0	5.310 9	6.130 4	7.067 3	8.137 2	9.357 6
17	1.184 3	1.400 2	1.652 8	1.947 9	2.292 0	2.692 8	3.158 8	3.700 0	4.327 6	5.054 5	5.895 1	6.866 0	7.986 1	9.276 5	10.761 3
18	1.196 1	1.428 2	1.702 4	2.025 8	2.406 6	2.854 3	3.379 9	3.996 0	4.717 1	5.559 9	6.543 6	7.690 0	9.024 3	10.575 2	12.375 5
19	1.208 1	1.456 8	1.753 5	2.106 8	2.527 0	3.025 6	3.616 5	4.315 7	5.141 7	6.115 9	7.263 3	8.612 8	10.197 4	12.055 7	14.231 8
20	1.220 2	1.485 9	1.806 1	2.191 1	2.653 3	3.207 1	3.869 7	4.661 0	5.604 4	6.727 5	8.062 3	9.646 3	11.523 1	13.743 5	16.366 5
21	1.232 4	1.515 7	1.860 3	2.278 8	2.786 0	3.399 6	4.140 6	5.033 8	6.108 8	7.400 2	8.949 2	10.803 8	13.021 1	15.667 6	18.821 5
22	1.244 7	1.546 0	1.916 1	2.369 9	2.925 3	3.603 5	4.430 4	5.436 5	6.658 6	8.140 3	9.933 6	12.100 3	14.713 8	17.861 0	21.644 7
23	1.257 2	1.576 9	1.973 6	2.464 7	3.071 5	3.819 7	4.740 5	5.871 5	7.257 9	8.954 3	11.026 3	13.552 3	16.626 6	20.361 6	24.891 5
24	1.269 7	1.608 4	2.032 8	2.563 3	3.225 1	4.048 9	5.072 4	6.341 2	7.911 1	9.849 7	12.239 2	15.178 6	18.788 1	23.212 2	28.625 2
25	1.282 4	1.640 6	2.093 8	2.665 8	3.386 4	4.291 9	5.427 4	6.848 5	8.623 1	10.834 7	13.585 5	17.000 1	21.230 5	26.461 9	32.919 0
26	1.295 3	1.673 4	2.156 6	2.772 5	3.555 7	4.549 4	5.807 4	7.396 4	9.399 2	11.918 2	15.079 9	19.040 1	23.990 5	30.166 6	37.856 8
27	1.308 2	1.706 9	2.221 3	2.883 4	3.733 5	4.822 3	6.213 9	7.988 1	10.245 1	13.110 0	16.738 7	21.324 9	27.109 3	34.389 9	43.535 3
28	1.321 3	1.741 0	2.287 9	2.998 7	3.920 1	5.111 7	6.648 8	8.627 1	11.167 1	14.421 0	18.579 9	23.883 9	30.633 5	39.204 5	50.065 6
29	1.334 5	1.775 8	2.356 6	3.118 7	4.116 1	5.418 4	7.114 3	9.317 3	12.172 2	15.863 1	20.623 7	26.749 9	34.615 8	44.693 1	57.575 5
30	1.347 8	1.811 4	2.427 3	3.243 4	4.321 9	5.743 5	7.612 3	10.062 7	13.267 7	17.449 4	22.892 3	29.959 9	39.115 9	50.950 2	66.211 8

i / n	15%	16%	17%	18%	19%	20%	21%	22%	23%	24%	25%
1	0.869 6	0.862 1	0.854 7	0.847 5	0.840 3	0.833 3	0.826 4	0.819 7	0.813	0.806 5	0.8
2	1.625 7	1.605 2	1.585 2	1.565 6	1.546 5	1.527 8	1.509 5	1.491 5	1.474	1.456 8	1.44
3	2.283 2	2.245 9	2.209 6	2.174 3	2.139 9	2.106 5	2.073 9	2.042 2	2.011 4	1.981 3	1.952
4	2.855	2.798 2	2.743 2	2.690 1	2.638 6	2.588 7	2.540 4	2.493 6	2.448 3	2.404 3	2.361 6
5	3.352 2	3.274 3	3.199 3	3.127 2	3.057 6	2.990 6	2.926	2.863 6	2.803 5	2.745 4	2.689 3
6	3.784 5	3.684 7	3.589 2	3.497 6	3.409 8	3.325 5	3.244 6	3.166 9	3.092 3	3.020 5	2.951 4
7	4.160 4	4.038 6	3.922 4	3.811 5	3.705 7	3.604 6	3.507 9	3.415 5	3.327	3.242 3	3.161 1
8	4.487 3	4.343 6	4.207 2	4.077 6	3.954 4	3.837 2	3.725 6	3.619 3	3.517 9	3.421 2	3.328 9
9	4.771 6	4.606 5	4.450 6	4.303	4.163 3	4.031	3.905 4	3.786 3	3.673 1	3.565 5	3.463 1
10	5.018 8	4.833 2	4.658 6	4.494 1	4.338 9	4.192 5	4.054 1	3.923 2	3.799 3	3.681 9	3.570 5
11	5.233 7	5.028 6	4.836 4	4.656	4.486 5	4.327 1	4.176 9	4.035 4	3.901 8	3.775 7	3.656 4
12	5.420 6	5.197 1	4.988 4	4.793 2	4.610 5	4.439 2	4.278 4	4.127 4	3.985 2	3.851 4	3.725 1
13	5.583 1	5.342 3	5.118 3	4.909 5	4.714 7	4.532 7	4.362 4	4.202 8	4.053	3.912 4	3.780 1
14	5.724 5	5.467 5	5.229 3	5.008 1	4.802 3	4.610 6	4.431 7	4.264 6	4.108 2	3.961 6	3.824 1
15	5.847 4	5.575 5	5.324 2	5.091 6	4.875 9	4.675 5	4.489	4.315 2	4.153	4.001 3	3.859 3
16	5.954 2	5.668 5	5.405 3	5.162 4	4.937 7	4.729 6	4.536 4	4.356 7	4.189 4	4.033 3	3.887 4
17	6.047 2	5.748 7	5.474 6	5.222 3	4.989 7	4.774 6	4.575 5	4.390 8	4.219	4.059 1	3.909 9
18	6.128	5.817 8	5.533 9	5.273 2	5.033 3	4.812 2	4.607 9	4.418 7	4.243 1	4.079 9	3.927 9
19	6.198 2	5.877 5	5.584 5	5.316 2	5.07	4.843 5	4.634 6	4.441 5	4.262 7	4.096 7	3.942 4
20	6.259 3	5.928 8	5.627 8	5.352 7	5.100 9	4.869 6	4.656 7	4.460 3	4.278 6	4.110 3	3.953 9
21	6.312 5	5.973 1	5.664 8	5.383 7	5.126 8	4.891 3	4.675	4.475 6	4.291 6	4.121 2	3.963 1
22	6.358 7	6.011 3	5.696 4	5.409 9	5.148 6	4.909 4	4.69	4.488 2	4.302 1	4.13	3.970 5
23	6.398 8	6.044 2	5.723 4	5.432 1	5.166 8	4.924 5	4.702 5	4.498 5	4.310 6	4.137 1	3.976 4
24	6.433 8	6.072 6	5.746 5	5.450 9	5.182 2	4.937 1	4.712 8	4.507	4.317 6	4.142 8	3.981 1
25	6.464 1	6.097 1	5.766 2	5.466 9	5.195 1	4.947 6	4.721 3	4.513 9	4.323 2	4.147 4	3.984 9
26	6.490 6	6.118 2	5.783 1	5.480 4	5.206	4.956 3	4.728 4	4.519 6	4.327 8	4.151 1	3.987 9
27	6.513 5	6.136 4	5.797 5	5.491 9	5.215 1	4.963 6	4.734 2	4.524 3	4.331 6	4.154 2	3.990 3
28	6.533 5	6.152	5.809 9	5.501 6	5.222 8	4.969 7	4.739	4.528 1	4.334 6	4.156 6	3.992 3
29	6.550 9	6.165 6	5.820 4	5.509 8	5.229 2	4.974 7	4.743	4.531 2	4.337 1	4.158 5	3.993 8
30	6.566	6.177 2	5.829 4	5.516 8	5.234 7	4.978 9	4.746 3	4.533 8	4.339 1	4.160 1	3.995

附录 B　复利现值系数表

n＼i	1%	2%	3%	4%	5%	6%	7%	8%	9%	10%	11%	12%	13%
1	0.990 1	0.980 4	0.970 9	0.961 5	0.952 4	0.943 4	0.934 6	0.925 9	0.917 4	0.909 1	0.900 9	0.892 9	0.885
2	0.980 3	0.961 2	0.942 6	0.924 6	0.907	0.89	0.873 4	0.857 3	0.841 7	0.826 4	0.811 6	0.797 2	0.783 1
3	0.970 6	0.942 3	0.915 1	0.889	0.863 8	0.839 6	0.816 3	0.793 8	0.772 2	0.751 3	0.731 2	0.711 8	0.693 1
4	0.961	0.923 8	0.888 5	0.854 8	0.822 7	0.792 1	0.762 9	0.735	0.708 4	0.683	0.658 7	0.635 5	0.613 3
5	0.951 5	0.905 7	0.862 6	0.821 9	0.783 5	0.747 3	0.713	0.680 6	0.649 9	0.620 9	0.593 5	0.567 4	0.542 8
6	0.942	0.888	0.837 5	0.790 3	0.746 2	0.705	0.666 3	0.630 2	0.596 3	0.564 5	0.534 6	0.506 6	0.480 3
7	0.932 7	0.870 6	0.813 1	0.759 9	0.710 7	0.665 1	0.622 7	0.583 5	0.547	0.513 2	0.481 7	0.452 3	0.425 1
8	0.923 5	0.853 5	0.789 4	0.730 7	0.676 8	0.627 4	0.582	0.540 3	0.501 9	0.466 5	0.433 9	0.403 9	0.376 2
9	0.914 3	0.836 8	0.766 4	0.702 6	0.644 6	0.591 9	0.543 9	0.500 2	0.460 4	0.424 1	0.390 9	0.360 6	0.332 9
10	0.905 3	0.820 3	0.744 1	0.675 6	0.613 9	0.558 4	0.508 3	0.463 2	0.422 4	0.385 5	0.352 2	0.322	0.294 6
11	0.896 3	0.804 3	0.722 4	0.649 6	0.584 7	0.526 8	0.475 1	0.428 9	0.387 5	0.350 5	0.317 3	0.287 5	0.260 7
12	0.887 4	0.788 5	0.701 4	0.624 6	0.556 8	0.497	0.444	0.397 1	0.355 5	0.318 6	0.285 8	0.256 7	0.230 7
13	0.878 7	0.773	0.681	0.600 6	0.530 3	0.468 8	0.415	0.367 7	0.326 2	0.289 7	0.257 5	0.229 2	0.204 2
14	0.87	0.757 9	0.661 1	0.577 5	0.505 1	0.442 3	0.387 8	0.340 5	0.299 2	0.263 3	0.232	0.204 6	0.180 7
15	0.861 3	0.743	0.641 9	0.555 3	0.481	0.417 3	0.362 4	0.315 2	0.274 5	0.239 4	0.209	0.182 7	0.159 9
16	0.852 8	0.728 4	0.623 2	0.533 9	0.458 1	0.393 6	0.338 7	0.291 9	0.251 9	0.217 6	0.188 3	0.163 1	0.141 5
17	0.844 4	0.714 2	0.605	0.513 4	0.436 3	0.371 4	0.316 6	0.270 3	0.231 1	0.197 8	0.169 6	0.145 6	0.125 2
18	0.836	0.700 2	0.587 4	0.493 6	0.415 5	0.350 3	0.295 9	0.250 2	0.212	0.179 9	0.152 8	0.13	0.110 8
19	0.827 7	0.686 4	0.570 3	0.474 6	0.395 7	0.330 5	0.276 5	0.231 7	0.194 5	0.163 5	0.137 7	0.116 1	0.098 1
20	0.819 5	0.673	0.553 7	0.456 4	0.376 9	0.311 8	0.258 4	0.214 5	0.178 4	0.148 6	0.124	0.103 7	0.086 8
21	0.811 4	0.659 8	0.537 5	0.438 8	0.358 9	0.294 2	0.241 5	0.198 7	0.163 7	0.135 1	0.111 7	0.092 6	0.076 8
22	0.803 4	0.646 8	0.521 9	0.422	0.341 8	0.277 5	0.225 7	0.183 9	0.150 2	0.122 8	0.100 7	0.082 6	0.068
23	0.795 4	0.634 2	0.506 7	0.405 7	0.325 6	0.261 8	0.210 9	0.170 3	0.137 8	0.111 7	0.090 7	0.073 8	0.060 1
24	0.787 6	0.621 7	0.491 9	0.390 1	0.310 1	0.247	0.197 1	0.157 7	0.126 4	0.101 5	0.081 7	0.065 9	0.053 2
25	0.779 8	0.609 5	0.477 6	0.375 1	0.295 3	0.233	0.184 2	0.146	0.116	0.092 3	0.073 6	0.058 8	0.047 1
26	0.772	0.597 6	0.463 7	0.360 7	0.281 2	0.219 8	0.172 2	0.135 2	0.106 4	0.083 9	0.066 3	0.052 5	0.041 7
27	0.764 4	0.585 9	0.450 2	0.346 8	0.267 8	0.207 4	0.160 9	0.125 2	0.097 6	0.076 3	0.059 7	0.046 9	0.036 9
28	0.756 8	0.574 4	0.437 1	0.333 5	0.255 1	0.195 6	0.150 4	0.115 9	0.089 5	0.069 3	0.053 8	0.041 9	0.032 6
29	0.749 3	0.563 1	0.424 3	0.320 7	0.242 9	0.184 6	0.140 6	0.107 3	0.082 2	0.063	0.048 5	0.037 4	0.028 9
30	0.741 9	0.552 1	0.412	0.308 3	0.231 4	0.174 1	0.131 4	0.099 4	0.075 4	0.057 3	0.043 7	0.033 4	0.025 6

n\i	14%	15%	16%	17%	18%	19%	20%	21%	22%	23%	24%	25%
1	0.877 2	0.869 6	0.862 1	0.854 7	0.847 5	0.840 3	0.833 3	0.826 4	0.819 7	0.813	0.806 5	0.8
2	0.769 5	0.756 1	0.743 2	0.730 5	0.718 2	0.706 2	0.694 4	0.683	0.671 9	0.661	0.650 4	0.64
3	0.675	0.657 5	0.640 7	0.624 4	0.608 6	0.593 4	0.578 7	0.564 5	0.550 7	0.537 4	0.524 5	0.512
4	0.592 1	0.571 8	0.552 3	0.533 7	0.515 8	0.498 7	0.482 3	0.466 5	0.451 4	0.436 9	0.423	0.409 6
5	0.519 4	0.497 2	0.476 1	0.456 1	0.437 1	0.419	0.401 9	0.385 5	0.37	0.355 2	0.341 1	0.327 7
6	0.455 6	0.432 3	0.410 4	0.389 8	0.370 4	0.352 1	0.334 9	0.318 6	0.303 3	0.288 8	0.275 1	0.262 1
7	0.399 6	0.375 9	0.353 8	0.333 2	0.313 9	0.295 9	0.279 1	0.263 3	0.248 6	0.234 8	0.221 8	0.209 7
8	0.350 6	0.326 9	0.305	0.284 8	0.266	0.248 7	0.232 6	0.217 6	0.203 8	0.190 9	0.178 9	0.167 8
9	0.307 5	0.284 3	0.263	0.243 4	0.225 5	0.209	0.193 8	0.179 9	0.167	0.155 2	0.144 3	0.134 2
10	0.269 7	0.247 2	0.226 7	0.208	0.191 1	0.175 6	0.161 5	0.148 6	0.136 9	0.126 2	0.116 4	0.107 4
11	0.236 6	0.214 9	0.195 4	0.177 8	0.161 9	0.147 6	0.134 6	0.122 8	0.112 2	0.102 6	0.093 8	0.085 9
12	0.207 6	0.186 9	0.168 5	0.152	0.137 2	0.124	0.112 2	0.101 5	0.092	0.083 4	0.075 7	0.068 7
13	0.182 1	0.162 5	0.145 2	0.129 9	0.116 3	0.104 2	0.093 5	0.083 9	0.075 4	0.067 8	0.061	0.055
14	0.159 7	0.141 3	0.125 2	0.111	0.098 5	0.087 6	0.077 9	0.069 3	0.061 8	0.055 1	0.049 2	0.044
15	0.140 1	0.122 9	0.107 9	0.094 9	0.083 5	0.073 6	0.064 9	0.057 3	0.050 7	0.044 8	0.039 7	0.035 2
16	0.122 9	0.106 9	0.093	0.081 1	0.070 8	0.061 8	0.054 1	0.047 4	0.041 5	0.036 4	0.032	0.028 1
17	0.107 8	0.092 9	0.080 2	0.069 3	0.06	0.052	0.045 1	0.039 1	0.034	0.029 6	0.025 8	0.022 5
18	0.094 6	0.080 8	0.069 1	0.059 2	0.050 8	0.043 7	0.037 6	0.032 3	0.027 9	0.024 1	0.020 8	0.018
19	0.082 9	0.070 3	0.059 6	0.050 6	0.043 1	0.036 7	0.031 3	0.026 7	0.022 9	0.019 6	0.016 8	0.014 4
20	0.072 8	0.061 1	0.051 4	0.043 3	0.036 5	0.030 8	0.026 1	0.022 1	0.018 7	0.015 9	0.013 5	0.011 5
21	0.063 8	0.053 1	0.044 3	0.037	0.030 9	0.025 9	0.021 7	0.018 3	0.015 4	0.012 9	0.010 9	0.009 2
22	0.056	0.046 2	0.038 2	0.031 6	0.026 2	0.021 8	0.018 1	0.015 1	0.012 6	0.010 5	0.008 8	0.007 4
23	0.049 1	0.040 2	0.032 9	0.027	0.022 2	0.018 3	0.015 1	0.012 5	0.010 3	0.008 6	0.007 1	0.005 9
24	0.043 1	0.034 9	0.028 4	0.023 1	0.018 8	0.015 4	0.012 6	0.010 3	0.008 5	0.007	0.005 7	0.004 7
25	0.037 8	0.030 4	0.024 5	0.019 7	0.016	0.012 9	0.010 5	0.008 5	0.006 9	0.005 7	0.004 6	0.003 8
26	0.033 1	0.026 4	0.021 1	0.016 9	0.013 5	0.010 9	0.008 7	0.007	0.005 7	0.004 6	0.003 7	0.003
27	0.029 1	0.023	0.018 2	0.014 4	0.011 5	0.009 1	0.007 3	0.005 8	0.004 7	0.003 7	0.003	0.002 4
28	0.025 5	0.02	0.015 7	0.012 3	0.009 7	0.007 7	0.006 1	0.004 8	0.003 8	0.003	0.002 4	0.001 9
29	0.022 4	0.017 4	0.013 5	0.010 5	0.008 2	0.006 4	0.005 1	0.004	0.003 1	0.002 5	0.002	0.001 5
30	0.019 6	0.015 1	0.011 6	0.009	0.007	0.005 4	0.004 2	0.003 3	0.002 6	0.002	0.001 6	0.001 2

附录 C 年金终值系数表

i \ n	1%	2%	3%	4%	5%	6%	7%	8%	9%	10%	11%
1	1.000 0	1.000 0	1.000 0	1.000 0	1.000 0	1.000 0	1.000 0	1.000 0	1.000 0	1.000 0	1.000 0
2	2.010 0	2.020 0	2.030 0	2.040 0	2.050 0	2.060 0	2.070 0	2.080 0	2.090 0	2.100 0	2.110 0
3	3.030 1	3.060 4	3.090 9	3.121 6	3.152 5	3.183 6	3.214 9	3.246 4	3.278 1	3.310 0	3.342 1
4	4.060 4	4.121 6	4.183 6	4.246 5	4.310 1	4.374 6	4.439 9	4.506 1	4.573 1	4.641 0	4.709 7
5	5.101 0	5.204 0	5.309 1	5.416 3	5.525 6	5.637 1	5.750 7	5.866 6	5.984 7	6.105 1	6.227 8
6	6.152 0	6.308 1	6.468 4	6.633 0	6.801 9	6.975 3	7.153 3	7.335 9	7.523 3	7.715 6	7.912 9
7	7.213 5	7.434 3	7.662 5	7.898 3	8.142 0	8.393 8	8.654 0	8.922 8	9.200 4	9.487 2	9.783 3
8	8.285 7	8.583 0	8.892 3	9.214 2	9.549 1	9.897 5	10.259 8	10.636 6	11.028 5	11.435 9	11.859 4
9	9.368 5	9.754 6	10.159 1	10.582 8	11.026 6	11.491 3	11.978 0	12.487 6	13.021 0	13.579 5	14.164 0
10	10.462 2	10.949 7	11.463 9	12.006 1	12.577 9	13.180 8	13.816 4	14.486 6	15.192 9	15.937 4	16.722 0
11	11.566 8	12.168 7	12.807 8	13.486 4	14.206 8	14.971 6	15.783 6	16.645 5	17.560 3	18.531 2	19.561 4
12	12.682 5	13.412 1	14.192 0	15.025 8	15.917 1	16.869 9	17.888 5	18.977 1	20.140 7	21.384 3	22.713 2
13	13.809 3	14.680 3	15.617 8	16.626 8	17.713 0	18.882 1	20.140 6	21.495 3	22.953 4	24.522 7	26.211 6
14	14.947 4	15.973 9	17.086 3	18.291 9	19.598 6	21.015 1	22.550 5	24.214 9	26.019 2	27.975 0	30.094 9
15	16.096 9	17.293 4	18.598 9	20.023 6	21.578 6	23.276 0	25.129 0	27.152 1	29.360 9	31.772 5	34.405 4
16	17.257 9	18.639 3	20.156 9	21.824 5	23.657 5	25.672 5	27.888 1	30.324 3	33.003 4	35.949 7	39.189 9
17	18.430 4	20.012 1	21.761 6	23.697 5	25.840 4	28.212 9	30.840 2	33.750 2	36.973 7	40.544 7	44.500 8
18	19.614 7	21.412 3	23.414 4	25.645 4	28.132 4	30.905 7	33.999 0	37.450 2	41.301 3	45.599 2	50.395 9
19	20.810 9	22.840 6	25.116 9	27.671 2	30.539 0	33.760 0	37.379 0	41.446 3	46.018 5	51.159 1	56.939 5
20	22.019 0	24.297 4	26.870 4	29.778 1	33.066 0	36.785 6	40.995 5	45.762 0	51.160 1	57.275 0	64.202 8
21	23.239 2	25.783 3	28.676 5	31.969 2	35.719 3	39.992 7	44.865 2	50.422 9	56.764 5	64.002 5	72.265 1
22	24.471 6	27.299 0	30.536 8	34.248 0	38.505 2	43.392 3	49.005 7	55.456 8	62.873 3	71.402 7	81.214 3
23	25.716 3	28.845 0	32.452 9	36.617 9	41.430 5	46.995 8	53.436 1	60.893 3	69.531 9	79.543 0	91.147 9
24	26.973 5	30.421 9	34.426 5	39.082 6	44.502 0	50.815 6	58.176 7	66.764 8	76.789 8	88.497 3	102.174 2
25	28.243 2	32.030 3	36.459 3	41.645 9	47.727 1	54.864 5	63.249 0	73.105 9	84.700 9	98.347 1	114.413 3
26	29.525 6	33.670 9	38.553 0	44.311 7	51.113 5	59.156 4	68.676 5	79.954 4	93.324 0	109.181 8	127.998 8
27	30.820 9	35.344 3	40.709 6	47.084 2	54.669 1	63.705 8	74.483 8	87.350 8	102.723 1	121.099 9	143.078 6
28	32.129 1	37.051 2	42.930 9	49.967 6	58.402 6	68.528 1	80.697 7	95.338 8	112.968 2	134.209 9	159.817 3
29	33.450 4	38.792 2	45.218 9	52.966 3	62.322 7	73.639 8	87.346 5	103.965 9	124.135 4	148.630 9	178.397 2
30	34.784 9	40.568 1	47.575 4	56.084 9	66.438 8	79.058 2	94.460 8	113.283 2	136.307 5	164.494 0	199.020 9

n \ i	12%	13%	14%	15%	16%	17%	18%	19%	20%	25%
1	1.000 0	1.000 0	1.000 0	1.000 0	1.000 0	1.000 0	1.000 0	1.000 0	1.000 0	1.000 0
2	2.120 0	2.130 0	2.140 0	2.150 0	2.160 0	2.170 0	2.180 0	2.190 0	2.200 0	2.250 0
3	3.374 4	3.406 9	3.439 6	3.472 5	3.505 6	3.538 9	3.572 4	3.606 1	3.640 0	3.812 5
4	4.779 3	4.849 8	4.921 1	4.993 4	5.066 5	5.140 5	5.215 4	5.291 3	5.368 0	5.765 6
5	6.352 8	6.480 3	6.610 1	6.742 4	6.877 1	7.014 4	7.154 2	7.296 6	7.441 6	8.207 0
6	8.115 2	8.322 7	8.535 5	8.753 7	8.977 5	9.206 8	9.442 0	9.683 0	9.929 9	11.258 8
7	10.089 0	10.404 7	10.730 5	11.066 8	11.413 9	11.772 0	12.141 5	12.522 7	12.915 9	15.073 5
8	12.299 7	12.757 3	13.232 8	13.726 8	14.240 1	14.773 3	15.327 0	15.902 0	16.499 1	19.841 9
9	14.775 7	15.415 7	16.085 3	16.785 8	17.518 5	18.284 7	19.085 9	19.923 4	20.798 9	25.802 3
10	17.548 7	18.419 7	19.337 3	20.303 7	21.321 5	22.393 1	23.521 3	24.708 9	25.958 7	33.252 9
11	20.654 6	21.814 3	23.044 5	24.349 3	25.732 9	27.199 9	28.755 1	30.403 5	32.150 4	42.566 1
12	24.133 1	25.650 2	27.270 7	29.001 7	30.850 2	32.823 9	34.931 1	37.180 2	39.580 5	54.207 7
13	28.029 1	29.984 7	32.088 7	34.351 9	36.786 2	39.404 0	42.218 7	45.244 5	48.496 6	68.759 6
14	32.392 6	34.882 7	37.581 1	40.504 7	43.672 0	47.102 7	50.818 0	54.840 9	59.195 9	86.949 5
15	37.279 7	40.417 5	43.842 4	47.580 4	51.659 5	56.110 1	60.965 3	66.260 7	72.035 1	109.686 8
16	42.753 3	46.671 7	50.980 4	55.717 5	60.925 0	66.648 8	72.939 0	79.850 2	87.442 1	138.108 5
17	48.883 7	53.739 1	59.117 6	65.075 1	71.673 0	78.979 2	87.068 0	96.021 8	105.930 6	173.635 7
18	55.749 7	61.725 1	68.394 1	75.836 4	84.140 7	93.405 6	103.740 3	115.265 9	128.116 7	218.044 6
19	63.439 7	70.749 4	78.969 2	88.211 8	98.603 2	110.284 6	123.413 5	138.166 4	154.740 0	273.555 8
20	72.052 4	80.946 8	91.024 9	102.443 6	115.379 7	130.032 9	146.628 0	165.418 0	186.688 0	342.944 7
21	81.698 7	92.469 9	104.768 4	118.810 1	134.840 5	153.138 5	174.021 0	197.847 4	225.025 6	429.680 9
22	92.502 6	105.491 0	120.436 0	137.631 6	157.415 0	180.172 1	206.344 8	236.438 5	271.030 7	538.101 1
23	104.602 9	120.204 8	138.297 0	159.276 4	183.601 4	211.801 3	244.486 8	282.361 8	326.236 9	673.626 4
24	118.155 2	136.831 5	158.658 6	184.167 8	213.977 6	248.807 6	289.494 5	337.010 5	392.484 2	843.032 9
25	133.333 9	155.619 6	181.870 8	212.793 0	249.214 0	292.104 9	342.603 5	402.042 5	471.981 1	1 054.791 2
26	150.333 9	176.850 1	208.332 7	245.712 0	290.088 3	342.762 7	405.272 1	479.430 6	567.377 3	1 319.489 0
27	169.374 0	200.840 6	238.499 3	283.568 8	337.502 4	402.032 3	479.221 1	571.522 4	681.852 8	1 650.361 2
28	190.698 9	227.949 9	272.889 2	327.104 1	392.502 8	471.377 8	566.480 9	681.111 6	819.223 3	2 063.951 5
29	214.582 8	258.583 4	312.093 7	377.169 7	456.303 2	552.512 1	669.447 5	811.522 8	984.068 0	2 580.939 4
30	241.332 7	293.199 2	356.786 8	434.745 1	530.311 7	647.439 1	790.948 0	966.712 2	1 181.881 6	3 227.174 3

附录 D 年金现值系数表

$\frac{i}{n}$	1%	2%	3%	4%	5%	6%	7%	8%	9%	10%	11%	12%
1	0.990 1	0.980 4	0.970 9	0.961 5	0.952 4	0.943 4	0.934 6	0.925 9	0.917 4	0.909 1	0.900 9	0.892 9
2	1.970 4	1.941 6	1.913 5	1.886 1	1.859 4	1.833 4	1.808	1.783 3	1.759 1	1.735 5	1.712 5	1.690 1
3	2.941	2.883 9	2.828 6	2.775 1	2.723 2	2.673	2.624 3	2.577 1	2.531 3	2.486 9	2.443 7	2.401 8
4	3.902	3.807 7	3.717 1	3.629 9	3.546	3.465 1	3.387 2	3.312 1	3.239 7	3.169 9	3.102 4	3.037 3
5	4.853 4	4.713 5	4.579 7	4.451 8	4.329 5	4.212 4	4.100 2	3.992 7	3.889 7	3.790 8	3.695 9	3.604 8
6	5.795 5	5.601 4	5.417 2	5.242 1	5.075 7	4.917 3	4.766 5	4.622 9	4.485 9	4.355 3	4.230 5	4.111 4
7	6.728 2	6.472	6.230 3	6.002 1	5.786 4	5.582 4	5.389 3	5.206 4	5.033	4.868 4	4.712 2	4.563 8
8	7.651 7	7.325 5	7.019 7	6.732 7	6.463 2	6.209 8	5.971 3	5.746 6	5.534 8	5.334 9	5.146 1	4.967 6
9	8.566	8.162 2	7.786 1	7.435 3	7.107 8	6.801 7	6.515 2	6.246 9	5.995 2	5.759	5.537	5.328 2
10	9.471 3	8.982 6	8.530 2	8.110 9	7.721 7	7.360 1	7.023 6	6.710 1	6.417 7	6.144 6	5.889 2	5.650 2
11	10.367 6	9.786 8	9.252 6	8.760 5	8.306 4	7.886 9	7.498 7	7.139	6.805 2	6.495 1	6.206 5	5.937 7
12	11.255 1	10.575 3	9.954	9.385 1	8.863 3	8.383 8	7.942 7	7.536 1	7.160 7	6.813 7	6.492 4	6.194 4
13	12.133 7	11.348 4	10.635	9.985 6	9.393 6	8.852 7	8.357 7	7.903 8	7.486 9	7.103 4	6.749 9	6.423 5
14	13.003 7	12.106 2	11.296 1	10.563 1	9.898 6	9.295	8.745 5	8.244 2	7.786 2	7.366 7	6.981 9	6.628 2
15	13.865 1	12.849 3	11.937 9	11.118 4	10.379 7	9.712 2	9.107 9	8.559 5	8.060 7	7.606 1	7.190 9	6.810 9
16	14.717 9	13.577 7	12.561 1	11.652 3	10.837 8	10.105 9	9.446 6	8.851 4	8.312 6	7.823 7	7.379 2	6.974
17	15.562 3	14.291 9	13.166 1	12.165 7	11.274 1	10.477 3	9.763 2	9.121 6	8.543 6	8.021 6	7.548 8	7.119 6
18	16.398 3	14.992	13.753 5	12.659 3	11.689 6	10.827 6	10.059 1	9.371 9	8.755 6	8.201 4	7.701 6	7.249 7
19	17.226	15.678 5	14.323 8	13.133 9	12.085 3	11.158 1	10.335 6	9.603 6	8.950 1	8.364 9	7.839 3	7.365 8
20	18.045 6	16.351 4	14.877 5	13.590 3	12.462 2	11.469 9	10.594	9.818 1	9.128 5	8.513 6	7.963 3	7.469 4
21	18.857	17.011 2	15.415	14.029 2	12.821 2	11.764 1	10.835 5	10.016 8	9.292 2	8.648 7	8.075 1	7.562
22	19.660 4	17.658	15.936 9	14.451 1	13.163	12.041 6	11.061 2	10.200 7	9.442 4	8.771 5	8.175 7	7.644 6
23	20.455 8	18.292 2	16.443 6	14.856 8	13.488 6	12.303 4	11.272 2	10.371 1	9.580 2	8.883 2	8.266 4	7.718 4
24	21.243 4	18.913 9	16.935 5	15.247	13.798 6	12.550 4	11.469 3	10.528 8	9.706 6	8.984 7	8.348 1	7.784 3
25	22.023 2	19.523 5	17.413 1	15.622 1	14.093 9	12.783 4	11.653 6	10.674 8	9.822 6	9.077	8.421 7	7.843 1
26	22.795 2	20.121	17.876 8	15.982 8	14.375 2	13.003 2	11.825 8	10.81	9.929	9.160 9	8.488 1	7.895 7
27	23.559 6	20.706 9	18.327	16.329 6	14.643	13.210 5	11.986 7	10.935 2	10.026 6	9.237 2	8.547 8	7.942 6
28	24.316 4	21.281 3	18.764 1	16.663 1	14.898 1	13.406 2	12.137 1	11.051 1	10.116 1	9.306 6	8.601 6	7.984 4
29	25.065 8	21.844 4	19.188 5	16.983 7	15.141 1	13.590 7	12.277 7	11.158 4	10.198 3	9.369 6	8.650 1	8.021 8
30	25.807 7	22.396 5	19.600 4	17.292	15.372 5	13.764 8	12.409	11.257 8	10.273 7	9.426 9	8.693 8	8.055 2

续表

$\frac{i}{n}$	13%	14%	15%	16%	17%	18%	19%	20%	21%	22%	23%	24%	25%
1	0.885	0.877 2	0.869 6	0.862 1	0.854 7	0.847 5	0.840 3	0.833 3	0.826 4	0.819 7	0.813	0.806 5	0.8
2	1.668 1	1.646 7	1.625 7	1.605 2	1.585 2	1.565 6	1.546 5	1.527 8	1.509 5	1.491 5	1.474	1.456 8	1.44
3	2.361 2	2.321 6	2.283 2	2.245 9	2.209 6	2.174 3	2.139 9	2.106 5	2.073 9	2.042 2	2.011 4	1.981 3	1.952
4	2.974 5	2.913 7	2.855	2.798 2	2.743 2	2.690 1	2.638 6	2.588 7	2.540 4	2.493 6	2.448 3	2.404 3	2.361 6
5	3.517 2	3.433 1	3.352 2	3.274 3	3.199 3	3.127 2	3.057 6	2.990 6	2.926	2.863 6	2.803 5	2.745 4	2.689 3
6	3.997 5	3.888 7	3.784 5	3.684 7	3.589 2	3.497 6	3.409 8	3.325 5	3.244 6	3.166 9	3.092 3	3.020 5	2.951 4
7	4.422 6	4.288 3	4.160 4	4.038 6	3.922 4	3.811 5	3.705 7	3.604 6	3.507 9	3.415 5	3.327	3.242 3	3.161 1
8	4.798 8	4.638 9	4.487 3	4.343 6	4.207 2	4.077 6	3.954 4	3.837 2	3.725 6	3.619 3	3.517 9	3.421 2	3.328 9
9	5.131 7	4.946 4	4.771 6	4.606 5	4.450 6	4.303	4.163 3	4.031	3.905 4	3.786 3	3.673 1	3.565 5	3.463 1
10	5.426 2	5.216 1	5.018 8	4.833 2	4.658 6	4.494 1	4.338 9	4.192 5	4.054 1	3.923 2	3.799 3	3.681 9	3.570 5
11	5.686 9	5.452 7	5.233 7	5.028 6	4.836 4	4.656	4.486 5	4.327 1	4.176 9	4.035 4	3.901 8	3.775 7	3.656 4
12	5.917 6	5.660 3	5.420 6	5.197 1	4.988 4	4.793 2	4.610 5	4.439 2	4.278 4	4.127 4	3.985 2	3.851 4	3.725 1
13	6.121 8	5.842 4	5.583 1	5.342 3	5.118 3	4.909 5	4.714 7	4.532 7	4.362 4	4.202 8	4.053	3.912 4	3.780 1
14	6.302 5	6.002 1	5.724 5	5.467 5	5.229 3	5.008 1	4.802 3	4.610 6	4.431 7	4.264 6	4.108 2	3.961 6	3.824 1
15	6.462 4	6.142 2	5.847 4	5.575 5	5.324 2	5.091 6	4.875 9	4.675 5	4.489	4.315 2	4.153	4.001 3	3.859 3
16	6.603 9	6.265 1	5.954 2	5.668 5	5.405 3	5.162 4	4.937 7	4.729 6	4.536 4	4.356 7	4.189 4	4.033 3	3.887 4
17	6.729 1	6.372 9	6.047 2	5.748 7	5.474 6	5.222 3	4.989 7	4.774 6	4.575 5	4.390 8	4.219	4.059 1	3.909 9
18	6.839 9	6.467 4	6.128	5.817 8	5.533 9	5.273 2	5.033 3	4.812 2	4.607 9	4.418 7	4.243 1	4.079 9	3.927 9
19	6.938	6.550 4	6.198 2	5.877 5	5.584 5	5.316 2	5.07	4.843 5	4.634 6	4.441 5	4.262 7	4.096 7	3.942 4
20	7.024 8	6.623 1	6.259 3	5.928 8	5.627 8	5.352 7	5.100 9	4.869 6	4.656 7	4.460 3	4.278 6	4.110 3	3.953 9
21	7.101 6	6.687	6.312 5	5.973 1	5.664 8	5.383 7	5.126 8	4.891 3	4.675	4.475 6	4.291 6	4.121 2	3.963 1
22	7.169 5	6.742 9	6.358 7	6.011 3	5.696 4	5.409 9	5.148 6	4.909 4	4.69	4.488 2	4.302 1	4.13	3.970 5
23	7.229 7	6.792 1	6.398 8	6.044 2	5.723 4	5.432 1	5.166 8	4.924 5	4.702 5	4.498 5	4.310 6	4.137 1	3.976 4
24	7.282 9	6.835 1	6.433 8	6.072 6	5.746 5	5.450 9	5.182 2	4.937 1	4.712 8	4.507	4.317 6	4.142 8	3.981 1
25	7.33	6.872 9	6.464 1	6.097 1	5.766 2	5.466 9	5.195 1	4.947 6	4.721 3	4.513 9	4.323 2	4.147 4	3.984 9
26	7.371 7	6.906 1	6.490 6	6.118 2	5.783 1	5.480 4	5.206	4.956 3	4.728 4	4.519 6	4.327 8	4.151 1	3.987 9
27	7.408 6	6.935 2	6.513 5	6.136 4	5.797 5	5.491 9	5.215 1	4.963 6	4.734 2	4.524 3	4.331 6	4.154 2	3.990 3
28	7.441 2	6.960 7	6.533 5	6.152	5.809 9	5.501 6	5.222 8	4.969 7	4.739	4.528 1	4.334 6	4.156 6	3.992 3
29	7.470 1	6.983	6.550 9	6.165 6	5.820 4	5.509 8	5.229 2	4.974 7	4.743	4.531 2	4.337 1	4.158 5	3.993 8
30	7.495 7	7.002 7	6.566	6.177 2	5.829 4	5.516 8	5.234 7	4.978 9	4.746 3	4.533 8	4.339 1	4.160 1	3.995